全国船舶工业职业教育教学指导委员会"十三五"规划教材

U0645250

豪华邮轮概论

主　编　郭　佳　孙婧婍

副主编　杨海燕　李庆宁　黄迎春
　　　　容　琼　喻　霁

主　审　郭　歆

哈尔滨工程大学出版社

Harbin Engineering University Press

内 容 简 介

本书在简单介绍船舶历史、分类、外形和性能的基础上,详细介绍了邮轮发展史、邮轮的分类及邮轮经济,并选择现役最新最大的豪华邮轮作为实例,对豪华邮轮结构与性能、设备、内装和建造等进行了系统阐述。本书为立体化教材,给出了大量邮轮图例,部分内容具有工程实践价值,并可通过扫描书中二维码获取配套的多媒体课件。本书取材新颖,内容由浅入深、循序渐进,填补了国内邮轮类教材在豪华邮轮性能、内装和建造方面的空白。

本书适合作为高职院校船舶与海洋工程装备类、旅游类和水上运输类等专业的教材和参考书。

图书在版编目(CIP)数据

豪华邮轮概论 / 郭佳,孙婧婍主编. —哈尔滨:
哈尔滨工程大学出版社,2020.8(2021.8 重印)
ISBN 978 – 7 – 5661 – 2690 – 0

Ⅰ.①豪… Ⅱ.①郭… ②孙… Ⅲ.①旅游船 – 旅游
业 – 高等职业教育 – 教材 Ⅳ.①F590.74

中国版本图书馆 CIP 数据核字(2020)第 110421 号

选题策划 史大伟 薛 力
责任编辑 丁月华
封面设计 李海波

出版发行 哈尔滨工程大学出版社
社 址 哈尔滨市南岗区南通大街 145 号
邮政编码 150001
发行电话 0451 – 82519328
传 真 0451 – 82519699
经 销 新华书店
印 刷 哈尔滨市石桥印务有限公司
开 本 787 mm × 1 092 mm 1/16
印 张 16.25
字 数 405 千字
版 次 2020 年 8 月第 1 版
印 次 2021 年 8 月第 2 次印刷
定 价 62.00 元
http://www.hrbeupress.com
E-mail:heupress@ hrbeu.edu.cn

前　言

　　随着中国经济的繁荣,中国的造船业、航运业和旅游业都获得了长足的发展,到2017年中国已成为亚洲最大、全球第二大的邮轮客源国市场,成为豪华邮轮旅游业、国际造船业和航运业不可忽视的力量。

　　目前关于邮轮的书籍大多偏重介绍邮轮航行安全、服务与营运管理,尚无一本教材对豪华邮轮的设备、内部装修、设计与建造等问题进行系统的阐述。而随着上海外高桥造船有限公司、招商局工业集团有限公司等国内船舶企业开始建造豪华邮轮和越来越多的中国企业计划在未来营运豪华邮轮,邮轮行业亟需熟悉豪华邮轮相关知识的复合型人才。高职高专院校船舶与海洋工程装备类、旅游类和水上运输类专业承担着为造船企业和豪华邮轮公司培养技能型人才的重要任务,本书正是在这种背景下编写的。

　　本书为立体化教材,是全国船舶工业职业教育教学指导委员会"十三五"规划教材。为便于教学,本书配有多媒体电子课件,内含课程、视频及习题,通过扫描书中目录页的二维码即可获取。

　　全书内容主要分为两个部分,共11章。第一部分为船舶常识,包括船舶发展史、船舶的分类、船舶主尺度与外形、船舶性能。第二部分为豪华邮轮概论,包括邮轮发展史、邮轮的分类、豪华邮轮的结构与性能、豪华邮轮的设备、豪华邮轮内装、豪华邮轮的建造、邮轮经济。

　　本书由武汉船舶职业技术学院船舶工程技术专业负责人郭佳副教授担任主编并负责统稿,酒店管理专业负责人孙婧婍担任第二主编,招商局工业集团有限公司郭歆担任主审,江苏航运职业技术学院杨海燕,武汉船舶职业技术学院李庆宁、黄迎春、容琼、喻霁担任副主编。本书第1章和第2章由喻霁编写,第3章和第4章由容琼编写,第5章和第6章由黄迎春编写,第7章由杨海燕编写,第8章和第9章由郭佳编写,第10章由李庆宁编写,第11章由孙婧婍编写。本书在编写过程中得到了招商局工业集团有限公司刘臣的协助,还得到了徐双喜先生、薛力先生、林志先生、张弥女士等给出的宝贵建议和帮助,参考了很多同行和学者的成果,在此一并表示感谢!

　　豪华邮轮工程是一个复杂、高速变化发展的领域,理论与实务方面还在不断创新,由于编写者的经验尚存不足,教材难免存在疏漏和问题,恳请各位教育界的同人、广大学子、读者批评指正。

编　者

2020 年 7 月

目 录

多媒体课件

第一篇　船 舶 常 识

第二篇　豪华邮轮概论

第一篇　船舶常识

第1章 船舶发展史

1.1 世界近代船舶史

近6个世纪以来,人类为了发展贸易和拓展疆土而不断地发展航运。航运历史上的每次飞跃式发展都建立在新式造船方法和获取新型船舶原料的基础之上。同时,众多国家小型海岸船只的增多及跨越世界各大洋航行区域的增加也进一步推动了航运的发展。

1.1.1 探险时代(1451—1729年)

15世纪,各国对未知海域的探险和与遥远国家开展的贸易往来有了一定的发展,船舶的建造也有了很大进步,其中最重要的就是三桅船(图1.1)的建造,这为船队进行远程航海提供了可靠的保证。单桅船逐步被双桅船甚至三桅船取代。

图1.1 典型西班牙三桅船(约1491年)

这一时期,船舶建造的细节得以改进,船型也随之增大,特别是舵柄横木的发明使舵手用舵柄驾驶大船变得更加容易。12世纪发明的指南针和15世纪发明的沙漏都在航海中得到了运用。这些发明和测程器一起用于测量航速,并通过航位推测法使远洋航海成为可能。这个时期末的大型航船与14世纪的船大不相同,大多数为相当复杂的风驱动船。

1.1.2 帆船时代的结束(1730—1859年)

18世纪初,航船上唯一重要的发展就是已出现了轮舵。轮舵代替了笨重而又危险的舵柄横梁,给大船的操控带来了显著的便利。从那时起,船舶尺寸开始变得越来越大。18世纪后期,船舶建造虽然仍几乎完全使用木材和麻纤维,但是造船技巧和水平有了极大提高。人们为船舶设计了新型的辅助帆,船帆面积也变得越来越大。18世纪末,人们第一次尝试建造蒸汽船。这种冒着黑烟、叮当作响的船只首先在商业航运中得以使用。实践证明,它可以最大限度地缩短航行时间并减少船上所需船员。这种新型的蒸汽动力和工业革命带动了新原料,特别是铁的大量使用,在1800—1850年这50年间给船舶业带来的巨变超过了过去500年的总和。汽船的发展同时带动了大批新发明,工程师们也在不断探索发明新机器。19世纪50年代,停靠在世界各地海港的船舶中既有最新式的铁制汽船(图1.2),也有设计可追溯到史前的帆船。

图1.2　著名螺旋桨汽船"大不列颠"号(英,约1843年)

1.1.3　军船与民船的分化

随着帆船时代的结束,战船(军船)和商船(民船)已经成为两个截然不同的种类。

1. 战船的发展

(1)海军舰艇的快速发展时期(1860—1935年)

1860年开始,海军舰艇的发展达到了一个空前的高度,随着铁甲舰的出现,造船史从此进入了一个崭新的时代。此时造船材料普遍采用钢铁,与木船相比,铁甲舰的体形更为庞大。1860年以后建造的战舰中仍保留了一部分传统木制船,但它们主要效力于巡洋舰舰队及其他的小型舰队。到19世纪80年代,钢铁由于具有质轻和坚固的特性在战舰的建造中得到了广泛的应用。

与此同时,战舰的动力设备和锅炉设备也得到了长足发展。由于发动机的性能日趋完善,运行成本低廉,人们逐渐拆除了船上的船帆。此外三次膨胀式蒸汽机的出现,使锅炉的功率不断增大,但燃料的消耗却并未因此增加。19世纪90年代,人们开始逐渐使用液体燃料;涡轮机的首次出现标志着轮船动力设备的重大进步,并为20世纪之后的进一步发展奠定了坚实的基础。到1900年,战舰的炮火装备日渐强大,并成为极具实用性的武器装备。与此同时,战列舰的发展达到了巅峰状态。1906年,"无畏"号(Dreadnought)(图1.3)战列舰模仿之前建造的"勇士"号(Warrior)战舰,首次在舰上布置了全重型舰炮,这使得当时所有的大型现役战舰都黯然失色,从此开启了船舶发展史上光辉的新篇章。

这是一个将永久改变海战模式的时代。1906年,巨型战列舰皇家海军"无畏"号的下水标志着这个时代的开始,这艘战船使得其他所有军舰一夜间都过时了。这是一个创新的时代,这个时代目睹了战列巡洋舰的初次登场。"无畏"号战列舰是一种混合型军舰,它注定要在20世纪的海战史上书写浓墨重彩的一笔。第一次世界大战酝酿爆发的几年,英国海军的霸权开始被德国所挑战,继而是来自日本的挑战,但在那场冲突的最后,德国公海舰队销声匿迹了,主要的海军强国是英国、日本、美国,而法国和意大利也不甘落后。

图1.3 超级战列舰"无畏"号(英,1906年)

1906—1935年间,难以想象的技术革新为这一时期烙上了印记。一度和沿海小艇别无二致的驱逐舰变成了敦实而又适于横渡海洋的船只,从而在全世界的海面上有了一席之地。同时,第一次世界大战证明了潜水艇的摧毁力不容小觑。第一次世界大战期间,英国在研制航空母舰的试验中迈出了尝试性的第一步。航空母舰可能是1906—1935年间最重要的海军发明。它可以使交战双方在超出可视范围很远的海面作战。在第二次世界大战中,航空母舰还成功协助搜索到海军的两个最大威胁——袭击艇和潜艇。

(2)高科技快速发展时期(1936—1945年)

1936年即将逝去之际,1922年的《华盛顿条约》强制实施的战舰"建造假期"也随之终结。在此之前,《华盛顿条约》束缚5个最强大的海军强国长达15年之久。这些国家获准重新开始建造战舰,只要资金充足,它们的造船工程将不受任何约束和限制;同时,随着20世纪30年代初经济大萧条的结束,限制战舰建造的另一个重要因素——经济束缚也消失了。图1.4是美国1942年研制的著名战列舰"依阿华"号。

图1.4 "依阿华"号战列舰(美,1942年)

在第二次世界大战中,面对各类新型武器,老式主力战舰的弱点暴露无遗,航空母舰和潜艇很快就展现出自己独特的优势。除此之外,高科技在舰船上的应用对战争产生了巨大作用。雷达和声呐等新技术快速发展,这些高新技术的应用能够帮助海军在夜间或恶劣天气搜寻及跟踪远方的舰船和飞机,其搜寻范围之广、跟踪的距离之远在当时是人们难以想象的,同时也令未采取隐身措施的潜艇变得不堪一击。

（3）战船的核时代（1946年至今）

持续了6年之久的第二次世界大战彻底颠覆了几个世纪以来人们对于海上力量的传统观念。大型军舰已不再是全能的海上霸主。在北大西洋和太平洋的海域上，战机的出现撼动了战舰的统治地位。战机将海战带入了一个更为广阔的战争空间，从1945年起，空军实力已成为历次海战胜负的决定性因素。

如今，反舰导弹早已取代舰炮成为大多数战舰的主要攻击性武器，而携带导弹的小型攻击机则是海军所面临的最危险也是最不可预测的威胁之一。同样，现代战舰若要赢得电子战，就必须在发现目标的同时隐蔽自己。

在战舰设计中，"隐形"已成为越来越重要的因素。许多在海面作战的现代战舰也使用隐形技术来减弱雷达信号，以减少被追踪和攻击的可能。因此，新一代船舰在外观上与在此之前的船舰已大不相同。海面之下，潜艇与海面战舰继续进行着追击与反追击的斗争，水下作战技术也取得了巨大的进步。同时核动力技术的运用成为舰船史上最重要的进步之一，"冷战"期间，美国和苏联在核动力舰艇建造方面曾取得显著成绩，如今美国的核动力航母（图1.5）已经成为其海上霸权的重要象征。

图1.5　"尼米兹"级航母"卡尔文森"号（美，1980年）

2. 商船的发展（1860至今）

到19世纪中期，工业革命的新兴技术开始加速发展。以蒸汽机和金属结构的双重创新为基础的轮机工程成为新兴技术的典范，给造船业带来巨大变革。人们开始使用效率更高的船用设备和更为坚固、更为轻便的材料建造船体结构，以提高航速。

从帆船到汽船的过渡并非一蹴而就，甚至可以说是相当缓慢的。即便在1900年，全世界范围内的货物运送总量有超过1/3（2 600万吨中的1 000万吨）仍然是依靠帆船来完成的。确切地说，小型帆船在第一次世界大战之后才在货运贸易中逐步被汽船取代，而且在此之后的20年中，小帆船仍在货运领域占有一席之地。

随着喷气式飞机的发展，长久以来一直居于重要地位的远洋客运业务彻底消失了，而与此同时，货运交易手段却因技术和方法的创新发生了巨大的变化。效率更高的柴油机代替了蒸汽机，自动船控系统的蓬勃发展也使船员数量随之减少，而集装箱运输的引入与散装货物的流水处理作业则完全改变了港口运输的性质。这些改变对于全球贸易增长都具有重大意义，目前世界上90%的贸易仍要依靠海上运输。同时，全球的商业船队也不断壮大以适应市场需求。1960—2000年,海上运输货物量从1.3亿吨增长到5亿吨,其增长速度是这一时期开始时的50倍。图1.6是著名商船"泰坦尼克"号。

图1.6 "泰坦尼克"号(英美,1911年)

1.2 中国船舶发展史

1.2.1 源远流长的古代造船业

我国古代造船技术曾雄踞于世界前列,对世界造船技术发展做出过重大贡献。

1. 中国舟船的起源

我国古代造船起步于原始社会的新石器时代,历史悠久,源远流长。既有"伏羲氏刳(kū)木为舟"(《周易·系辞》)等远古传说,又有出土的新石器时代的独木舟为佐证。

在劳动和生活实践中,先民们逐渐认识到落叶、树干、葫芦等一些物体具有浮性,学会了利用这些天然存在的有较大浮力的物体作为水上漂浮工具(图1.7)。

利用天然物体作为水上浮具,活动方式与活动内容都受到很大限制,而且其载重量有限,人身也不安全。原始人群探索着将单体浮具改为复合浮具,于是出现了"筏"(图1.8)。

图1.7 腰舟

图1.8 竹筏

在新石器时代,火和石斧的使用使人能够制造独木舟和木桨。"刳木为舟,剡(yǎn)木为楫,以济不通,致远以利天下。"(《易经》)于是,出现了人类历史上最早的船——独木舟。

随着人类文明的不断进步,我们的祖先对独木舟和筏不断加以改进。他们在独木舟的四周加上木板以增大容量,圆底独木舟逐步变成了船底的中间部分,被称作"龙骨",这样就变成木板船;他们在木筏的两舷增加原木或木板,对筏体采取堵漏捻缝的措施,木筏就变成另一种木板船(图1.9)。木板船的出现不晚于夏朝,是造船史上一个重大创举。人类不再受原株树木的局限,而能够建造更大的船。

图1.9　独木舟加板搭接

除了单体木板船外,当时人们还受木筏制造原理的启发,造出了舫(《说文》:"舫,并舟也。"),把两艘以上的船体并列连接起来,增加了船的宽度,提高了船的稳定性和装载量。

2. 春秋战国时代造船技术的进步

春秋战国时代(公元前770—公元前221年),铁制工具的使用和诸侯争战,促进了这一时期造船技术的进步和水运业的发展,出现了特点不同、形态不一的各类船舶。民间不仅有以快速为主的轻舟、扁舟,还出现了适用于短途客运的舲船。专供国君乘坐的是大舰艅艎,又称王舟,其建造坚固、航行轻快并且雕刻华丽,技术工艺达到较高水平。

这一时期各诸侯国之间的兼并战争激烈、频繁,不仅在江河作战,甚至发展到海战。战争的需要推动了造船业的发展,也促进了船型的多样化,出现了由民用船只发展而来的,既有防御能力又有进攻能力的战船(图1.10)。

图1.10　春秋吴国大翼战船复原模型

3. 汉代的楼船与三国赤壁水战的斗舰

秦汉时期,是我国造船业发展的第一个高峰期。秦朝时期秦始皇曾遣徐福入海求取仙药,船队能载3 000童男童女,但其船型如何却不得知。到了汉朝,已能制造各种类型的船舶,有舸、艑、艇、扁舟、轻舟、舲舟、舫舟等。

战船有很多种类,如戈船、桥船、斗舰、艨艟、楼船等。最能反映汉代造船技术水平的是楼船(图1.11),船上设备齐全,已使用纤绳、橹、帆、楫等,其主要特征是在甲板之上设置有三层上层建筑,分别是庐、飞庐、爵室。斗舰(图1.12)是东汉时出现的新的战舰,是汉代水军中最为重要的并具有代表性的舰船。

图1.11　东汉楼船复原模型

图1.12　斗舰复原模型

4.晋代的两大造船发明——水密舱壁与车轮舟

船舶水密舱壁在中国晋代首次出现,据《艺文类聚》引《晋义熙起居注》(成书于公元405—418年间)载述:"卢循新造八槽舰九枚,起四层,高十余丈。"

水密舱壁增加了船舶横向强度,便于舱室分隔利用,尤其对抗沉性有利。正是水密隔舱结构的采用,使当时的中国海船比外国海船先进。18世纪末,水密隔舱结构方开始引起西方重视。从此,中国发明的水密隔舱结构逐渐流行于欧美,乃至世界各国,至今仍是船舶设计中重要的结构形式。如今,无论是载重数十万吨的油轮,还是潜入深海的核潜艇,虽然制造材料改为现代化的金属,但内部仍然采用水密隔舱结构。

车轮舟(图1.13)是中国的另一大发明。其原理与农民车水的机械有相似之处,最早出现在公元410年的晋代。晋军用车轮舟在渭水逆水而上,攻打后秦。秦人只见舟行而不见人,惊以为神。

图1.13　宋代23轮车轮舟复原模型

5.隋唐五代的造船与航海进一步繁荣

秦汉时期出现的造船技术,如船尾舵、高效率推进工具橹及风帆的有效利用等,到了隋唐时期得到了充分发展和进一步完善。

隋朝虽然时间不长,但造船业很发达。隋文帝杨坚,在四川奉节造五牙舰(图1.14),顺江而下,直捣建业(南京),结束了南朝陈后主的统治,实现了全国统一。五牙舰"上起楼五层,高百余尺,左右前后置六拍竿,并高五十尺(隋朝时期1尺约为29.6 cm),容战士八百人,旗帜加于上"(《隋书·杨素传》)。

图1.14　五牙舰复原模型

隋炀帝杨广继位后，于大业元年（公元605年）、四年和六年，三次大规模开挖运河，使黄河流域和长江流域两个经济发达的地区连通起来，既推动了漕运的发展，也促进了造船业的繁荣。隋炀帝派人往江南采购木料，以制造龙舟、黄龙、赤舰、楼船等，并于大业元年秋，带领后妃、百官等乘坐龙舟，从洛阳出发沿新开凿的运河游幸江都（即江苏扬州）。隋炀帝乘坐的龙舟是一种豪华型的客船，高四十五尺，长二百尺，上下分为四层。上层设正殿、内殿、东西朝堂和回廊；中间两层共有160个房间，均用丹粉粉刷，以金碧珠翠作装饰，悬缀有流苏、羽葆和朱丝网络；下一层是长秋、内史等随从，以及船工们的住房。皇后的专用御座船称为翔螭舟，比龙舟稍小，也十分豪华。此外，妃嫔、诸王、公主等也各有相应等级的座船，百官则依品位而定。各类船只总数超过五千艘，前后相接，长达二百余里（隋朝时期1里为530～540 m），显示了隋代雄厚的经济基础和造船实力。

唐代是中国封建社会发展较快的时期。造船技术的进步在国内运输和远洋运输方面起到了重大作用。唐代南北两大国际航路的北方航路是"登州入高丽的渤海道"并可延航到日本，南方航路是"广州通夷海道"。中国舟船从广东徐闻出发，经越南，达马六甲、苏门答腊、印度、巴基斯坦，一直延续到阿曼湾和波斯湾。

唐代的内河运输发达。江南的粮食过长江，进汴河，再逆黄河进渭水而到达国都长安。长江、汴河、黄河、渭水各有自己的适宜船型。

唐代任河南江淮转运使的刘晏，受命打造数千艘汴河中的漕运浅船，名曰"歇艎支江船"（图1.15）。歇艎支江船，是根据20世纪60年代发现的"扬州施桥唐代木船"（图1.16）和1999年在安徽淮北柳孜隋唐大运河遗址出土的唐代古船而复原的。

6. 宋、元造船与航海技术走向成熟

公元960年，赵匡胤在开封建立北宋朝。在整个宋代统治的300多年间，与西域的陆路交通严重受阻，中国与外部世界的交往主要靠海上交通。独立手工业者的数量较前代增多了，矿冶、制瓷、丝织和造纸的发展十分显著。制瓷业的发展推动了海外贸易，指南针的实际应用，推动了中国乃至世界航海业的发展。

北宋科学家沈括所撰写的《梦溪笔谈》中记载装磁针的方法有四种：水浮、指爪、碗唇、缕悬。在实践中以水浮得到实际应用，即将磁针贯穿灯芯草，放入盛水的瓷碗内，借助浮力，使磁针浮于水面，指示南北（图1.17）。这种指南针实用性强，最先应用于航海导航。

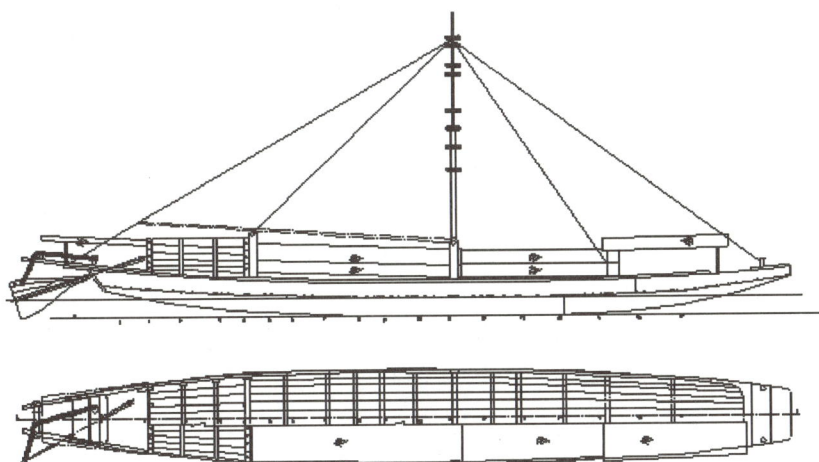

图 1.15　歇艎支江船复原图

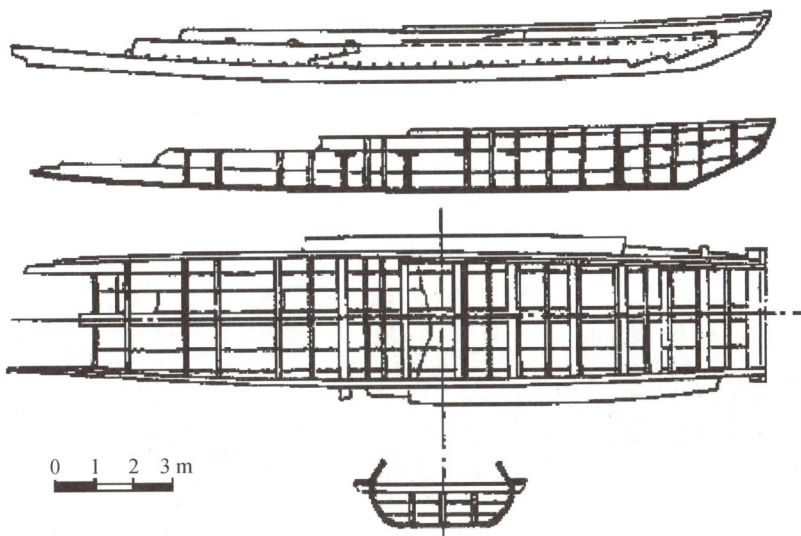

图 1.16　扬州施桥唐代木船测绘图

图 1.17　水浮式指南针

　　12 世纪初,中国在世界上最早使用指南针导航。成书于宣和元年(1119 年)的朱彧撰写的《萍洲可谈》卷二中记有:"舟师识地理,夜则观星,昼则观日,阴晦则观指南针。"北宋宣和六年(1124 年)徐兢在出使高丽后,归国撰成《宣和奉使高丽图经》,书中记有:"若晦暝,则用指南浮针,以揆南北。"

中国的这种先进的导航技术,迅速被阿拉伯、波斯的同行学习、传播。指南针应用于航海,是航海史上一项划时代的创举。可以说,如果没有指南针,就不会有近代航海事业的大发展,就不会有各国间大规模的经济贸易和文化交流,更不会带来丰富多彩的近代文明。马克思曾这样宣称:"指南针打开了世界市场并建立了殖民地。"

7. 明代迎来了我国造船业的新高潮

元朝造船业的大发展,为明代建造五桅战船、六桅座船、七桅粮船、八桅马船、九桅宝船创造了十分有利的条件,使我国造船业达到一个新高潮。明朝时期造船的工厂分布之广、规模之大、配套之全,是历史上空前的,达到了我国古代造船史上的最高水平。南京是当时中国的造船中心。南京快船厂、黄船厂、龙江船厂和宝船厂,以及淮南清江船厂、山东北清河船厂等,规模都很大。另外,在长江沿线和东南沿海各地都有造船厂。正是有了这样雄厚的造船业基础,明朝才会有郑和 7 次下西洋的远航壮举。

郑和在永乐三年(1405 年)至宣德八年(1433 年)的 28 年间,曾率领百余艘大小舰船组成的庞大船队(图 1.18),7 次远航西洋,共访问过亚洲、非洲等 30 多个国家和地区。郑和船队的宝船(图 1.19),大者长达 44 丈(1 丈约为 3 m),宽 18 丈,属于福船类型。宝船"体势巍然,巨无与敌,篷帆锚舵,非二三百人莫能举动"。当时先进的航海和造船技术包括水密隔舱、罗盘、计程法、测深铅锤、利用牵星板的过洋牵星术等。

图 1.18 郑和船队的船舶模型

图 1.19 郑和宝船模型

郑和航海图不仅绘制出航线,在航线上用"指"标定其船位(相当于纬度),用"针"位计其航向角,而且各航线用"更"计里程。郑和航海图是可以用于实际航海的世界上最早的海图。

中国古代的船型种类和名目繁多,到了明朝,各种古代船只已经基本定型。大体上说,从船首形状来分,可以分成尖艏和方艏两大类;从船底式样来分,可以分成尖底和平底两大类。在历史的演变中,福船是最著名的尖艏、尖底船型的代表,沙船是最著名的方艏、平底船的代表。沙船、福船、广船被列为中国古代船舶的三大船型。

沙船(图 1.20(a))是发源于长江口及崇明一带的方艏、方艄、平底的浅吃水船型,多桅多帆,长与宽之比值较大。因其适于在我国北方水浅多沙滩的航道上航行,所以被命名为沙船,早期也叫作防沙平底船。

福船(图 1.20(b))是福建、浙江沿海一带尖底海船的统称,其所包含的船型和用途相当广泛,以行驶于南洋和远海著称。宋人说:"海舟以福建为上。"明代水师以福船为主要战船。

广船(图1.20(c))原系民船,由于明代东南沿海抗倭的需要,将其中东莞的"乌艚"、新会的"横江"两种大船增加战斗设施,改建成良好的战船,统称"广船"。广船是当时中国著名的船型,在肃清倭患的战斗中做出了贡献。广船的帆形如张开的折扇,与其他船型相比最具特点。广船的舵带有菱形孔,也称开孔舵。为了防止横漂,广船在主帆之前常设中央插板。折扇式帆、开孔舵和中央插板,可以说是广船区别于其他船型的三大特点。

(a)沙船　　　　　　　　　(b)福船　　　　　　　　　(c)广船

图1.20　五桅沙船、福船、广船模型

明朝的造船技术和工艺登上了我国古代造船史的顶峰,明朝造船业的伟大成就,久为世界各国所称道,也是我国各族人民对世界文明的巨大贡献。

1.2.2　近代造船业是一曲不屈的悲歌

中国古代的造船技术可谓灿烂辉煌,船尾舵、水密舱壁、车轮舟和指南浮针等发明创造是中国对造船技术的世界性贡献。然而自明中叶以后,中国长期处于相对停滞的封建社会,重农抑商的传统、禁海的国策,压抑了明末清初的资本主义萌芽,造船业发展缓慢。当欧洲资本主义兴起和现代机动轮船出现以后,我国顿时失去了在造船业上持久享有的优势。

17世纪,欧洲的自然科学有了迅猛发展。到18世纪末,西班牙、法国、英国、美国等许多国家探索建造用蒸汽机推进的船舶:1783年法国人德·齐弗瑞的"派罗斯卡夫"号;1802年苏格兰人威廉·西明顿的"夏洛特·邓达斯"号;1807年美国人富尔顿设计建造的世界上第一艘投入商业运输的轮船"克莱蒙特"号等。

海军强大的西方列强陆续来中国寻求市场和殖民地。清政府却昏庸腐败、闭关自守,帝国主义列强用坚船利炮打开中国门户,中国沦为半殖民地半封建社会。中英鸦片战争、中法马江之战、中日甲午之战等近代中国反侵略的三大海战,均以战败告终。曾经风光无限的造船超级大国,此时沦落到向外国订造舰船的境地,当时著名的北洋水师主力战舰多从英德等国订造而来。

以林则徐为代表的中国有识之士,提出"造船铸炮",向西方学习先进技术以"御侮""自强"。19世纪60年代,出现了由曾国藩、李鸿章、左宗棠等人兴办的洋务运动,中国近代造船业得以发端。咸丰十二年(1862年),曾国藩委任徐寿、华衡芳等人,设计和制造轮船。当时年仅19岁的徐建寅"屡出奇思以佐之"。1865年4月,终于建成了中国自行设计的第一艘轮船"黄鹄"号(图1.21)。该船排水量约45 t,船长约18.3 m,航速6.9 kn。

1866年,左宗棠在福建马尾建福建船政局和船政学堂,主要目的是制造军舰。1869年制成"万年清"号轮船。1888年建成钢质钢甲巡洋舰"龙威"号,该舰长60.0 m,宽12.2 m,

深6.8 m,吃水3.99 m,排水量2 100 t,双蒸汽机共2 400 hp[①],航速14 kn,在编入北洋海军序列后改名为"平远"号(图1.22),是后来参加中日甲午战争的主力战舰之一。"平远"号在中日甲午战争中受重创而被俘,后来成为日本的主力战舰之一。

图1.21 我国建造的第一艘轮船"黄鹄"号复原图

图1.22 "平远"号

自兴办洋务运动起到中华人民共和国成立的1949年,中国近代造船业走过了坎坷曲折的道路。在80多年里,全国总共建造了钢质船舰50多万吨。洋务运动虽然以"自强""御海"为标榜,但因帝国主义的压迫和封建统治者的腐朽,最终也没能达到"御海"的目的,更没能"自强"。但是,发端于洋务运动的近代造船业,是中国人最早引进的一种先进的生产力。它对于发展我国当代的造船业不仅是必要的,也是不可逾越的。

1.2.3 新中国船舶工业崛起于国际市场

中国造船工业建立于19世纪下半叶,但当时政治腐败,长期战乱,积贫积弱。1949年中华人民共和国成立后,国家致力于发展造船工业,20世纪60年代后期,为了适应外贸和远洋运输的需要,利用造船、买船、租船等多种方式,建立了一批远洋船队,同时建设了一批万吨级船台和船坞,并于1955年成功建造沿海客货轮"民主10"号(图1.23),1960年4月建成万吨轮船"东风"号(图1.24)。20世纪70年代累计建造万吨以上的船舶86艘,共151.6万吨,最大为5万吨级油船,从此基本建成了中国船舶工业的使用和建造体系。改革开放以后,国家制定了一系列激励船舶工业发展的措施,实现了大量建造出口船,使我国逐渐成为国际造船市场的一支重要力量。

1.2.4 跻身世界造船强国之路

成立于20世纪50年代的主管中国船舶工业的六机部于1982年5月撤销,继而成立了中国船舶工业总公司;后为适应发展在1999年撤销了该公司,将造船企业进行整合,以长江为界划分,长江以南为中国船舶工业集团有限公司(简称中船集团),俗称"南船",长江以北为中国船舶重工集团有限公司(简称中船重工),俗称"北船";到2019年10月25日,经报国务院批准,中船集团与中船重工实施联合重组。同时,随着大量资本进驻造船业,一些非中船集团的企业也进入船舶行业,其中的佼佼者有中国远洋运输(集团)总公司(简称中远集团)、招商局工业集团有限公司、扬子江船业集团公司等。

---

① 1 hp≈735 W。

图1.23 中国第一艘自行设计建造的沿海客货轮"民主10"号

图1.24 中国第一艘自行设计建造的万吨轮船"东风"号

　　改革开放40多年来,中国船舶工业不断开拓创新,从1982年建造第一艘国际标准的出口船舶"长城"号散货轮(图1.25)到2008年打破国外垄断,成功交付的首艘液化天然气(LNG)船"大鹏昊"号(图1.26),再到2019年成功交付自主建造的首艘极地邮轮(图1.27),中国已经建成了具有自主科研、设计、配套和总装能力的船舶工业体系,为航运、海洋资源开发、海军提供了大量的舰船和近海工程设施。

图1.25 1982年中国第一艘按照国际标准建造的出口船舶"长城"号散货轮下水

图1.26 2008年沪东中华造船集团公司建造的国内首艘LNG船"大鹏昊"号正式交付

　　到 2018 年,全国造船完工 3 458 万载重吨,承接新船订单 3 667 万载重吨,12 月底,手持船舶订单 8 931 万载重吨;全国完工出口船 3 164 万载重吨,承接出口船订单 3 205 万载重吨,12 月底,手持出口船舶订单 7 957 万载重吨,出口船舶分别占全国造船完工量、新接订单量、手持订单量的 91.5%、87.4% 和 89.1%。我国船企国际市场份额继续保持领先地位,全年造船完工量、新接订单量和手持订单量在全球市场所占份额按载重吨计分别为 43.2%、43.9% 和 42.8%。船舶行业产业集中度持续提高,全国前 10 家企业造船完工量占全国总量的 69.8%。新接订单向优势企业集中趋势明显,前 10 家企业新接订单量占全国总量的 76.8%,比 2017 年提高 3.4 个百分点;骨干船舶企业竞争优势明显,各有 5 家企业进入世界造船完工量、新接订单量和手持订单量前 10 强。

图 1.27　2019 年国内自主建造的首艘极地邮轮在江苏海门造船基地下水

第 2 章　船舶的分类

船舶发展至今,随着各类需求不断增长,各式各类的船舶应运而生。船舶分类方式繁多,其中最常见的是将船舶按照用途来分,用于军事用途的船舶称为军用船舶,用于民事用途的船舶称为民用船舶。

2.1　军用船舶

军用船舶是指执行战斗任务和军事辅助任务的各类船舶的总称。其通常分为战斗舰艇和辅助舰船两大类,也可分为水面舰船和潜艇两大类。

水面舰船是指在水面航行的战斗舰艇、登陆舰艇、辅助舰船的总称。其中正常排水量为 500 t 及其以上的称为舰,500 t 以下的称为艇。

潜艇是能潜入水下活动和作战的舰艇,它具有良好的隐蔽性,较强的突击威力,较大的自给力和续航力。潜艇无论排水量多大均称为艇。

2.1.1　水面舰船

1. 鱼雷艇

鱼雷艇(图 2.1)是以鱼雷为主要武器的小型高速水面战斗舰艇,亦称鱼雷快艇。其特点是体积小、航速高、机动灵活、隐蔽性好、攻击威力大;主要在近海区与其他兵力协同作战,攻击敌大、中型舰船,也可进行反潜和布雷等。鱼雷艇体采用合金钢、铝合金、木质和混合材料结构,动力装置多数采用高速柴油机,少数采用燃气轮机或燃气－柴油机联合动力装置,满载排水量一般为 40 ~ 200 t,航速为 40 ~ 50 kn,续航能力为 500 ~ 1 000 n mile。艇上装有 2 ~ 6 枚鱼雷和 1 ~ 2 座单管或双管舰炮。此外,还有火箭、深水炸弹发射装置、声呐、指挥系统、通信导航设备等。

2. 导弹艇

导弹艇(图 2.2)是以反舰导弹为主要武器的小型高速水面战斗舰艇,又称导弹快艇。它的作战使命亦是用于近海作战,以编队集群方式对敌大、中型水面舰艇实施导弹攻击,同时也用于巡逻、警戒、反潜和布雷等。满载排水量在 300 t 以下的为中、小型导弹艇,在 300 ~ 500 t 之间的则为大型导弹艇。导弹艇的航速为 30 ~ 40 kn,水翼导弹艇则可达 50 kn。导弹艇具有速度快、机动性好、体积小、吃水浅、易于隐蔽集结、造价低、建造周期短等优点。

3. 猎潜艇

猎潜艇是以反潜武器为主要装备的小型水面战斗舰艇。主要用于在近海搜索和攻击潜艇,以及巡逻、警戒、护航和布雷等。猎潜艇的满载排水量在 500 t 以下,航速为 24 ~ 38 kn(水翼猎潜艇可达 50 kn 以上),续航力为 700 ~ 3 000 n mile,在 3 ~ 5 级海况下能有效地使用武器,5 ~ 8 级海况下能安全航行。现代猎潜艇装有性能良好的声呐、雷达、反潜鱼雷发射管 4～12 个、多管火箭式深水炸弹发射装置 2～4 座、20～76 mm 舰炮 1～6 座,以及电子对抗系统和舰艇指挥自动化系统等,有的还装有舰空导弹。猎潜艇航速较高,机动灵活,搜索和攻击潜艇的能力较强。

图 2.1　鱼雷艇

图 2.2　导弹艇

4. 扫雷舰与布雷舰

(1)扫雷舰

扫雷舰(图 2.3)是专用于搜索和排除水雷的舰艇,有舰队扫雷舰、基地扫雷舰、港湾扫雷艇和扫雷母舰等。它主要担负开辟航道、登陆作战前扫雷以及巡逻、警戒、护航等任务。舰队扫雷舰,也称大型扫雷舰,排水量为 600～1 000 t,航速为 14～20 kn,舰上装有各种扫雷具,可扫除布设在 50～100 m 水深的水雷。基地扫雷舰,又称中型扫雷舰,排水量为 500～600 t,航速为 10～15 kn,可扫除 30～50 m 水深的水雷。港湾扫雷艇亦称小型扫雷艇,排水量多在 400 t 以下,航速为 10～20 kn,吃水浅,机动灵活,用于扫除浅水区和狭窄航道内的水雷。扫雷母舰,排水量为数千吨,包括扫雷供应母舰、舰载扫雷艇母舰和扫雷直升机母舰。

(2)布雷舰

布雷舰(图 2.4)是用于基地、港口附近、航道、近岸海区以及江河湖泊布设水雷障碍的军舰。布雷舰装载水雷较多,布雷定位精度较高,但隐蔽性较差,防御能力较弱,适合在己方兵力掩护下进行防御布雷。布雷舰战时布雷,平时兼作扫雷母舰、训练舰、潜艇母舰、快艇母舰、指挥舰和供应舰等。多用途布雷舰设有直升机平台,用于载运布雷直升机。一般来说,布雷舰分为远海布雷舰和近海布雷舰。远海布雷舰排水量为 4 000～8 000 t,装载水雷 500～800 枚,航速为 20 kn 左右,续航力达 8 000 n mile 以上。近海布雷舰排水量为 500～3 000 t,装载水雷 100～500 枚,航速为 10～18 kn。布雷艇排水量均在 500 t 以下,装载水雷数十枚,航速为 10～20 kn。

5. 登陆舰艇

登陆舰艇(图 2.5)又称两栖舰艇,是运送陆兵、武器装备及物资车辆在敌岸滩头登陆的一种舰艇,通常分为登陆舰和登陆艇,排水量在 500 t 以上的是登陆舰,500 t 以下的是登陆艇。

6. 护卫舰

护卫舰(图 2.6)是以舰炮、导弹、水中武器(鱼雷、水雷、深水炸弹)为主要武器的中型或轻型军舰。它主要用于反潜和防空护航,以及侦察、警戒、巡逻、布雷、支援登陆和保障陆军濒海翼侧等作战任务,又称为护航舰。在现代海军编队中,护卫舰是在吨位和火力上仅次于驱逐舰的水面作战舰。

图2.3　扫雷舰

图2.4　布雷舰

图2.5　登陆舰艇

图2.6　护卫舰

现代导弹护卫舰是一种能够在远洋机动作战的中型舰艇,满载排水量一般为2 000 ~ 4 000 t,航速为30 ~35 kn,续航力为4 000 ~7 500 n mile。其主要武器是导弹、鱼雷、火炮等,一般均可携1 ~2架反潜直升机。根据武器配备情况及所执行任务的不同,护卫舰可分为多种类型,如防空型、反潜型、反舰型等。

7.驱逐舰

驱逐舰(图2.7)是一种装备有对空、对海、对潜等多种武器,具有多种作战能力的中型水面舰艇,排水量为2 000 ~8 500 t,航速为30 ~38 kn。驱逐舰能执行防空、反潜、反舰、对地攻击、护航、侦察、巡逻、警戒、布雷、火力支援以及攻击岸上目标等作战任务,有"海上多面手"称号。

8.航空母舰

航空母舰(图2.8)是一种以舰载机为主要作战武器的大型水面舰艇。航空母舰一般是一支航母舰队中的核心舰船,有时还作为航母舰队的旗舰。舰队中的其他船只为它提供保护和供给。航空母舰按其所担负的任务分为攻击航空母舰、反潜航空母舰、护航航空母舰和多用途航空母舰;按吨位分为大型航空母舰(满载排水量在6万吨以上)、中型航空母舰(满载排水量为3 ~6万吨)和小型航空母舰(满载排水量在3万吨以下);按动力分为常规动力航空母舰和核动力航空母舰。

图 2.7　驱逐舰

图 2.8　航空母舰

9. 补给舰

补给舰(图 2.9)用以向航空母舰战斗编队或舰船供应正常执勤所需的燃油、航空燃油、弹药、食品、备件等各种补给品。

图 2.9　补给舰

2.1.2　潜艇

潜艇(图 2.10)是一种能潜入水下活动和作战的舰艇,也称潜水艇,是海军的主要舰种之一。潜艇在战斗中的主要作用是:对陆上战略目标实施核袭击,摧毁敌方军事、政治、经济中心;消灭运输舰船、破坏敌方海上交通线;攻击大、中型水面舰艇和潜艇;执行布雷、侦察、救援和遣送特种人员登陆等。

潜艇按作战使命可分为攻击潜艇与战略导弹潜艇;按动力可分为常规动力潜艇(柴油机－蓄电池动力潜艇)与核潜艇(核动力潜艇)

图 2.10　潜艇

艇);按排水量分,常规动力潜艇有大型潜艇(2 000 t 以上)、中型潜艇(600 ~ 2 000 t)、小型潜艇(100 ~ 600 t)和袖珍潜艇(100 t 以下),核动力潜艇一般在 3 000 t 以上;按艇体结构分为双壳潜艇和单壳潜艇。

2.2　民用船舶

民用船舶按照用途大致可分为运输船舶、渔业船舶、工程船舶、港务船舶、高性能船舶。

2.2.1　运输船舶

1. 客船

客船是用于载运旅客、行李及邮件的运输船舶,通常还兼运一些货物。它有完善的上层建筑,用以布置各种类别的客舱及一些服务舱室;对救生、防火、抗沉等安全要求严格;有较高的舒适性,具有良好的隔声、避震性能;有较高的航速和功率储备。客船又可分为五种类型:①海洋客船。包括远洋客船(图2.11)和沿海客船。过去远洋客船多兼运邮件,故又称邮船。②旅游船。供游览用,其服务设施与娱乐设施十分发达,现代旅游船已向豪华型发展。③汽车客船(图2.12)和滚装客货船。汽车客船用于运输旅客及其自备汽车。滚装客货船是在集装箱运输和汽车客船大型化的基础上发展的高效、新型客货船,多用于沿海中程定期航线。④小型高速客船。具有速度快、适航性好的特点,多用于短途运输。⑤内河客船。航行于江、河、湖等内陆水域上,载客量大且停靠频繁。

2. 渡船

渡船是专门往返于江河渡口、海峡、岛屿之间从事短途旅客或货物运输的船舶。按船型分为普通渡船和车辆渡船。前者按用途分为海峡渡船、内河渡船;后者按渡运对象分为汽车渡船和火车渡船(图2.13)。渡船航程较短,其设备也较为简单,而频繁靠离码头要求其有较好的操纵性。

图2.11　远洋客船　　　　图2.12　汽车客船　　　　图2.13　火车渡船

3. 杂货船

杂货船(图2.14)是载运各种包装或成件货物的运输船舶。在内陆水域中航行的杂货船吨位一般为数百吨、上千吨,而在远洋运输中的杂货船一般为2万吨以下。主船体通常设有2~3层甲板,设置几个货舱,舱口以水密舱盖封盖以免进水,舱口尺寸较大以便于装卸,并配有吊杆或起重机。杂货船装卸效率低下是致命弱点。近年来许多港口不接待杂货船,杂货船有被集装箱船取代的趋势。现代新建杂货船常设计成多用途船,能载运大件货、集装箱和大件杂货。

4. 集装箱船

集装箱船(图 2.15)是专门运输集装箱货物的船舶,又称货柜船或货箱船,它可将所需载运的货物预先装入规定尺寸的集装箱中,货物连同集装箱一起进行装卸。集装箱船的外形狭长,单甲板,上甲板平直,货舱口达船宽的 70% ~ 80%,上层建筑一般位于船尾或中部靠后,以让出更多的甲板堆放集装箱,甲板上一般堆放 2 ~ 8 层集装箱,舱内可堆放 3 ~ 12 层集装箱。集装箱船停靠专用码头,用码头上专门吊车装卸,装卸效率比普通杂货船高 30 ~ 70 倍,停港时间短,航速通常为 20 ~ 23 kn。

图 2.14　杂货船　　　　　　　　　　　　　图 2.15　集装箱船

5. 散货船

散装运输谷物、煤、矿砂、盐、水泥等大宗干散货物的船舶,都可以称为干散货船,或简称散货船(图 2.16)。因为散货船的货种单一,不需要包装成捆、成包、成箱的装载运输,不怕挤压,便于装卸,所以都是单甲板船。总载重量在 5 万吨以上的,一般不装起货设备。由于谷物、煤和矿砂等的积载因数(每吨货物所占的体积)相差很大,所要求的货舱容积、船体的结构、布置和设备等许多方面都有所不同,因此,一般习惯上把装载粮食、煤等货物积载因数相近的船舶,称为散货船,而装载积载因数较小的矿砂等货物的船舶,称为矿砂船。

6. 油船与液体化学品船

通常所称的油船(图 2.17),多数是指运输原油的船,而装运成品油的船,称为成品油船。由于石油货源充足,装卸速度快,并且可以通过铺设在海上的石油管道来装卸,所以大型原油船可以不用靠码头,而只需要系浮筒来进行装卸作业。因为没有对码头水深的要求,所以油船可以建造得很大。近海油船的总载重量为 3 万吨左右;近洋油船的总载重量为 6 万吨左右;远洋的大油轮的总载重量为 20 万吨左右;超级油轮的总载重量为 30 万吨以上。

液体化学品船是指载运各种液体化学品如醚、苯、醇、酸等的专用液货船。液体化学品大多具有剧毒、易燃、易挥发和腐蚀性强等特点,因而液体化学品船对防火、防爆、防毒和防腐蚀等有很高的要求。液体化学品船因载运货物的品种多,所以货舱分隔多,货泵多。国际上将这类船按货种分为三类:①用于运输危险性最大的货物,要求有双层底和双重舷侧,翼舱宽度不小于船宽的 1/5,以确保液体化学品在船舶发生碰撞或搁浅时不致泄出;②用于运输危险性较低的货物,要求有双层底和双重舷侧,但翼舱宽度可以小一些;③用于运输危险性更低的货物,其构造特点与一般油船相似。对于腐蚀性强的酸类液体货物,货舱内壁和管系多采用不锈钢或敷以特种涂料。

图 2.16 散货船

图 2.17 油船

7. 液化气体船

液化气体船是指专门装运液化气的液货船。其又可分为液化石油气船(LPG 船)和液化天然气船(LNG 船)。

(1)液化石油气(LPG)船(图 2.18)

石油气可以在常温下通过加压或在常压下冷冻而液化。根据液化的方法液化石油气船分为压力式、半冷冻半压力式和冷冻式三种。

(2)液化天然气(LNG)船(图 2.19)

天然气液化的临界温度在一个大气压时为 -164 ℃。在这样低的温度下一般船用碳素钢均呈脆性,为此液化天然气船的液货舱只能用昂贵的镍合金钢或铝合金制造。液货舱内的低温靠液化气本身蒸发带走热量来维持。蒸发出来的天然气极难再液化,通常只能作为船上锅炉的补充燃料。液货舱和船体构件之间有优良的绝热层,既可防止船体构件过冷,又可使液货的蒸发量维持在最低值。液货舱和船体外壳保持一定的距离,以防在船舶碰撞、搁浅等情况下受到破坏。液化天然气船船型按液货舱的结构有独立贮罐式和薄膜式两种。早期的液化天然气船为独立贮罐式,是将柱形、筒形、球形等形状的贮罐置于船内。20 世纪 60 年代后期,出现了薄膜式液化天然气船,这种船采用双壳结构,船体内壳就是液货舱的承载壳体,在液货舱里衬有一种由镍合金钢薄板制成的膜,这种结构对材料和工艺的要求高。因此,液化天然气船是高科技、高附加值、高可靠性要求的"三高"船舶。

图 2.18 液化石油气船

图 2.19 液化天然气船(贮罐式)

8. 滚装船

与大多数吊装船的根本区别在于,滚装船是用牵引车牵引载有箱货或其他件货的半挂车或轮式托盘直接进出货舱装卸的运输船舶,又称滚上滚下船。滚装船的特点是装卸效率高,船舶周转快和水陆直达联运方便。但其缺点是重心高,稳性较差;横舱壁少而影响抗沉性和甲板的强度。滚装船(图2.20)有多层甲板,便于货运单元放置,上甲板为平整板面。各甲板间设有斜坡道或升降平台互相连通,用于车辆通行。滚装船的出入口通常设于尾部,设有铰接跳板与岸搭接,用于滚装货上下船。

图 2.20　滚装船

2.2.2　渔业船舶

渔业船舶是指从事渔业生产的船舶,以及属于水产系统为渔业生产服务的船舶,包括捕捞船、围网渔船(图2.21)、养殖船、水产运销船、冷藏加工船、渔业指导船、渔业调查船、渔政船和渔监船等。

图 2.21　围网渔船

2.2.3　工程船舶

用于各种工程建设的船舶称为工程船舶。现代工程船舶的任务很广泛,诸如航道保证、港口作业、水利建设、海上施工、救助打捞等。工程船舶的种类繁多,如挖泥船(图2.22)、打桩船(图2.23)、起重船(图2.24)、布缆船、救捞船(图2.25)、浮船坞(图2.26)等。其设备复杂,专业性强,新技术、新设备应用广泛。

图 2.22 挖泥船

图 2.23 打桩船

图 2.24 起重船

图 2.25 救捞船

图 2.26 浮船坞

1.海洋调查船

海洋调查船(图 2.27)是指在特定海域从事海洋现场观测、采集样品和科学研究的船只。按其调查任务可分为综合调查船、专业调查船和特种海洋调查船。

(1)综合调查船

综合调查船通常为大型船舶,船上仪器设备系统可同时观测和采集海洋水文、气象、物理、化学、生物和地质基本资料及样品,并进行数据整理分析、样品鉴定和初步综合研究。

综合调查船必须具有优良的稳定性、操纵性、续航能力、自持能力、防摇防震防噪声干扰能力,以及供电、导航、低速等性能。

图 2.27 "海监 83"海洋调查船

(2)专业调查船

专业调查船的船体较综合调查船小,任务单一。常见的有海洋测量船、海洋物理调查船、海洋气象调查船、海洋地球物理调查船、海洋渔业调查船和打捞救生船。

(3)特种海洋调查船

特种海洋调查船是按专门任务建造的结构特殊的调查船。如:①航天用远洋测量船。仪器设备可考察高层大气,接收卫星或宇宙飞船等太空装置发来的信号,并可向太空装置发布指令等。②极地考察船。船体特别坚固,具破冰行驶能力和防寒性能。③深海钻探船。能进行海底钻井、采样、深海调查等。

2.海上石油开发装备

覆盖着地球表面积约 70%的海洋蕴藏着丰富的石油资源,从海底油田开采的石油占生产总量的 1/3 以上。海上石油的钻探与开采已经成为重要的科学技术领域。

海上石油钻井平台是用于钻探井的海上结构物,上装钻井、动力、通信、导航等设备,以及安全救生和人员生活设施,有坐底式、自升式和半潜式,等等。

(1)坐底式钻井平台(图 2.28)

坐底式钻井平台又称沉浮式或沉底式钻井平台,由上体、立柱和下体组成,上体为钻井平台或称为平台本体,下体为提供浮力的沉垫,在上体和下体之间由若干立柱相连接。在下体中注入压载水后使之下沉坐于海底,上体的平台则露出水面一定高度,钻井平台处于工作状态;排水后,使钻井平台上浮可进行拖航和移位。坐底式钻井平台多用于水浅、浪小、海底较平坦的海区。

(2)自升式钻井平台(图 2.29)

自升式钻井平台由平台、桩腿和升降机构组成,平台能沿桩腿升降,一般无自航能力。工作时桩腿下放插入海底,平台被抬起到离开海面的安全工作高度,并对桩腿进行预压,以保证平台遇到风暴时桩腿不致下陷。完工后平台降到海面,拔出桩腿并全部提起,整个平台浮于海面,由拖轮拖到新的井位。

图2.28 坐底式钻井平台

图2.29 自升式钻井平台

（3）半潜式钻井平台（图2.30）

半潜式钻井平台上部为工作甲板，下部为两个下船体，用支撑立柱连接。工作时下船体潜入水中，甲板处于水上安全高度，水线面积小、波浪影响小、稳定性好、自持力强、工作水深大，新发展的动力定位技术用于半潜式平台后，工作水深可达900～1 200 m。半潜式与自升式钻井平台相比，优点是工作水深大，移动灵活；缺点是投资大，维持费用高，需有一套复杂的水下器具，有效使用率低于自升式钻井平台。

（4）钻井船（图2.31）

钻井船是用来在水上钻井并移位的船。钻井时漂浮水上，适于深水作业。多将井架设在船的中央，以减小船体摇荡对钻井工作的影响。钻井船多具自航能力，无自航能力的又称"钻井驳"。

图2.30 半潜式钻井平台

图2.31 钻井船

（5）浮式生产储油船（图2.32）

浮式生产储油船（FPSO）是海洋石油开采的重要工程船舶，被称为"海上原油加工厂"。它集海上原油加工、海上油库、海上卸油终端、海上电站热站等为一体，成为快速、经济、有效地开发海上油田的关键船舶产品，在国际上素有高技术、高附加值船的美誉。

图 2.32　浮式生产储油船

2.2.4　港务船舶

　　港务船舶通常是指为船舶航行、工程船舶作业进行服务或其他专业工作的船舶。诸如引水船(图 2.33)、消防船(图 2.34)、破冰船(图 2.35)、远洋拖船(图 2.36)、供应船、交通船、航标船,等等。

图 2.33　引水船

图 2.34　消防船

图 2.35　破冰船

图 2.36　远洋拖船

2.2.5　高性能船舶

高性能船舶是为突破常规船舶性能和适应特殊环境要求而开发的,具有某些特殊性能的船舶。它们具有高航速、浅吃水、耐波性、两栖性等特性。

这些船舶多为短程高速小型船舶,主要用作内河和沿海客运、交通、观光、游览和救生等,因其性能优越,也常设计成军用舰船。

高性能船舶主要有滑行艇、水翼艇、气垫船、双体船、地效翼艇等。其中,气垫船又分为全垫升式和侧壁式;水翼艇又分为割划式水翼艇和全浸式水翼艇,它们与滑行艇同为水动力支撑;双体船又分为小水线面双体船和穿浪型双体船,它们与单体高速船同为水静力支撑。

1. 滑行艇

滑行艇(图2.37)是依靠航行时艇体产生的流体动压力支托大部分艇体重力的高速艇。外形较排水型艇短而宽,底部较平坦。底和舷交接处呈尖角,形成尖舭,亦称尖舭艇。在水面上高速运动时处于滑行状态,滑行时只有部分艇底与水接触,阻力降低显著。滑行艇多用于竞速艇、军用快艇和其他高速艇,如鱼雷艇、导弹艇和摩托艇等。

2. 水翼艇

水翼艇(图2.38)是一种高速艇。其艇身底部有支架,装有水翼。当艇的速度逐渐增加,水翼提供的浮力会把艇身抬离水面(称为水翼飞航或水翼航行),从而大大减小水的阻力来增加航行速度。

图2.37　滑行艇

图2.38　水翼艇

3. 气垫船

气垫船(图2.39)是利用高压空气在船底和水面(或地面)间形成气垫,使船体垫起离开水面,又叫"腾空船"。由于水的阻力减小,因此航行速度很快。气垫船可在水上、沼泽或陆地上行驰。

4. 小水线面双体船

小水线面双体船(图2.40)由潜没于水中的鱼雷状下体、高于水面的平台(上体)和穿越水面连接上下体的支柱三部分组成,其优点在于水线面面积较小,受波浪干扰力较小,在波浪中具有优越的耐波性。另外,它还具有宽阔的甲板面和充裕的使用空间。但也存在船体结构复杂,对重力分布较为敏感等问题。

图 2.39　气垫船

图 2.40　小水线面双体船

5. 穿浪型双体船

穿浪型双体船(图 2.41)是在高速双体船的基础上发展起来的,是将小水线面和深 V 形船在波浪中的优良航行性能、双体船的结构形式及水翼船弧形支柱等优点结合在一起的产物,具有良好的适航性,而且继承了双体船宽甲板的特点。

6. 地效翼艇

地效翼艇(图 2.42)是一种新型高速运输工具。它的外貌不像舰船倒更像飞机,它既离开水面又贴近水面飞行,利用飞翼艇与地面或水面之间的"地(水)面效应",使升阻比增加,气动效率大大提高。与一般飞机和高速船相比,它有许多优点:有飞机的高速度,而无飞机高空坠毁的危险;无飞机、汽车、舟船的颠簸与劳顿,乘坐十分舒适;建造成本、运营费用都比飞机低;可在水面或平地上起降而无须建机场、跑道。

图 2.41　穿浪型双体船

图 2.42　地效翼艇

即使是同种用途的船舶在船型、结构、设备、使用性能等诸多方面也不尽相同,各具特点。因此,船舶除了按用途分类以外还有其他分类方法。

(1)按船舶航行区域来划分,可分为海洋船舶、内河船舶和港湾船舶。海洋船舶又可分为远洋船舶、近洋船舶、沿海船舶三种,航行于湖泊上的船舶一般归入内河船舶类。

(2)按航行状态来划分,可分为浮行船、潜水船、滑行船和腾空船。浮行船和潜水船统称为排水型船。

(3)按推进方式来划分,可分为螺旋桨船、喷水推进船、空气螺旋桨推进船和明轮船。

(4)按造船材料来划分,可分为钢船、木船、水泥船、铝合金船和玻璃钢船等。

第3章 船舶主尺度与外形

3.1 船舶主尺度与船型参数

船体形状对于船舶的性能(特别是航行性能)有很大的影响。在研究船舶性能之前,首先要了解船舶形状(船体外形曲面)的定义和表示方法,即船体主要要素的定义及船体外形的图形表示方法。

船体外形可用投影到三个相互垂直的基本平面来表示。这三个基本投影平面称为主坐标平面,如图3.1所示。

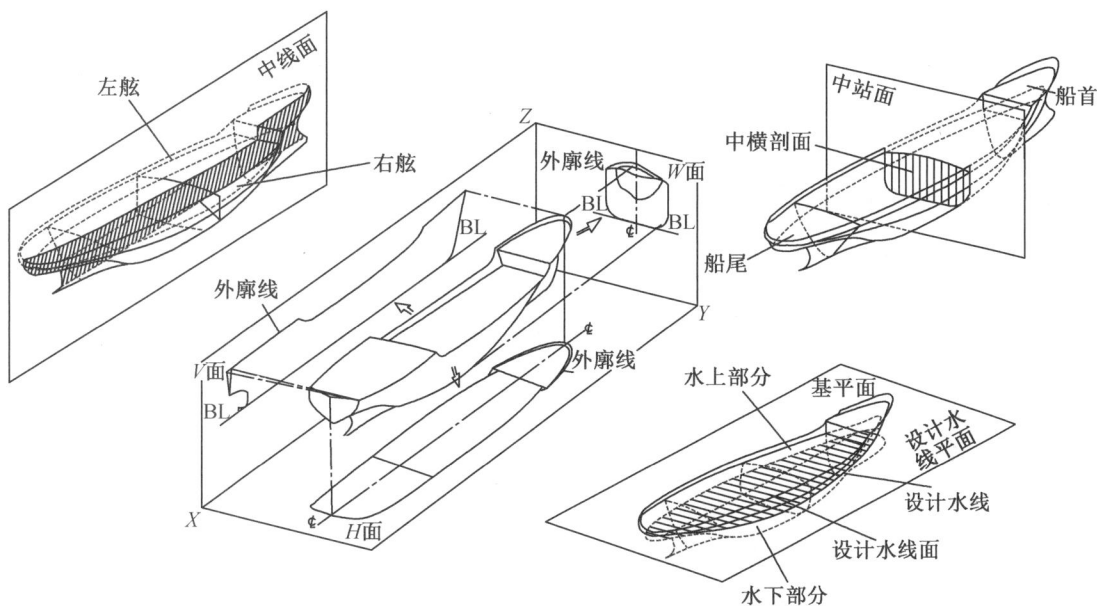

图3.1 主坐标平面

(1)中线面——通过船宽中央的纵向垂直平面,它把船体分为左右两部分,在大多数情况下中线面也是船体的对称面。

(2)中站面——通过船长(垂线间长或设计水线长)中点的横向垂直平面,它把船体分为首尾两部分。

(3)基平面——通过中线面和中站面交线上的船底板上缘平行于设计水线面的平面,它与中线面、中站面相互垂直。基平面与中线面的交线称为基线。

船体外形曲面与中线面的截面称为中纵剖面(V面),与中站面的截面称为中横剖面(W面),与位于基平面以上设计吃水处并与基平面平行的截面称为设计水线面(H面),如图3.1所示。

3.1.1 主尺度

船体主要要素——主尺度、船型系数和尺度比,是表示船体大小、形状、肥瘦程度的几何参数,这些参数对于船舶设计、建造、使用和性能分析十分有用。

船舶的大小可由船长、型宽、型深和吃水等主尺度来度量,这些特征尺度的定义如图3.2所示。

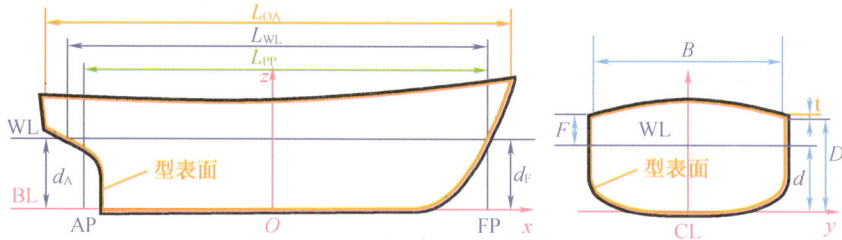

图 3.2 特征尺度定义

(1)船长(L)——通常选用的船长有三种,即总长、垂线间长和设计水线长。

总长(L_{OA}):自船首最前端至船尾最后端的水平距离。

垂线间长(L_{PP}):艏垂线 FP 与艉垂线 AP 之间的水平距离。艏垂线是通过设计水线与艏柱前缘的交点所做的垂线(垂直于设计水线面);艉垂线一般在舵柱的后缘。如无舵柱,则取在舵杆的中心线上。

设计水线长(L_{WL}):设计水线在艏柱前缘和艉柱后缘之间的水平距离。

在船舶静水力性能计算中一般采用垂线间长 L_{PP},在分析阻力性能时常用设计水线长 L_{WL},而在船进坞、靠码头或通过船闸时应注意它的总长 L_{OA}。

(2)型宽(B)——指船体两侧型表面(不包括船体外板厚度)之间垂直于中线面的水平距离,一般指中横剖面设计水线处的宽度。最大船宽是指包括外板和伸出两舷的永久性固定突出物如护舷材、舷伸甲板等在内,并垂直于中线面的最大水平距离。

(3)型深(D)——在上甲板边线最低点处,自龙骨板上表面(即基线)至上甲板边线的垂直距离。通常,甲板边线的最低点在中横剖面处。

(4)吃水(d)——基线至设计水线的垂直距离。有些船,设计的艏艉正常吃水不同,则有艏吃水、艉吃水及平均吃水,当不指明时,是指平均吃水,即 $d = \dfrac{d_F + d_A}{2}$。式中:d 为平均吃水,也就是中横剖面处的吃水 d_m;d_F 为艏吃水,沿艏垂线自设计水线至龙骨线的延长线之间的距离;d_A 为艉吃水,沿艉垂线自设计水线至龙骨线的延长线之间的距离。

(5)干舷(F)——在船侧中横剖面处自设计水线至上甲板边板上表面的垂直距离。因此,干舷 F 等于型深 D 与吃水 d 之差再加上甲板及其敷料的厚度。

3.1.2 船型系数

船型系数是表示船体水下部分面积或体积肥瘦程度的无因次系数,这些系数对分析船型和船舶性能等有很大的用处。

（1）水线面系数（C_{WP}）——与基平面相平行的任一水线面的面积 A_W 与由船长 L、型宽 B 所构成的矩形面积之比（图 3.3（a）），即 $C_{WP} = \dfrac{A_W}{LB}$，它的大小表示水线面的肥瘦程度。通常情况下 C_{WP} 指设计水线面系数。

（2）中横剖面系数（C_M）——中横剖面在水线以下的面积 A_M 与由型宽 B、吃水 d 所构成的矩形面积之比（图 3.3（b）），即 $C_M = \dfrac{A_M}{Bd}$，它的大小表示水线以下的中横剖面的肥瘦程度。

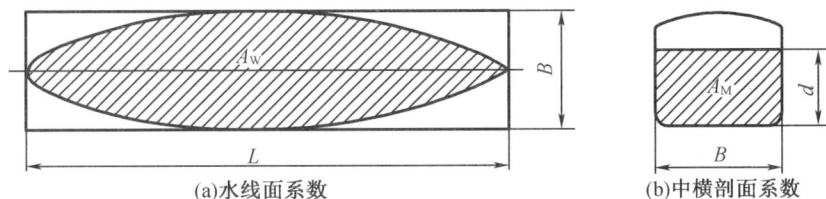

（a）水线面系数　　　　　　（b）中横剖面系数

图 3.3　水线面系数和中横剖面系数

（3）方形系数（C_B）——船体水线以下的型排水体积 ∇ 与由船长 L、型宽 B、吃水 d 所构成的长方体体积之比（图 3.4），即 $C_B = \dfrac{\nabla}{LBd}$，它的大小表示船体水下体积的肥瘦程度。

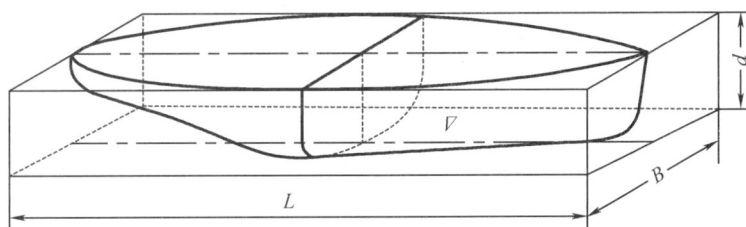

图 3.4　方形系数

（4）棱形系数（C_P）——船体水线以下的型排水体积 ∇ 与由相对应的中横剖面面积 A_M、船长 L 所构成的棱柱体体积之比（图 3.5），即 $C_P = \dfrac{\nabla}{A_M L} = \dfrac{C_B}{C_M}$，它的大小表示排水体积沿船长方向的分布情况。$C_P$ 又称纵向棱形系数。

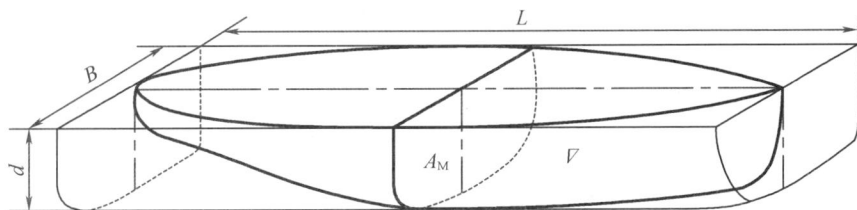

图 3.5　棱形系数

（5）垂向棱形系数（C_{VP}）——船体水线以下的型排水体积 ∇ 与由相对应的水线面面积 A_W、吃水 d 所构成的棱柱体体积之比（图 3.6），即 $C_{VP} = \dfrac{\nabla}{A_W d} = \dfrac{C_B}{C_{WP}}$，它的大小表示排水体积沿吃水方向的分布情况。

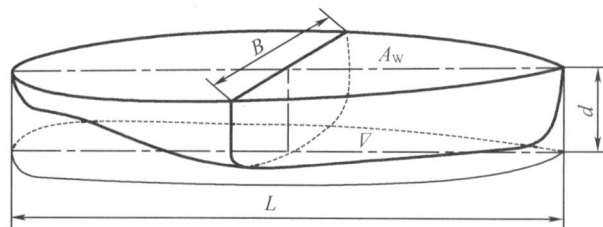

图3.6　垂向棱形系数

上述各系数的定义,如无特别指明,通常都是指设计水线处而言的。在计算不同水线处的各系数时,其船长和船宽常用垂线间长(或设计水线长)和设计水线宽表示,如最大横剖面不在船中处,则应取最大横剖面处的有关数据。吃水则取所计算水线处的吃水值。

3.1.3　尺度比

除上述船型系数外,还经常采用船舶各主要尺度间的比值表示船体几何特征。常用的尺度比有长宽比(L/B)、宽度吃水比(B/d)、型深吃水比(D/d)及长度型深比(L/D)等。它们与船舶性能、强度及经济性等有密切关系。

在船舶静力学中,常用的尺度比有长宽比(L/B)、宽度吃水比(B/d)、型深吃水比(D/d)或宽度型深比(B/D)。表3.1是各类船舶的尺度比值和船型系数的大致范围。

表3.1　尺度比值与船型系数的范围

船舶类型	尺度比值			船型系数		
	L/B	B/d	D/d	C_{WP}	C_M	C_B
远洋客船	8～10	2.4～2.8	1.6～1.8	0.75～0.82	0.95～0.96	0.57～0.71
沿海客货船	6～7.5	2.7～3.8	1.5～2.0	0.70～0.80	0.85～0.96	0.50～0.68
远洋货船	6～8	2.0～2.4	1.1～1.5	0.80～0.85	0.95～0.98	0.70～0.78
拖船	3～6.5	2.0～2.7	1.2～1.6	0.72～0.80	0.79～0.90	0.46～0.60
渔船	5～6	2.0～2.4	1.1～1.3	0.76～0.81	0.77～0.83	0.50～0.62
油船	4.8～7.5	2.1～3.4	1.1～1.5	0.73～0.87	0.98～0.99	0.63～0.83

3.2　船　舶　外　形

船舶的外形和布局应该给人以美感,要简洁美观,实用大方。船舶的外形包括船体外形,艏、艉部形状,上层建筑形式,机舱位置的安排,以及桅杆等上层舾装件的形状和布置等。

3.2.1　船体型线图

船体外形一般都是双向曲面,其形状的基本图形表示方法是型线图。

型线图是船舶设计、计算和建造的重要依据,是关系到船舶全局的一张图纸。型线图所表示的船体外形为船体型表面。钢船的型表面为外板的内表面,水泥船和木船则为船壳的外表面。型线图的基本投影平面就是图3.1所示的三个互相垂直的平面。但是仅这三个平面和船体外形相截所得的剖面图形还不能完整地表示船体的型表面,尚需补充若干个平行于三个基本投影平面的剖面,这些剖面和船体外形相截得到的图形与三个基本剖面图形组成的图,就称为船体型线图(图3.7)。

在船舶性能计算中,经常需要计算各种封闭曲线的面积和几何要素,如横剖面及水线面的面积及形心、水线面面积曲线的面积及形心(即排水体积及浮心)和水线面面积的惯性矩等。这些计算统称为船体计算,是船舶设计中的基础工作之一。按理这些计算都可以用定积分直接计算,但由于船体型线通常不能用解析式表达,因此一般都是根据型线图(或型值表)用数值积分方法来进行近似计算。在船体计算中,最常用的数值积分法有辛普森法、梯形法、切比雪夫法和样条曲线积分等。

3.2.2　艏部形状

常见的艏部形状如图3.8所示。图3.8(a)为直立式艏柱,现代船舶除了驳船和特种船舶外已很少采用。一般船舶多采用图3.8(b)所示的倾斜式艏,艏柱向前倾斜15°~30°,这样既可以使外形美观大方,也能增加甲板面积,改善船舶性能,军舰多采用倾斜式艏,民船上常用微带曲线前倾式艏。图3.8(c)为破冰船的首部形状,它的倾斜度较大,以便冲上冰层利用船舶本身的重力来压碎冰层。图3.8(d)为球鼻艏,大、中型远洋货船常采用球鼻艏,军舰上可以利用球鼻艏的突出体安装声呐设备。

3.2.3　艉部形状

船舶尾部形状如图3.9所示。图3.9(a)为椭圆形艉,艉部有短的艉伸部,折角线以上呈椭圆体向上扩展,现在仅在个别驳船上能见到。图3.9(b)为巡洋舰艉,具有光顺曲面的艉伸部,水平剖面呈半卵形,由于承线部分艉伸部的加长,有利于减小船的阻力,并有利于保护舵和螺旋桨,这种艉形在军舰和民船上用得较广泛。图3.9(c)为方艉,其特点是艉端有艉封板,大多用在航速较高的舰艇上,近年来许多货船也采用了这种艉型。

3.2.4　上层建筑形式

船体最上一层纵通连续的甲板,一般称为上甲板,在上甲板以上的船体结构,可统称为上层建筑。一般来说,上层建筑结构的两侧与两舷是连在一起的,如果两侧不同船舷相连而缩进一定的距离(大于船宽的0.04),形成两边走道的结构就叫作甲板室。位于艏部的上层建筑称为艏楼,位于船中和艉部的分别称为桥楼和艉楼,不同上层建筑的形式见图3.10(a)~图3.10(d)。

上层建筑的形式与船的机舱位置有一定的关系,图3.11所示为按机舱位置在艉部、舯部和舯艉部的货船外形图,分别称为艉机型船(图3.11(a))、舯机型船(图3.11(b))和舯艉机型船(图3.11(c))。舯机型船具有视野宽广、操作方便和空载时纵倾小等优点。艉机型船具有艉轴长度短、艉轴不穿过货舱、增加装货空间、提高装货效率等优点,并对防火有利,一般油船、散装货船都采用此形式。

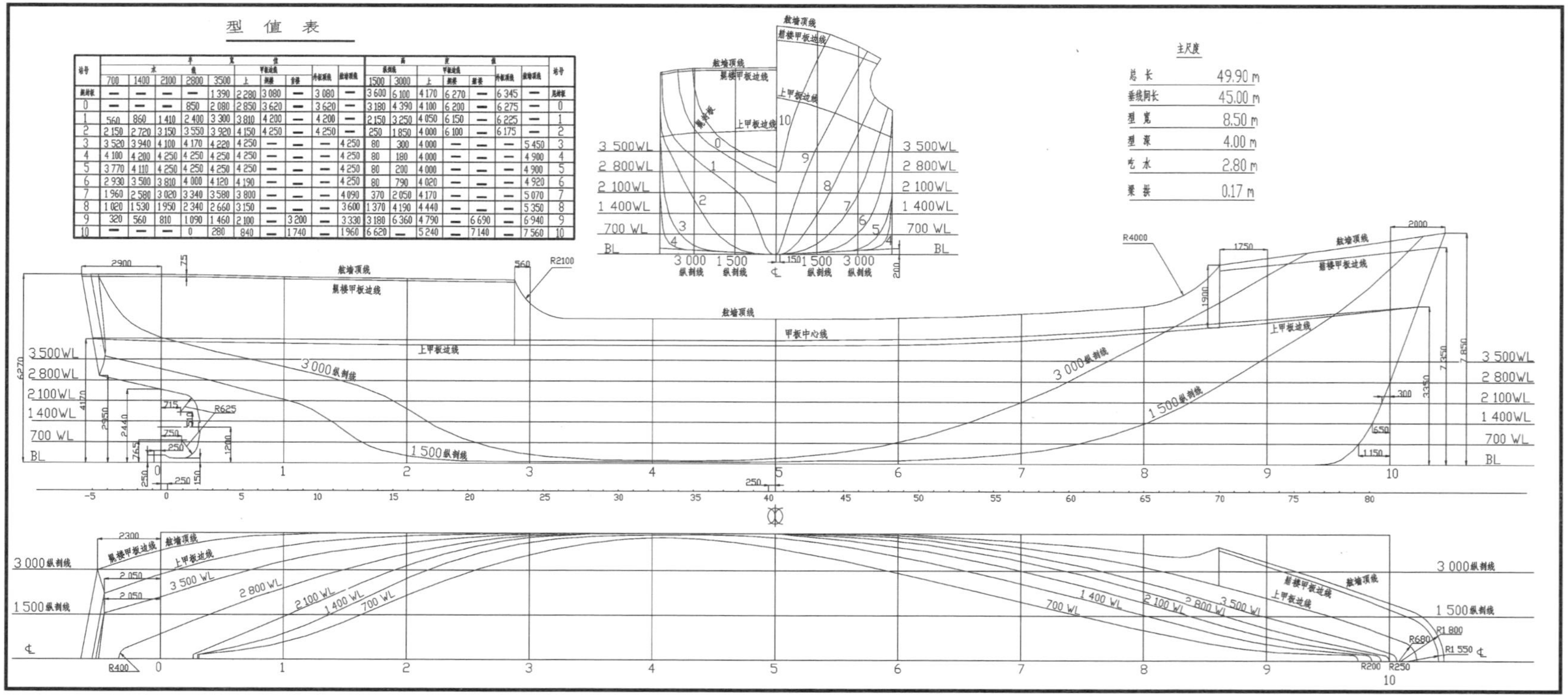

型值表

站号	半宽值 水线 700	1400	2100	2800	3500	甲板边线 上	艉楼	首楼	外板顶线	舷墙顶线	高度值 纵剖线 1500	3000	甲板边线 上	艉楼	首楼	外板顶线	舷墙顶线	站号
艉封板	—	—	—	—	1 390	2 280	3 080	—	3 080	—	3 600	6 100	4 170	6 270	—	6 345	—	艉封板
0	—	—	—	850	2 080	2 850	3 620	—	3 620	—	3 180	4 390	4 100	6 200	—	6 275	—	0
1	560	860	1 410	2 400	3 300	3 810	4 200	—	4 200	—	2 150	3 250	4 050	6 150	—	6 225	—	1
2	2 150	2 720	3 150	3 550	3 920	4 150	4 250	—	4 250	—	250	1 850	4 000	6 100	—	6 175	—	2
3	3 520	3 940	4 100	4 170	4 220	4 250	—	—	—	4 250	80	300	4 000	—	—	—	5 450	3
4	4 100	4 200	4 250	4 250	4 250	4 250	—	—	—	4 250	80	180	4 000	—	—	—	4 900	4
5	3 770	4 110	4 250	4 250	4 250	4 250	—	—	—	4 250	80	200	4 000	—	—	—	4 900	5
6	2 930	3 500	3 810	4 000	4 120	4 190	—	—	—	4 250	80	790	4 020	—	—	—	4 920	6
7	1 960	2 580	3 020	3 340	3 580	3 800	—	—	—	4 090	370	2 050	4 170	—	—	—	5 070	7
8	1 020	1 530	1 950	2 340	2 660	3 150	—	—	—	3 600	1 370	4 190	4 440	—	—	—	5 350	8
9	320	560	810	1 090	1 460	2 100	—	3 200	—	3 330	3 180	6 360	4 790	—	6 690	—	6 940	9
10	—	—	—	0	280	840	—	1 740	—	1 960	6 620	—	5 240	—	7 140	—	7 560	10

图3.7 150 t冷藏船型线图

(a)直立式艏柱

(b)倾斜式艏

(c)破冰船首部

(d)球鼻艏

图3.8 船舶首部形状

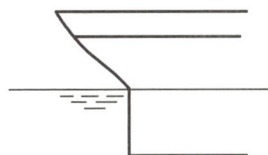
(a)椭圆形艉

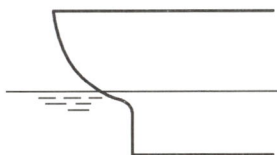
(b)巡洋舰艉

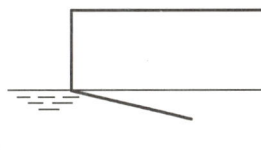
(c)方艉

图3.9 船舶尾部形状

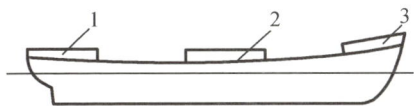
(a)

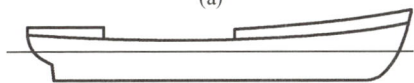
(b)

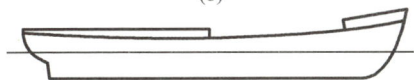
(c)

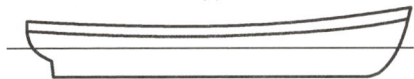
(d)

1—艉楼;2—桥楼;3—艏楼。

图3.10 各种上层建筑的形式

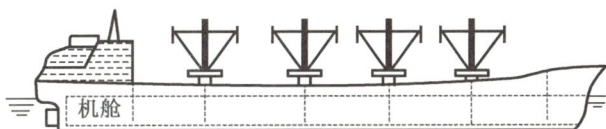
(a)艉机型船

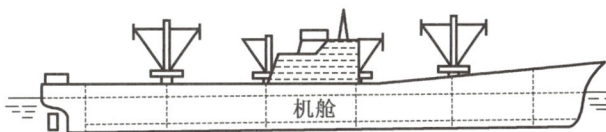
(b)舯机型船

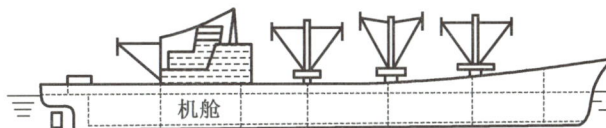
(c)舯艉机型船

图3.11 货船的机舱位置

　　船舶上层建筑的层数、大小对船的外观有着直接的影响,船舶设计者除了满足船舶的性能和使用要求外,还应把主体上层建筑以及烟囱、桅杆、雷达柱的位置和外形,舷墙、栏杆、门窗与船壳的配合,救生艇、救生筏的安排布置等从总体外观的协调上给予考虑,使不同用途船舶的造型上有各自的特点,给人以美的感觉,如货船的简洁朴实,客船的平稳、轻快等。

第4章 船舶性能

各种船舶从事运输生产或执行特定任务时,常航行于惊涛骇浪的海洋或急流险滩的江河里,它们之所以能顺利地完成预定的任务,在于船舶本身具有一些特定的性能,这些性能称为船舶航海性能或航行性能。船舶航行性能通常分为船舶静力学和船舶动力学两大部分。船舶静力学以流体静力学等为基础,研究船舶的浮性、稳性及抗沉性;船舶动力学以流体动力学等为基础,研究船舶的阻力与推进、耐波性及操纵性。

4.1 船舶静力学性能

4.1.1 浮性

船舶浮性,是指船舶在一定装载情况下,保持一定浮态、漂浮于水面(或浸没水中)一定位置的能力,它是船舶的基本性能之一。

1.船舶平衡条件

船舶在任一装载情况下,漂浮于水面(或浸没于水中)一定位置时,是一个处于平衡状态的浮体。这时,作用在船上的力,有船舶本身的重力及静水压力所形成的浮力。

作用在船上的重力由船舶本身各部分所受重力组成,如船体构件、机电设备、货物、人员及行李等,军舰还有武备、弹药等。这些重力形成一个垂直向下的合力,此合力就是船舶所受的重力,按行业习惯,以船舶的总质量 W 表示,其作用点 G 称为船舶的重心。

如图 4.1 所示,当船舶漂浮于水面一定位置时,船体浸水表面的每一点都受到水的静压力,这些静压力都是垂直于船体表面的,其大小与浸水深度成正比。从图 4.1 中可以看出,船舶水下部分静水压力的水平分力互相抵消,垂直分力则形成一个垂直向上的合力,此合力就是支持船舶漂浮于一定位置的浮力。合力的作用点 B 称为船舶的浮心。

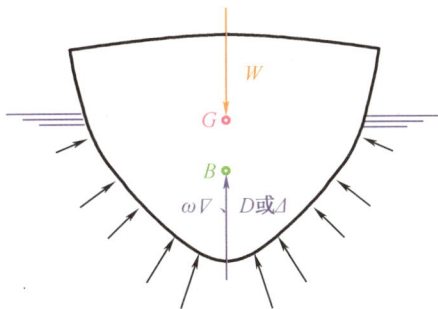

图 4.1 重心和浮心

根据阿基米德原理,物体在水中所受到的浮力等于该物体所排开的水受到的重力。因此船舶受到的浮力在数值上就等于船舶所排开的水的质量(通常称为排水量),有公式

$$\Delta = \omega \nabla \tag{4.1}$$

式中　Δ——船舶排水量,t;

　　　∇——船舶排水体积,m³;

　　　ω——质量密度,t/m³,淡水的 $\omega = 1$ t/m³,海水的 $\omega = 1.025$ t/m³;

浮心 B 也就是船舶排水体积 ∇ 的形心。通常以排水量 $\omega \nabla$ 表示船所受的浮力。

综上所述,船舶静止漂浮于一定位置时只受到两个作用力,即作用于重心 G 点并垂直向下的重力 W 和作用于浮心 B 点并垂直向上的浮力 $\omega\nabla$。因此船舶的平衡条件必然是:

(1)重力与浮力的大小相等而方向相反,即:$W = \omega\nabla = \Delta$。

(2)重心 G 和浮心 B 在同一铅垂线上。

由此可知,在讨论船舶平衡问题时,要考虑重力和浮力的大小,同时还要注意这些力的作用点位置。

2. 船舶浮态

船舶浮于静水的平衡状态称为浮态。通常可分为以下几种。

正浮:是船舶中纵剖面和中横剖面均垂直于静止水面时的浮态;

横倾:是船舶中横剖面垂直于静止水面,但中纵剖面与铅垂平面成一横倾角 φ 时的浮态,横倾角 φ 通常以向右舷倾斜(右倾)为正,向左舷倾斜(左倾)为负;

纵倾:是船舶中纵剖面垂直于静止水面,但中横剖面与铅垂平面成一纵倾角 θ 时的浮态,纵倾角 θ 通常以向艏部倾斜(艏倾)为正,向艉部倾斜(艉倾)为负;

任意浮态:是船舶既有横倾又有纵倾时的浮态,即船舶的中纵剖面与铅垂平面有一横倾角 φ,同时中横剖面与铅垂平面也有一纵倾角 θ。

从上述可知,船舶的正浮、横倾、纵倾三种浮态是任意浮态的特例。船舶的浮态可用吃水、横倾角和纵倾角等参数表示。若以坐标值 $(x_G、y_G、z_G)$ 表示船舶重心 G 的位置,坐标值 $(x_B、y_B、z_B)$ 表示船舶浮心 B 的位置,则当横倾角 φ 和纵倾角 θ 都为 0 时(图 4.2),船舶正浮时的平衡方程如下:

$$\begin{cases} W = \Delta = \omega\nabla \\ x_G = x_B \\ y_G = y_B = 0 \end{cases}$$

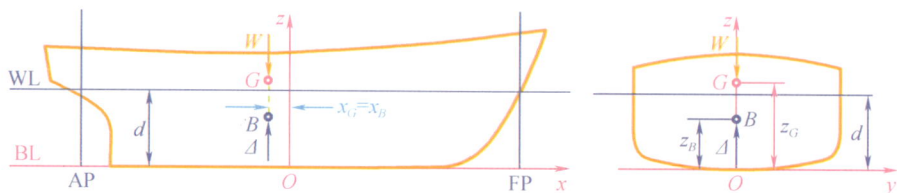

图 4.2 $\varphi = 0, \theta = 0$ 时船舶正浮状态

当横倾角 φ 不为 0°,而纵倾角 θ 为 0° 时(图 4.3),船舶横倾时的平衡方程如下:

$$\begin{cases} W = \Delta = \omega\nabla \\ x_G = x_B \\ y_B - y_G = (z_G - z_B)\tan\varphi \end{cases}$$

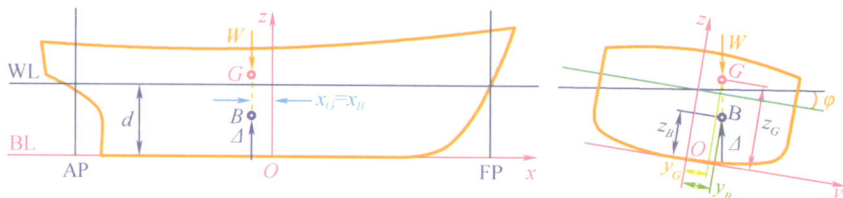

图 4.3 $\theta = 0, \varphi \neq 0$ 时船舶横倾状态

当纵倾角 θ 不为 $0°$,而横倾角 φ 为 $0°$ 时(图 4.4),船舶纵倾时的平衡方程如下:

$$\begin{cases} W = \Delta = \omega \nabla \\ x_B - x_G = (z_G - z_B) \tan \theta \\ y_G - y_B = 0 \end{cases}$$

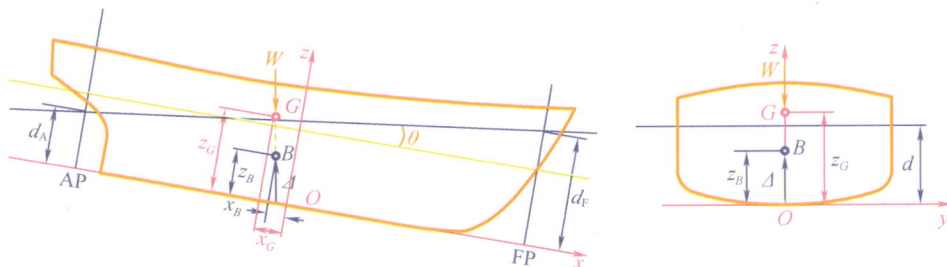

图 4.4 $\varphi = 0°, \theta \neq 0°$ 时船舶纵倾状态

当船舶纵倾角 θ 和横倾角 φ 都不为 $0°$ 时,船舶处于静水中的任意浮态(图 4.5),此时船舶处于任意浮态的平衡方程如下:

$$\begin{cases} W = \Delta = \omega \nabla \\ x_B - x_G = (z_G - z_B) \tan \theta \\ y_B - y_G = (z_G - z_B) \tan \varphi \end{cases}$$

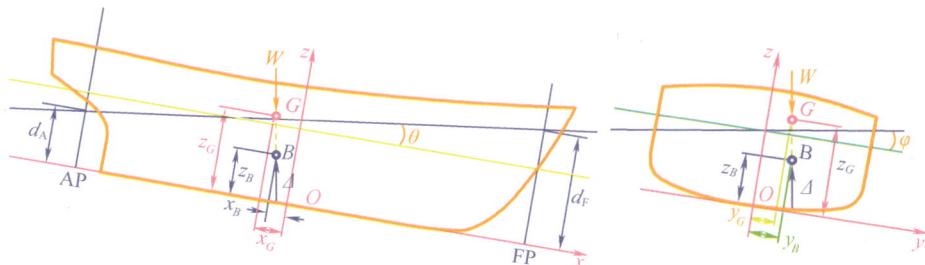

图 4.5 $\varphi \neq 0, \theta \neq 0$ 时船舶任意浮态

一般船舶在设计时或正常使用情况下(如满载航行时),都应处在正浮状态或稍有艉倾状态。至于横倾状态、大角度纵倾状态和任意状态往往都是由于外力作用或船上质量位置的改变或船舶破损后进水等引起的,不适当的浮态对船舶的使用及航行性能等都是很不利的。

从以上各种浮态的分析中可知,在讨论船舶的浮性问题和以后将要研究的船舶稳性等问题时,最关键的是研究船舶的质量和排水量、重心和浮心之间的相互关系及它们的计算方法。船舶的质量、重心可根据总布置图和其他有关图纸及技术资料进行分析计算,而排水量和浮心则需依据型线图和型值表进行分析计算。如何计算不同形状的船体在各种浮态下的排水体积及其形心位置(浮心位置)是船舶静力学主要研究的问题之一。

3. 船舶质量和重心位置

船舶总质量是船上各项质量的总和。为了避免船舶处于横倾状态,在建造和使用过程中,总是设法使其重心位于中纵剖面上。计算船舶质量和重心位置的方法比较简单,但由于船上各组成部分的项目繁多,需一一加以测算,工作相当烦琐,故在计算时要认真仔细,以免发生差错。船舶质量和重心位置的计算通常根据总布置图和结构图等加以分组,按表4.1 的形式进行。

表 4.1　船舶质量和重心位置计算表

序号	项目名称	质量 W_i/t	对基平面		对中横剖面	
			Z_i/m	$W_i Z_i$/(t·m)	X_i/m	$W_i X_i$/(t·m)
1	…	W_1	Z_1	$W_1 Z_1$	X_1	$W_1 X_1$
2	…	W_2	Z_2	$W_2 Z_2$	X_2	$W_2 X_2$
3	…	W_3	Z_3	$W_3 Z_3$	X_3	$W_3 X_3$
…	…	…	…	…	…	…
	总计	$\sum W_i$		$\sum W_i Z_i$		$\sum W_i X_i$

组成船舶质量的名目虽多,但概括起来可归纳为两大类。

(1)固定质量:包括船体钢料、木作舾装、机电设备及武器装备等。它们的质量和重心在船舶使用过程中是固定不变的,这一类质量的总和称为船的空船质量,或船舶自身的质量。

(2)可变质量:包括货物、船员、行李、旅客、淡水、粮食、燃料、润滑油及弹药等。这一类质量的总和称为船的载重量。

船舶的排水量是空船质量与载重量之和。由于船舶在实际使用中载重量总是变化的,其排水量也随装载情况而变化(表4.2),因此需要定义船舶的若干典型装载情况及相应的排水量来反映船舶的各种技术性能。对于民用船舶来说,在最基本的两种典型装载情况下,其相应的排水量有:

(1)空载排水量:指船舶在全部建成后交船时的排水量,即空船质量。此时,动力装置系统内有可供动车用的油和水,但不包括航行所需的燃料、润滑油和炉水储备以及其他的载重量。

(2)满载排水量:指在船上装载设计规定的载重量(即按照设计任务书要求的货物、旅客和船员及其行李、粮食、淡水、燃料、润滑油、锅炉用水的储备,以及备品、供应品等均装载满额的质量)的排水量。

表 4.2　船舶不同的装载状态

状态	出港	到港
满载	满载出港(设计排水量)	满载到港
空载	空载出港	空载到港

空载排水量和满载排水量又可分为出港和到港两种情况。前者指燃料、润滑油、淡水、粮食及其他给养物品都按照设计所规定的数量带足,后者则假定这些消耗品还剩余10%。

通常的设计排水量,如无特别注明,就是指满载出港的排水量,简称满载排水量。通常所说的万吨轮,是指它的载重量在 1 万吨左右。例如,某万吨级货船的满载出港排水量为 17 480 t,其中空船质量为 5 567 t,载货量为 10 178 t,人员、淡水、燃料、粮食等为 1 735 t,因此其载重量为 11 913 t。

船舶排水量和浮心位置的计算,是根据型线图及型值表来进行的。通常有垂向沿吃水方向计算和纵向沿船长方向计算两种,在应用计算机进行船舶计算时,基本上都采用纵向计算法。在具体计算时采用数值积分法,手工计算时用表格形式进行。

4. 水尺

表示吃水的标记叫作水尺。它刻画在艏和艉左右两侧的船壳板上(大船还在船中的左右舷标明水尺),通过看水尺就能知道船底与水面的距离。水尺标注目前通用的有公制和英制两种,一般以阿拉伯数字和罗马数字表示。

如以公制标记时,每个数字高 10 cm,字与字的间隔也是 10 cm。英制的写法是每字高 6 in[①],间隔也是 6 in(图 4.6)。

读取吃水时,看水面与字相切的位置。例如,水面刚在"0.4"字体的下边缘时,则吃水是 0.4 m,当水面淹没"0.4"字体的一半时,则吃水是 0.45 m,当水面刚淹没"0.4"字体的上边缘时,则吃水是 0.5 m。

5. 载重线标志

图 4.7 为国际航行船舶在船中央舷侧的载重线标志,它由外径为 300 mm、内径为 250 mm 的一圆环和横贯圆环中心的长为 450 mm、宽为 25 mm 的一条水平线,以及在圆环前方 540 mm 处的长为 230 mm、宽为 25 mm 的若干水平线段所组成。各水平线段是船舶按其航行的区域和季节而定的载重线,各线段及对应字母所表示的意义是:

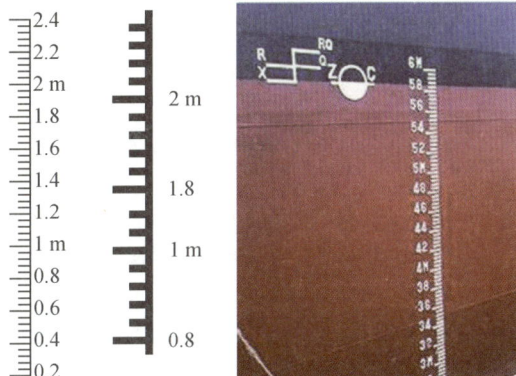

图 4.6　水尺

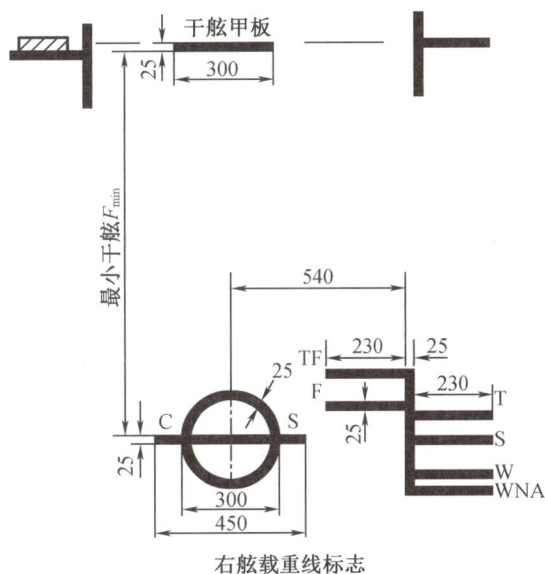

图 4.7　载重线标志(单位:mm)

① 1 in = 2.54 cm。

（1）WNA——冬季北大西洋载重线；

（2）W——冬季载重线；

（3）S——夏季载重线；

（4）T——热带载重线；

（5）F——夏季淡水载重线；

（6）TF——热带淡水载重线。

圆环两侧的字母"C""S"表示勘定干舷的主管机关是"中华人民共和国船舶检验局"。国内航行海船的载重线标志类似于国际航行船舶，内河航行船舶的载重线标志上圆环两侧的字母是"Z"和"C"，表示"中华人民共和国船舶检验局"，字母"A"（或"B""C"）表示该船航行的区域是内河 A 级（或 B 级、C 级）航区。

若实际吃水超过规定的载重线上缘（即载重线标志被水淹没），则表明该船已处于超载状态，其结果造成储备浮力减小，航行的安全性得不到保障，港务监督机构应不准其出港。

4.1.2 稳性

在浮性中提到：船舶静止漂浮于水面某一位置时，受到重力和浮力两个作用力，其大小相等，但方向相反，而且两者的作用点在同一铅垂线上，这时船舶处于平衡状态。但船舶在海上航行时，经常受到风浪等各种外力的干扰，使其产生倾斜，这样就破坏了原来正浮时的平衡状态。船舶在受到外力干扰产生倾斜后会不会倾覆？当外力消失后船舶会不会复原到原来的平衡位置？这就是船舶的稳性问题。

船舶稳性，是船舶在外力作用下偏离其平衡位置而倾斜，当外力消失后，能自行复原到原来平衡位置的能力。或者说船舶稳性是船舶在外力作用消失后保持其原有位置的能力。

下面以船舶在横方向受到外力作用而发生横倾为例。船舶因受外力作用发生横倾时，船舶排水体积的形状就会改变，这一体积的形心——浮心的位置也随之发生变化，如图 4.8 所示，浮心 B 从正浮时的位置向倾斜的一舷移动。此时，重力和浮力方向相反，而它们的作用点不再在一条垂线上，这两个大小相等方向相反而作用点不在一条垂直线上的力就构成了一个力矩，称这力矩为复原力矩。图 4.8 中所示的复原力矩的方向与船舶横倾方向

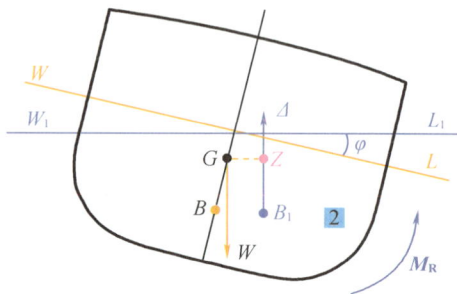

图 4.8 船舶复原力矩 M_R

相反，起着抵抗外加的使船倾斜的力矩作用，它力图使船舶回复到原来的正浮位置。如重力和浮力作用线之间的垂直距离是 $\overline{GZ}$，船舶横倾角为 φ 时的复原力矩可按下式进行计算：

$$M_R = \Delta \overline{GZ} = \Delta \overline{GM} \sin \varphi \tag{4.2}$$

很显然，复原力矩的值是随着倾斜过程而逐渐增大的。若外力矩不是突加在船上，亦即船舶的横倾是很缓慢的，则在复原力矩的数值增大到与外力矩相等时，船舶就停止横倾。而此时若外力矩消除了，船舶就在只有复原力矩这一个力矩的作用下复原到原先的正浮位置。

在倾斜角度不大，如小于 15°时，将倾斜前后浮力作用线的交点 M（图 4.9）称为稳心，

船舶横倾时就是横稳心。

由式(4.2)还可知道,在某个排水量状态,关系到船舶回到原平衡位置能力的复原力矩的大小与 GM 的数值有密切关系,GM 值越大,则船舶抵抗倾侧的能力越强,亦即船舶的稳性越好,所以通常把 GM 值作为衡量船舶稳性的标志之一。而 GM 值实际上就是稳心在重心以上的高度,习惯上称之为初横稳性高度,常以 h 来表示。

由图4.9可见,在某排水量状态时的船舶,横稳心 M 点是一定的,若重心 G 越低,则初横稳性高度 h 就越大,船舶抗沉倾侧的能力就越强,稳性就越好。

从复原力矩 M_R 和横倾方向之间的关系,可以判断船舶平衡状态的稳定性能。

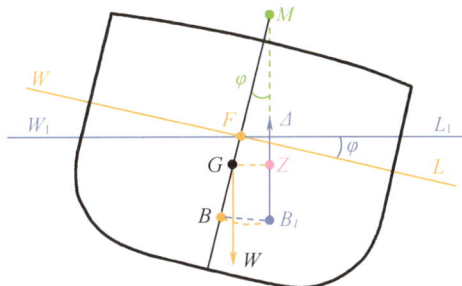

图4.9 船舶稳心 M

(1)重心 G 在稳心 M 之下,M_R 的方向与横倾方向相反,当外力消失后,它能使船舶回复至原来的平衡状态,所以称为稳定平衡(图4.10(a))。此时,GM 和 M_R 都为正值。

(2)重心 G 在稳心 M 之上,M_R 的方向与横倾方向相同,它使船舶继续倾斜而不再回复至原来的平衡状态,所以称为不稳定平衡(图4.10(b))。此时,GM 和 M_R 都为负值,加剧船舶的倾侧。这种船的稳性属极差之列。

(3)重心 G 和稳心 M 重合,$GM=0$,$M_R=0$,当外力消失后,船不会回复到原来位置,也不会继续倾斜,称为中性平衡或随遇平衡(图4.10(c))。这种船舶倾斜任一小角度之后都可以达到平衡,由于没有回复到原正浮位置的能力,故也属稳性极差之列。

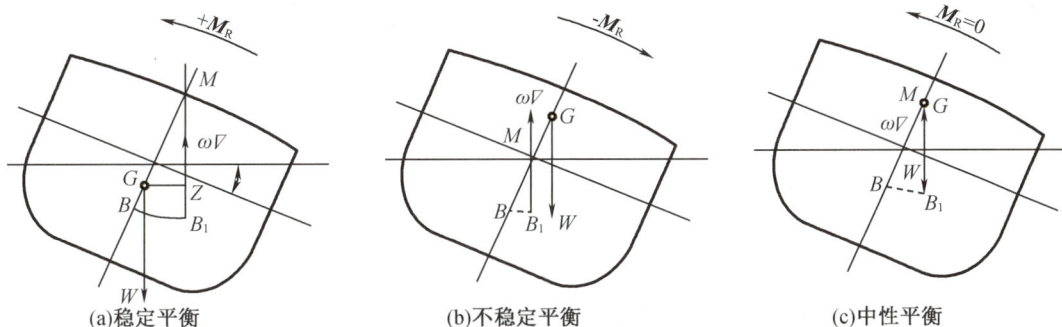

图4.10 重心与稳心的关系

很明显,若船体形状太窄,致使点 M 离基线较近,而重心 G 又较高,再加上航运过程中配载不注意,有可能出现上述(2)(3)两种情况。这两种情况是设计、建造和使用船舶过程中所不允许的。因为这种船舶在倾斜后不可能复原到原来的平衡位置,也就是说,这种船舶的稳性得不到保证。

为保证船舶具有足够的稳性,可以采用各种办法,但不外乎是降低重心和提高稳心。

(1)降低重心:应使设备和载重尽量布置在较低的位置,上层建筑不能过于庞大,且宜采用较轻的材料。有时为降低重心可在舱底加设压载物。船舶常设双层底的目的之一是装载压载水,以降低重心。降低重心是改善船舶稳性的最根本措施。

（2）提高横稳心：横稳心 M 点距基线的高度主要受船宽吃水比 B/d 和水线面系数 C_{WP} 的影响,为保证船舶具有足够的稳性,在设计之初就必须予以充分的注意。当船舶建成后,船舶主要尺度及船型系数已定,横稳心 M 点也难以变动了。

然而,必须注意的是船舶是集各种性能于一体的工程建筑物,在保证初稳性的同时,也要兼顾其他性能,即稳心不能太高,亦即 GM 值不能过分地大,否则船舶将像玩具不倒翁那样,剧烈摇摆。

各类船舶满载时的初稳性高度值,大致如表4.3所列,表中 B 为船宽。

表4.3　各类船舶的初稳性高度值

船舶类型	初稳性高度值/m	船舶类型	初稳性高度值/m
海洋客船	0.6~1.2	海洋油船	1.5~2.5
海洋货船	0.3~1.0	内河客货船	$0.20B$~$0.25B$

最后应当指出的是,上述分析是限于小角度倾斜而言的,式（4.2）也称为初稳性方程。但是,实际上船舶常会产生较大角度的倾斜,且因外力矩是突加上去的,船舶的倾斜过程还具有动能,在较大角度倾侧时,船体水下的形状、干舷以及上层建筑的形式对船舶的复原力矩都有很大影响,这时就不能用 h 来表征船舶的稳性了,而必须用船舶在各个倾角时复原力矩或复原力矩所做的功来表征。

4.1.3　抗沉性

1912年4月10日,英国大西洋邮船"泰坦尼克"号新建落成并开始第一次航行。航行的第四天夜晚,在纽芬兰岛附近与冰山相撞。只有10 s的接触,冰山就把船壳撕裂了近百米长的破洞,艏部的5个舱淹水（图4.11）,使艏部先下沉。与冰山相撞2小时后,船桥开始没入水中,只有艉部的船舱还露在水面上,闪烁着炫目的灯光。此后全船被黑暗所笼罩,接着爆发了震耳欲聋的响声,锅炉发生爆炸,不久全船沉没在冰海之中。由于救生艇只能容纳乘员的半数,全船2 500多乘员中有1 320人死于非命。这一严重的海难事件使全世界的航运界大为震惊。

图4.11　"泰坦尼克"号事故

在这一事件的直接影响下,各主要航海国家代表于 1914 年在英国伦敦集会,于 1 月 24 日签订了《国际海上人命安全公约》,但因第一次世界大战的爆发而未付诸实行。之后,于 1929 年、1948 年和 1960 年又召开了第二、三、四次国际海上人命安全会议,签订和修改了《国际海上人命安全公约》。公约对于航行于公海的船舶提出了关于船舶救生设备、无线电通信设备和助航设备的基本要求,并特别规定了船舶的抗沉性要求。

船舶抗沉性,是指船舶在一舱或数舱破损进水后,海水进入舱室时,仍能保持一定浮性和稳性而不致沉没或倾覆的能力。各类船舶对于抗沉性的要求是不同的。军舰在战斗中受损伤的机会较多,同时又要求它在遭到某种程度损伤后仍能保持一定的作战能力或返回基地的能力。所以对军舰的抗沉性要求要比民用船舶高得多。在民用船舶中,客船的要求又要比货船高些。船舶的抗沉性是用水密舱壁将船体分隔成适当数量的舱室来保证的,要求当一舱或数舱进水后,船舶的下沉不超过规定的极限位置,并保持一定的稳性。

船体破损,海水进入船舱,船身即下沉。为不使船舶沉没,其下沉应不超过一定的限度,这就要对船舱的长度有所限制。

在《国际海上人命安全公约》和我国的《海船抗沉性规范》中,对于客船的舱壁位置、船体结构、开口处的封闭装置和排水设置等都做了详细的规定,对于船舶抗沉性的衡准也提出了具体的方法和标准。规范规定,民用船舶任何一舱破洞并淹水后,船舶下沉的极限是舱壁甲板顶面的边线以下 76 mm。也就是说,船舶在破舱淹水后至少要有 76 mm 的剩余干舷。在船舶侧视图上,舱壁甲板线以下 76 mm 处的一条与甲板边线相平行的曲线称为安全限界线,简称为限界线,如图 4.12 所示。限界线上各点的切线即表示所允许的最高破舱淹水后船舶的吃水水线,称之为极限海损水线。

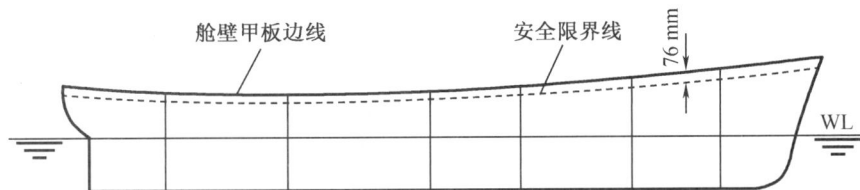

图 4.12　安全限界线

为了保证船舶在破舱后的水线不超过限界线,对船舱的长度自然要加以必要的限制。船舱的最大许可长度,表示如果此长度的舱破损淹水后,船舶的海损水线恰好与限界线相切。船舱在船长方向的位置不同,其最大许可长度一般不相同,即沿船长方向的可浸长度是不同的。在船舶技术文件中就会有一表示该船舶沿船长方向最大许可长度数值的曲线,该曲线称为可浸长度曲线,通常按船舶原理教程中阐述的方法通过计算确定。曲线上的坐标值即表示若在该处设舱,则该舱两壁之间的最大距离等于此坐标值,如图 4.13 所示。由图 4.13 可见,位于船中部的可浸长度,虽然舱室进水体积较大,但因船舶此处破舱仅有平行下沉,故可浸长度较大;船中前后则因同时有纵倾,故可浸长度下降;位于艏艉两端,因船体形状瘦削,进水量显著减小,故可浸长度又增大。可浸长度的大小还与舱室的渗透率 μ 的大小有关,渗透率 μ 越小可浸长度越大,反之则越小。

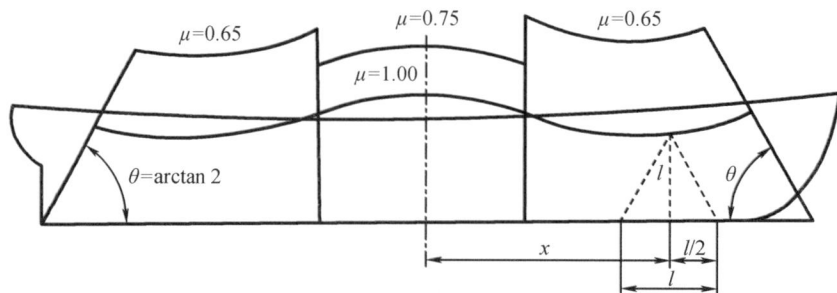

图 4.13　可浸长度曲线

规范还对破舱淹水后船舶的初稳性有具体的要求。

当船舶一舱淹水后能满足上述诸要求时,称为一舱不沉制,两舱进水后能满足上述要求的称两舱不沉制,依此类推。海上客船至少应满足一舱不沉制要求。

改善抗沉性最有效的措施是增加船舶的储备浮力,通常可采取下述方法。

(1)增加干舷。增大型深 D 或者在多层甲板船上将水密舱壁通到更高一层甲板。

(2)减小吃水。当型深不变时,这与增加干舷有类似的效果。

(3)增加舷弧以及使横剖线外倾。

(4)使水下体积瘦削,也可以认为是相对地增大了储备浮力。

(5)合理分舱,即合理地确定各水密舱壁的位置。

当然,为改善船舶的抗沉性而采取的措施有时会与船舶的使用要求或其他性能产生矛盾,设计人员必须针对具体船舶做具体分析,抓主要矛盾进行正确的处理。

4.1.4　储备浮力

船舶在水面的漂浮能力是由储备浮力来保证的。所谓储备浮力是指满载水线以上主体水密部分的体积所能产生的浮力,它对稳性、抗沉性和淹湿性等有很大的影响。船体损坏后,海水进入舱室后吃水必然增加,如果船舶具有足够的储备浮力,则仍能浮于水面而不致沉没。因此储备浮力是确保船舶安全航行的一个重要指标。

储备浮力通常以满载排水量的百分数来表示,其大小根据船舶类型、航行区域及载运货物的种类而定。内河驳船的储备浮力为其满载排水量的 10% ~ 15%,海船为 20% ~ 50%,军舰的储备浮力往往在 100% 以上。

为保证安全航行,国际上于 1966 年制定了《1966 年国际载重线公约》,以后又议定了《1966 年国际船舶载重线公约 1988 年议定书》。中国船舶检验局也颁布了《船舶与海上设施法定检验规则》(1999),规定在船中两舷勘画载重线标志,表明该船在不同航区、不同季节中航行时所允许的最大吃水线,以此规定船舶安全航行所需的最小干舷和最小储备浮力。

4.2 船舶动力学性能

船舶设计建造部门总希望他们所设计建造的船舶具有优良的航行性能,用船单位(航运公司、海军等)理所当然要求所属的各类船舶都具有优良的航行性能。概括来说,所谓优良的航行性能,除了船舶静力学性能所述的船舶是否具有合理的浮态、足够的稳性、良好的抗沉性之外,还包括大量船舶动力学性能问题,例如是否属低阻力的优良船型,推进器的效率是否最佳,推进器与船体及主机是否匹配(快速性),是否具有良好的航向稳定性和回转性(操纵性),在风浪中航行时是否会产生剧烈的摇摆运动和砰击、甲板上浪及失速(耐波性)等。

4.2.1 船舶快速性

船舶快速性是船舶很重要的一个航行性能。例如,目前的长江下游客货船的静水航速为 23 km/h,上游客货船为 25 km/h,若能通过改进型线或提高推进效率,在不增加机器功率的情况下,使航速达到 30 km/h,则可以在不增加船只的情况下增加20% 运输能力,更不用说由于加快了人员、货物流通所带来的社会效益,可见船舶的快速性是与国民经济的发展密切相关的。

为了使船舶保持一定的航速,必须对船舶提供推力以克服所受到的阻力。一般船舶航行过程中由主机供给能量,通过推进器(常用的是螺旋桨)转换成推动船舶前进的推力,如图 4.14 所示。

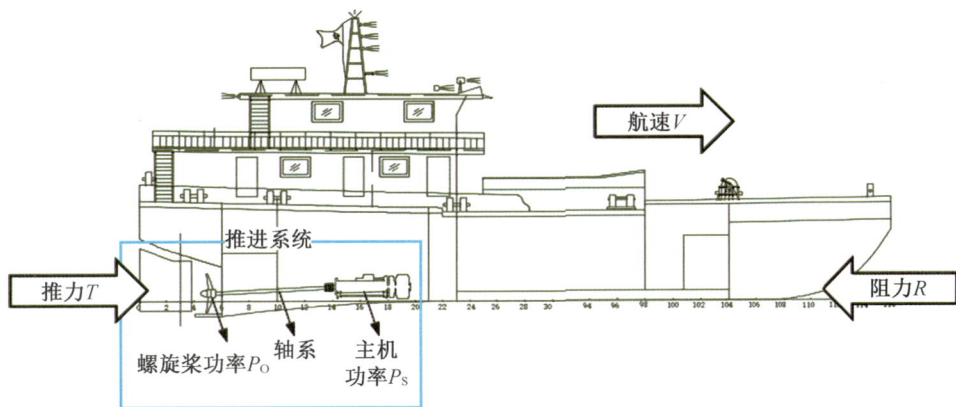

图 4.14 船舶快速性概念示意图

显然,船舶所具有的推力大小取决于主机功率 P_S 的大小和推进器将主机功率转换成推力的效率,即推进效率的高低。因此,船舶的航速取决于它所受阻力的大小、主机功率大小和推进效率高低这三个因素。

船舶快速性,是指船舶尽可能消耗较小的主机功率以维持一定航速的能力;或者说是在给定主机功率时,表征船舶航速高低的一种性能。

由上述定义可知,快速性的好坏是指对一定的船舶在给定主机功率时,能达到的航速较高者,谓之快速性好,反之为差;或者,对一定的船舶要求达到一定航速时,所需主机功率小者,谓之快速性好,反之则差。

根据快速性的含义,快速性的优劣不但与船舶航行过程中的阻力性能有关,而且还与该船的推进效率等有关。因此为了研究方便起见,船舶快速性简化成两部分,即快速性包含船舶阻力和推进两方面的问题。

"船舶阻力"部分:研究船舶在等速直线航行过程中船体受到的各种阻力问题;

"船舶推进"部分:研究克服船体阻力的推进器及其与船体间的相互作用,以及船、机、桨(推进器)的匹配问题。

1.船舶阻力

(1)船舶阻力的分类

船舶在航行过程中,流体(水和空气)会阻止其前进,这种与船体运动相反的作用力称为船舶的阻力。

为研究方便起见,船体总阻力按流体种类分成空气阻力和水阻力。空气阻力是指空气对船体水上部分的反作用力;水阻力是指水对船体水下部分的反作用力。

进一步把水阻力分成船体在静水中航行时的静水阻力和在波浪中航行时的阻力增加值(亦称为汹涛阻力)两部分。

静水阻力则通常分成裸船体阻力和附体阻力两部分。所谓附体阻力是指突出于裸船体之外的附属体如舵、舭龙骨、轴支架等所增加的阻力值。

根据这种处理方法,船舶在水中航行时所受到的阻力通常分为两大部分,如图 4.15 所示,一部分是裸船体在静水中所受到的裸船体阻力,另一部分是附加阻力,包括空气阻力、汹涛阻力和附体阻力。船舶航行中的总阻力实际上按照裸船体阻力和附加阻力两部分分别进行研究。

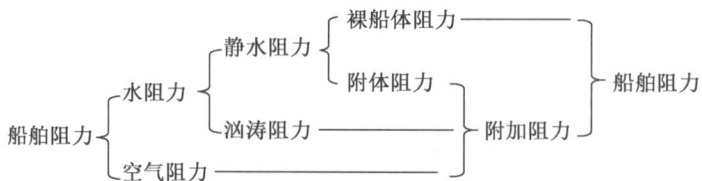

图 4.15　船舶阻力

(2)船体阻力的成因和分类

裸船体阻力是船舶阻力中的主要部分(占船舶总阻力的 85% ~95%),因此是着重研究的内容。为了便于叙述,将裸船体阻力简称为"船体阻力"。

船体阻力的成因是船体在静水中运动时所受到的阻力,与船体周围的流动现象密切相关。根据观察,船体周围的流动情况是相当复杂的,当船舶在水面匀速前进时,周围会出现船行波(图 4.16),水会出现三种现象:

①水面兴起波浪。

②靠近船体表面有一薄层的水伴随船体前进,这一薄水层称为边界层。

③船尾后方留有尾流,其中往往产生漩涡。

水本来是平静不动的,由于船的航行而产生了上述三种物理现象。显然水流的上述物理运动的能量必定是由船舶的运动所提供的,这种能量的消耗对船舶来说就构成了阻力。

①按产生阻力的物理现象分类。船体阻力按船舶航行过程中船体周围的流动现象和产生阻力的原因分类,则船体总阻力由兴波阻力 R_w、摩擦阻力 R_f 和黏压阻力 R_{pv} 组成。

首先,船体在运动过程中兴起波浪,由于波浪的产生,改变了船体表面的压力分布情况,如图4.17所示。船首的波峰使艏部压力增加,而船尾的波谷使艉部压力降低,于是产生艏艉流体动压力差。这种由兴波引起的压力分布的改变所产生的阻力称为兴波阻力,一般用 R_w 表示。从能量观点看,船体掀起的波浪具有一定的能量,这能量必然由船体供给。由于船体运动过程中不断产生波浪,也就不断耗散能量,从而形成兴波阻力。

图4.16　船行波

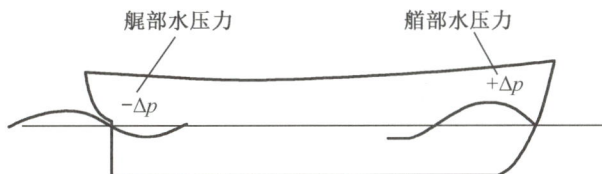

图4.17　兴波改变船体压力分布

其次,当船体运动时,由于水的黏性,在船体周围形成"边界层",从而使船体运动过程中受到黏性切应力作用,亦即船体表面产生了摩擦力,它在运动方向的合力便是船体摩擦阻力,用 R_f 表示。

另外,在船体曲度骤变处,特别是较丰满船的艉部常会产生漩涡。产生漩涡的根本原因也是水具有黏性。漩涡处的水压力下降,从而改变了沿船体表面的压力分布情况。这种由黏性引起船体前后压力不平衡而产生的阻力称为黏压阻力,用 R_{pv} 表示。从能量观点来看,克服黏压阻力所做的功耗散为漩涡的能量,所以黏压阻力习惯上也叫漩涡阻力。

对于不同航速的船舶,上述诸阻力成分在船体总阻力中所占比例是不同的。对低速船,兴波阻力成分较小,摩擦阻力为70%~80%,黏压阻力占10%以上。对高速船,兴波阻力将增加至40%~50%,摩擦阻力为50%左右,黏压阻力仅为5%左右。

②按作用力的方向分类。船体在实际流体中等速直线运动时,一方面受到垂直于船体表面的压力作用,这种压力是由兴波和漩涡等所引起的,称为压阻力 R_p;另一方面,又受到水质点沿着船体表面切向力的作用,即水的摩擦阻力作用,称为摩擦阻力 R_f。

③按流体性质分类。船体阻力中的压阻力包含黏压阻力和兴波阻力两种不同性质的力。黏压阻力只有在黏性流体中存在,但兴波阻力即使在理想流体中仍然存在。由于黏压阻力和摩擦阻力两者都由水的黏性产生,因此习惯上将两者合并称为黏性阻力 R_v。这样船体总阻力又可以认为是由兴波阻力 R_w 和黏性阻力 R_v 两部分组成的。

综上各分类方法,船体总阻力与各阻力成分间的关系可以用图4.18表示。

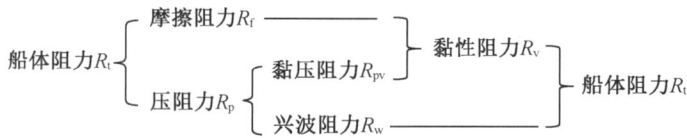

图 4.18　船体总阻力与各阻力的关系

2. 船舶推进

凡是能利用各种动力源并把它转换成推力推动船舶前进的,均可称为推进器,桨、篙等都属船的推进器。帆能利用自然界的风力推进船舶,也是船的推进器。而当前普遍采用的推进器是螺旋桨。

螺旋桨由若干桨叶叶片(2~6叶)组成,桨叶固定在桨毂上,且扭转适当角度,各邻近叶片之间相隔的角度相等,如图 4.19 所示。当螺旋桨转动时,桨叶拨水向后,而自身则受到水流的反作用力,这个反作用力就是推力,它通过桨轴和推力轴承传递至船体上推船前

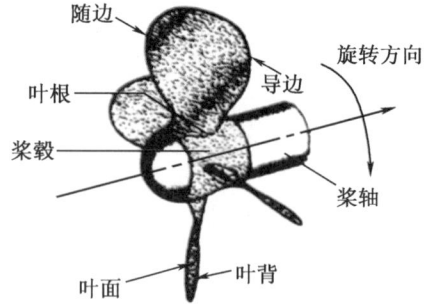

图 4.19　螺旋桨示意图

进。螺旋桨构造简单,造价低廉,使用方便,效率较高,是目前应用最广泛的推进器。

根据不同船舶工作条件,在普通螺旋桨的基础上发展出另外一些船用推进器,主要有:

（1）导管螺旋桨

导管螺旋桨(图 4.20)是在螺旋桨的外围套上一个纵剖面为机翼型或类似于机翼剖面的折角线型套筒。导管螺旋桨推进器可以提高重负荷螺旋桨的效率,其主要原理是导管内外部的压差产生一个附加推力,以及能减少螺旋桨后水流的收缩,同时又能减少叶片本身在叶尖部分的效率损失。导管螺旋桨推进器可分为固定式和转动式两种,前者称为定导管螺旋桨推进器,后者称为转动导管螺旋桨推进器。转动导管是导管可绕垂直轴转动,兼起舵的作用,增加使船回转的力矩。螺旋桨负荷过重时,采用导管螺旋桨推进器,其效率较普通螺旋桨高,主要用于拖船、推船、拖网渔船等。

（2）可调螺距螺旋桨

可调螺距螺旋桨(图 4.21)是利用设置于桨毂中的操纵机构,使桨叶绕垂直于桨轴的轴线转动,以改变扭转角度(螺距角)的螺旋桨。由于桨叶的螺距可根据需要进行调节,因此在不同航行状态时,主机均能充分发挥其功率,但机构复杂,造价和维修费较高。这种推进器多数用于桨的负荷有较大变动的船舶。

（3）对转螺旋桨

对转螺旋桨(图 4.22)又称双反桨。它由装在同一轴上两个以等速或不等速反向旋转的普通螺旋桨组成。单个的普通螺旋桨后的水流是旋转的,对螺旋桨来说就存在艉流旋转的能量损失,利用双反桨则可减少艉流旋转的损失并提高推进器本身的效率,但其结构复杂。

（4）直翼推进器

直翼推进器(图 4.23)也称竖轴推进器或平旋轮推进器,由若干垂直的叶片(4~8片)组成,叶片在圆盘上等间距布置,圆盘与船体底部齐平。圆盘绕垂直轴在水平方向旋转,各

叶片以适当的角度与水流相遇,而产生推力。通过偏心装置可以调节叶片与水流的相遇角度,故能发出向前、后、左、右任何方向的推力。装有直翼推进器的船舶具有良好的操纵性能,且在船舶倒航时也不用主机反转。此外,直翼推进器的效率也比较高,约与普通螺旋桨相当。其多数安装在操纵性要求高的港口工作船上。由于结构复杂、造价昂贵、叶片的保护性差,这种推进器的推广受到限制。

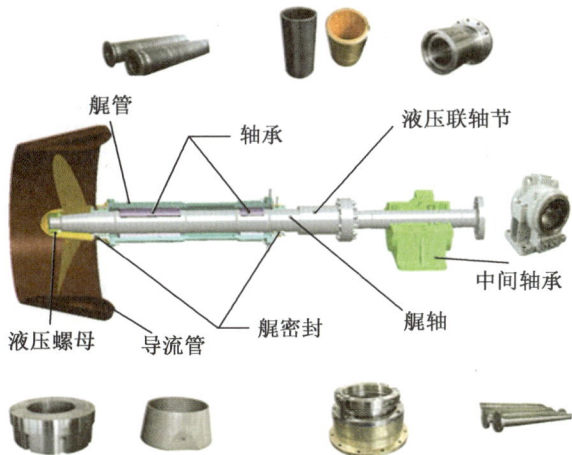

图 4.20 导管螺旋桨

图 4.21 可调螺距螺旋桨

图 4.22 对转螺旋桨

图 4.23 直翼推进器

(5)喷水推进器

喷水推进器(图 4.24)是一种依靠水的反作用力推船前进的推进器,由布置在船体内的水泵装置和吸水、喷射管组成。喷口有水上、水下和半水下几种形式。喷水推进器结构简单、工作可靠、船尾震动小,可使机器保持固定转速而通过水泵或喷管出口面积的变化进行速度控制;还可用喷水方向的变动进行回转和倒航,甚至可原地回转,故其操纵性良好;由于推进器在船体内部,因而具有良好的保护性。喷水推进器的主要缺点是水泵及喷管中水的质量均在船内,减少了船舶的有效载重量;喷管中水力损耗大,推进效率低。

(6)现代风帆

帆是最古老的一种推进器,后被螺旋桨所取代。随着现代船舶对绿色节能的追求,风帆又重新被重视起来,不过现代使用的风帆和过去的已大不相同,它利用机翼原理配以计算机自动调整风帆迎风的最佳角度,以获得最大的推力。现代风帆(图 4.25)在海洋船舶上作为一种辅助推进装置使用,据报道可节省主机功率10%～20%。这种船称作风帆助航节能船。

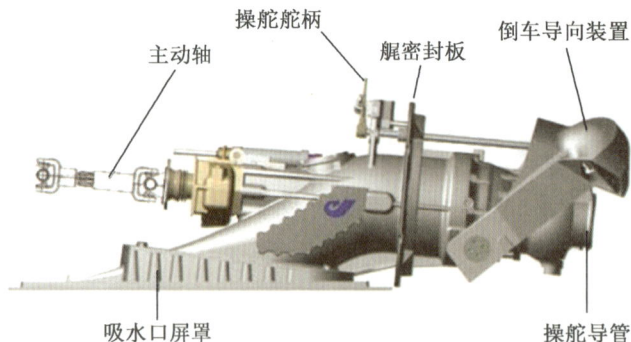

图 4.24　喷水推进器

图 4.25　现代风帆

由上可知,船舶推进器的种类不少,但当前效率最高的仍是螺旋桨,只要精心设计,与船体合理配合,推进效率可达0.7以上。

3.改善快速性的措施

(1)减少船舶阻力

①优化船体线型,例如设计降低兴波阻力的球鼻艏;

②优化船舶附体线型,减小船舶附体阻力;

③利用微气泡(或气腔),减少湿面积而减小船舶摩擦阻力;

④采用双体、三体、气垫等新船型,减小船舶阻力。

(2)提高推进效率

①选用优秀的推进器,推进器效率要高且能提供足够的推力;

②优化船体和船尾线型,使推进器、船体和主机之间协调一致,提高效率。

4.2.2　操纵性

1.操纵性概述

船舶操纵性,是指船舶按照驾驶者的意图保持或改变其运动状态的性能,即船舶能保持或改变其航速、航向和位置的能力。船舶操纵性与航行的经济性、安全性密切相关,航向稳定性、回转性和转艏性是船舶操纵性的三个方面的内容。

(1)航向稳定性

所谓航向稳定性,是指船舶在外界干扰作用下,偏离原来的运动状态,船舶能消除干扰影响,并保持其原有运动状态的能力。船舶在航行时,总是会受到各种偶然的外界干扰作用,如风、浪、流等因素的影响,使船偏离原来的运动状态,航向稳定性较好的船,不用经常操舵即能维持航向,且航迹也较接近于要求的直线;而对航向稳定性较差的船,则要频繁操舵以纠正航向偏离,故会形成一个曲折的航迹,进而增加了实际航程。由于上述原因增加的功率消耗,占主机功率的2%～3%,而对于航向稳定性较差的船甚至可高达20%,由此可见船舶操纵性对使用的经济性有着重要影响。如果这些外界干扰因素去掉之后,船舶能够

恢复到原来的运动状态,则运动是稳定的,否则是不稳定的。船舶运动稳定性可以分成以下几种(图4.26):

①直线稳定性——船舶受瞬时扰动后,最终能恢复直线航行状态,但航向发生变化。

②方向稳定性——船舶受扰后,新航线为与原航线平行的另一直线。

③位置稳定性——船舶受扰后,最终仍按原航线的延长线航行。

远洋运输船舶进行长时间的航行,保持航行稳定性是非常重要的。短程航行船舶,如港作拖船、港口工作船,以及在内河狭窄航道中航行的船舶,经常要靠、离码头的船舶,需频繁回转(图4.27)及改变航向,此时船舶的回转性和转艏性就显得很重要。

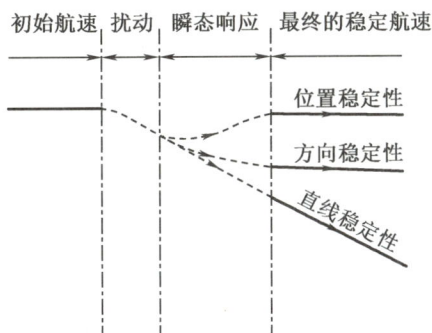

图4.26 船舶运动稳定性   图4.27 船舶航行回转圈

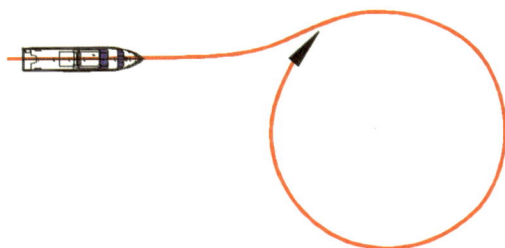

(2)回转性

所谓回转性,是指船舶在一定舵角下,按需迅速改变航向,由直线进入曲线运动,并做回转(圆弧)运动的能力。

(3)转艏性

所谓转艏性,是指船舶应舵转艏并迅速进入新的稳定状态、进入新航向的能力。

船舶操纵性的好坏与船舶尺度、几何形状及大小有关,更受船舶操纵装置的影响。长期以来,由于舵的构造简单,效果可靠,是目前最常用的船舶操纵装置之一。

2.改善船舶操纵性的措施

(1)船舶主要尺度和型线的正确选择

船舶主尺度和型线通常不是根据操纵性的要求设计的,而是由诸如快速性、稳定性等因素选择的。但是,如果在设计中考虑到对操纵性的影响,将会使船舶的航海性能更为完善。

①船舶水线长 L_{WL}:在船舶主要尺度中,对操纵性的影响最大的是船长。一般说来,船越长,定常回转直径越大,回转性能越差。

②主尺度比:随着 L/B 增加,船舶的直线稳定性有所提高,而回转性变差,定常回转直径增加;B/d 增加,船舶扁而宽,回转性有所提高。要注意吃水过小,舵的沉没深度受到限制,使得舵的展弦比过小,舵效较低。

③方形系数 C_B:方形系数 C_B 增加,船体受到扰动后,水动力的位置力作用点向船首移动,使船的直线稳定性变差,回转性提高。

④艉部形状:艉部形状不仅对快速性有很大的影响,对操纵性影响也很显著。在艉部

中纵剖面面积不变的情况下,增大后体丰满度采用 U 形剖面,可提高回转性。试验表明,一般形式的巡洋舰尾船,回转力矩比普通船尾大 25% 左右。

⑤艏部形状:为了提高静水航速,很多船装有球鼻艏,它相当于增加了艏部中纵剖面面积,使直线稳定性变差,回转性提高。但总体来说艏部形状对操纵性的影响并不显著,只有像破冰船那样,前踵切去很多,对回转性才产生明显的影响。

（2）舵的正确设计

舵的设计包括舵的数目、布置、形状和大小的设计。

①舵的数目除了与操纵性要求有关外,还与船尾形状和螺旋桨数目有关。增加舵的数目虽然容易满足较高的操纵性要求,但也导致舵设备更加复杂和造价较高,因此在实际使用中除特殊要求外,总是趋向于取最少数量的舵。

②舵应布置得离船舶重心尽可能远,以增大回转力矩的力臂值,从而改善船舶的回转性能;同时,舵应设计布置在螺旋桨的尾流中工作,此时能受到螺旋桨诱导速度影响,可增加舵效率而改善船舶的回转性能。

③舵按舵叶的剖面形状分为平板舵和流线型舵。流线型舵的舵叶以水平隔板和垂直隔板作为骨架,外覆钢板制成水密的空心体,水平剖面呈机翼形,前缘为圆形,后缘较尖。这种舵阻力小、升力大、舵效高,虽构造比较复杂,但应用广泛。

④舵面积是影响船舶操纵性的一个要素,通常舵面积越大,舵的回转力矩就越大,操纵性要求越易得到满足。但是舵面积过大,将增加舵机功率、舵设备所受的重力和水阻力,同时舵面积大到一定程度之后,对回转性的影响相对来说不再重要,因此舵面积有一个适当的数值范围。

（3）特种操纵装置

长期以来,为了改进船舶操纵性能,曾在各种不同类型的船舶上广泛采用各种形式的操纵装置。这些操纵装置不同于普通舵的装置,称为特种操纵装置。

①推进、操纵合一装置:属于这一类的有平旋推进器、转动导管、Z 形推进器(亦称回转式推力器、全回旋螺旋桨)(图 4.28)及各种喷水推进器等。它们主要是从推进的角度进行设计,兼顾操纵性的要求。

②主动式转向装置:指当船舶处于系泊状态或低速航行状态时,能使船获得足够的转船力矩的操纵装置,诸如转柱舵(图 4.29)、主动舵(图 4.30)和侧推器(亦称固定式推力器,常位于艏部,如图 4.31 所示)等。

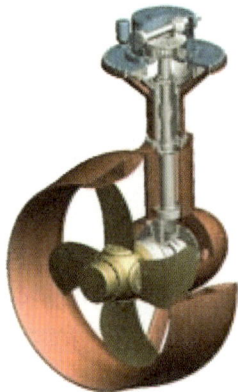

图 4.28　全回旋螺旋桨

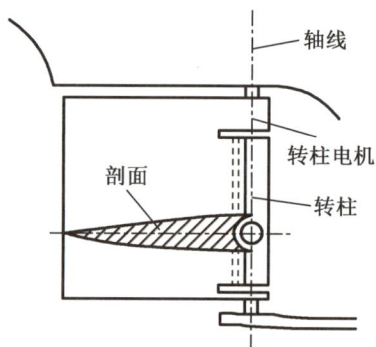

图 4.29　转柱舵

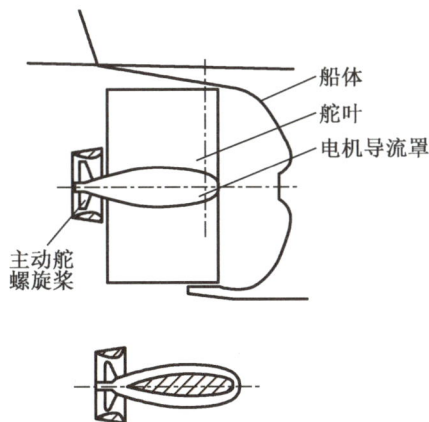

图 4.30　主动舵

图 4.31　艏部侧推器

③特种舵:指在普通舵的基础上进行适当的改造,如鱼尾舵、襟翼舵(图 4.32)、反应舵、整流帽舵(图 4.33)及麦鲁舵等,都属于被动式特种舵。

图 4.32　襟翼舵

图 4.33　整流帽舵

4.2.3　耐波性

船舶耐波性(或称适航性),是指船舶在风浪等外力作用下,产生摇荡、升沉运动,以及砰击、上浪、失速等现象时仍具有足够的稳性和船体结构强度,并能保持一定的航速安全航行的性能。耐波性主要研究船舶的横摇、纵摇及升沉(垂荡)等,习惯上统称为摇摆的运动。通常在风浪中见到的摇摆,实际上是上述三种基本运动的叠加。

过剧的摇摆能引起以下后果:

①由于过剧的横摇和产生的额外惯性,使固定不良的或散装的货物移动,可能导致船舶过分倾斜而倾覆。

②由于船舶纵摇和升沉运动,船体(通常是艏部)露出水面,又以相当大的相对速度进入水中而造成激烈冲击,该现象称为砰击,其产生的附加应力可导致船体折断或局部损坏。

③由于船舶在波浪中纵摇和升沉异常激烈,船舷或船舶首、尾淹没在波面下而使甲板淹湿,称为甲板上浪。

④由于船舶纵摇和升沉运动,阻力增加、推进器的效率降低,导致航速严重下降,称为船舶失速。船舶失速包括主动失速和被动失速。主动失速是指由于波浪导致船舶阻力增加造成的船舶失速;被动失速是指在恶劣海况时,船舶为避免严重的甲板上浪、砰击或飞车,被迫大幅度降低航速或适当改变航向。

⑤船舶纵摇和升沉运动,使推进器露出水面,该现象称为飞车。飞车可能损坏螺旋桨、轴系和主机。

⑥引起乘员晕船,工作条件恶化。

⑦由于横摇运动而影响机器设备及航海仪器的正常运转和使用。

摇摆及升沉运动越缓和,摆幅越小,船舶的耐波性能越佳。横摇是衡量船舶耐波性的重要指标,具有良好耐波性的船舶,其横摇一定是缓和的,其摆幅也肯定是小的。横摇缓和的程度常以船舶的横摇周期来表示。横摇周期是指完成一个全摇摆过程所需的时间,如图4.34所示,即船舶从原始正浮位置向左、右舷摆动到最大倾斜位置,再摆回到正浮位置所需的时间。

图4.34 船舶的横摇及其摆幅

横摇周期越大,则横摇就越缓和,通常认为沿海船舶的横摇周期应在9 s以上。但横摇和初稳性是矛盾的,初稳性好的船,其横摇周期则短。可见为了保证横摇的缓和性,海船的初稳性高度不能太大,应小于某个数值,考虑耐波性的要求。各类海船对其横摇周期有具体要求。

为了改善船舶的横摇性能,通常在船上装设以下减摇装置。

(1)舭龙骨

舭龙骨是在舭部安装的长板条,如图4.35所示。舭龙骨的宽度为0.3~1.2 m,或取船宽的3%~5%,其长度为船长的25%~75%。舭龙骨能增大横摇阻尼,以达到减小摆幅的目的,尤其是当船舶的周期性摇摆与波浪的周期性作用发生共振摇摆时效果最显著。由于其结构简单,在民用船舶上广泛采用。舭龙骨有整体型的,也有间断型的,后者多用在快速船上。为了减小舭龙骨对船舶前进运动的阻力,舭龙骨要顺着舭部水流方向安装。

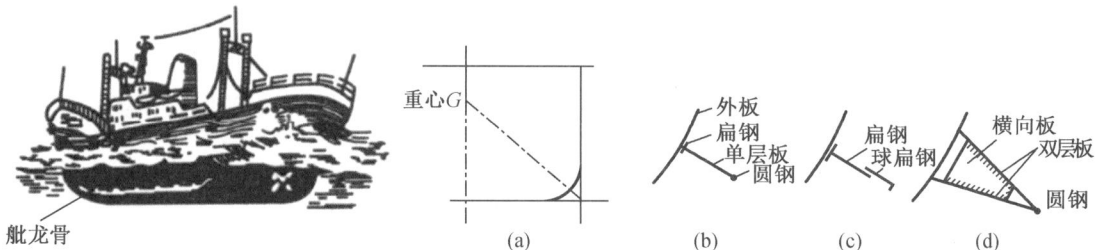

图4.35 舭龙骨

(2)减摇鳍

减摇鳍(图4.36),亦称侧舵,是装在舭部可操纵的机翼。有的装一对,也有的装两对,可绕轴转动。船舶在摇摆过程中,通过控制机构自动调整减摇鳍机翼相对于水流的角度,使左右两个减摇鳍产生最大的与摇摆方向相反的力矩,达到减摇的作用。这种减摇装置效果较好,对航速较高的客船尤为显著。由于不仅要考虑减摇作用,而且要考虑在进港靠码头时,能将它收缩到船体内部去,因此其机构复杂、造价高。

图 4.36　减摇鳍

（3）减摇水舱

减摇水舱(图 4.37)是在船体内部设置的左右连通的水舱,当船舶发生横摇时,该水舱里的水也有随之从一舷移到另一舷的来回振荡运动,通过连通管道截面尺寸的设计或配以调节装置调节控制两侧的水位差,使左右水舱中水的质量差产生与摇摆方向相反的力矩达到减摇的目的,前者称为被动式减摇水舱,后者称主动式减摇水舱。

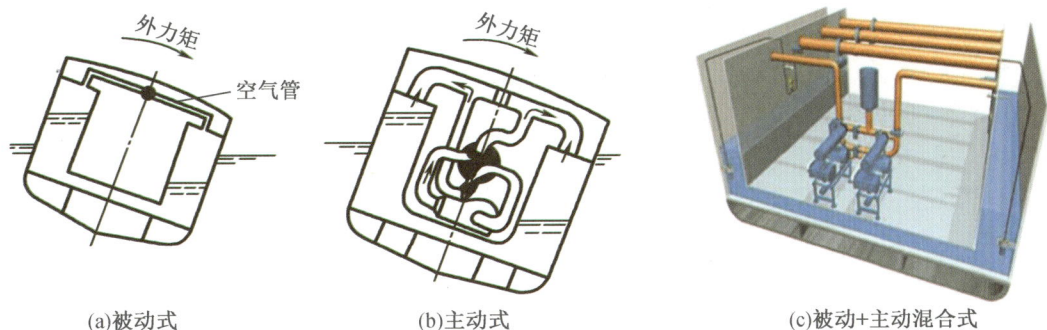

(a)被动式　　　　　　　(b)主动式　　　　　　　(c)被动+主动混合式

图 4.37　减摇水舱

第二篇　豪华邮轮概论

第5章 邮轮发展史

5.1 邮轮的起源与发展

5.1.1 邮轮的起源

原始社会末期,社会分工和产品交换的出现,推动了人们离家远行的需要。早在公元前3000年,"海上民族"腓尼基人就开始在地中海和爱琴海进行商业旅行,其旅行范围西越直布罗陀海峡,北至北欧波罗的海,东到波斯湾、印度。意大利籍葡萄牙航海家哥伦布,在1492年奉西班牙统治者之命,横渡大西洋,到达巴哈马群岛和海地。这些航海活动,兼有探险、考察、旅行的性质,是人类航海旅行的雏形。

19世纪上半叶,得益于科学技术的进步,蒸汽轮船为人类航海史上翻开了光辉的一页。1818年,蒸汽动力客运轮船"沙瓦纳"号(Savannah)承载着8名乘客从美国纽约到英国利物浦,完成了历时28天的首次横跨大西洋的航行。此后,随着英国与美洲新大陆之间的商业往来日益频繁,很多船务公司开始利用横跨大西洋的班轮来运送邮件和包裹,其中英国铁行渣华公司(P&O)在1837年率先开办了海上客运兼邮件运输业务,"邮轮"一词由此诞生。仅从字面上理解,邮轮可解释为"运送邮件的轮船"。

邮轮根据其所处的年代不同可以分为传统邮轮和现代邮轮。传统邮轮也称"远洋邮轮",是邮政部门专用的运输邮件的交通工具之一,附带运送旅客。邮轮的前身是远洋客船(客轮)。在还没有飞机出现的年代,跨洲旅行多数要依靠远洋客船,在远洋客船上不乏几周甚至数月的长途旅行。在那个时候,客船主要是运送旅客的工具。

现代邮轮出现在20世纪60年代末,由于喷气式飞机在世界范围内的广泛应用以及旅游业的发展,导致以交通为目的的邮轮经营不善,原本作为客运或邮政运输的邮轮渐渐退出了历史舞台。渐渐地,客船转型成为为生活富裕及闲暇时间充裕的游客提供舒适的海上旅行服务的现代豪华邮轮。随着"挪威"号、"伊丽莎白王后"号、"诺曼底"号、"卡诺尼亚"号的诞生以及美国禁酒期间的公海畅饮,诺唯真游轮公司的"向阳"号开始向消费者销售邮轮假期产品,从而拉开了现代邮轮产业蓬勃发展的序幕。

现代邮轮上均配有丰富的生活、娱乐、休闲与度假等服务设施,它不仅是一种运送游客游山玩水、欣赏美景的交通工具,而且是一种供人们休闲度假的综合服务平台。因此,邮轮产业和其他休闲旅游业的本质区别在于邮轮既是一种交通工具又是一种旅游目的地。游客巡游的经历不仅仅包括巡游本身,很大程度上还体现在欣赏国内外停靠港景色,享受船上精美住宿、膳食服务,体验船上豪华休闲娱乐设施,参加丰富多彩的海岸远足观光等经历上。

邮轮市场上的产品类型丰富多彩。邮轮公司向游客提供不同期限、不同航线的多种服务。消费者可以选择从短期(比如两天)到长期(比如几个月)的巡游。每条邮轮服务于一定的航程,航程本身及邮轮上的休闲娱乐设施是消费者花费的主要组成部分。邮轮的航行速度、出发港、挂靠港、停靠的旅游目的地、航程的期限及停靠地之间的距离构成了整条服务航线(itinerary)。此外,邮轮本身又可以分为多种型号和多种定位的船舶,从小型的近港游船到超大型的长距离、网络航线的邮轮,各式各样。在实际的营销过程中,邮轮公司可以提前一定时间将不同航线的舱位出售给消费者,消费者也可以通过多种销售渠道购买船票,从而方便有效地选择出行时间、出行航线、停靠港口、沿途景观,以及邮轮上的餐饮、娱乐和岸上的观光、远足等辅助服务。

5.1.2 邮轮的发展

1. 邮轮的演化历程

从现代邮轮船舶的演化来看,邮轮船舶经历了从帆船、商船、客船、远洋客船、跨洋客船到现代豪华邮轮的历史性转变。在不同的历史时期,船型的配置和乘客特征都有较大差别,如表 5.1 所示。

表 5.1　现代邮轮船舶的演化历程

发展时期	船舶类型	船舶配置	标准性事件	乘客特征
19 世纪之前	帆船	木质帆船,风帆动力	郑和下西洋、哥伦布发现新大陆	移民、探险、战争、商贸,乘客少
19 世纪初叶	商船	蒸汽动力	首艘蒸汽动力船航行大西洋	探险、寻找新的生存空间
19 世纪中后期	客船	钢质船体,蒸汽动力	"大不列颠"号、"大东方"号入市	探险、旅行、寻找新生存地
20 世纪初	远洋客船	船体大型,设备豪华,蒸汽涡轮	"毛里塔尼亚"号、"泰坦尼克"号问世	移民、探亲
20 世纪中期	跨洋客船	更大、更快、更豪华美观	"挪威"号、"伊丽莎白王后"号、"诺曼底"号、"卡诺尼亚"号诞生	乘船旅行、美国禁酒期间公海畅饮
20 世纪 60 年代	旅游邮轮	现代化、豪华型、观光型	诺唯真游轮公司的"向阳"号销售邮轮假期	休闲度假观光、猎奇等

邮轮船舶设计专业性较强,船型尺度相对固定。其中,小型和中型邮轮的船长一般在210 ~ 240 m,船宽在 30 m 左右,吃水 7 ~ 8 m;大型邮轮船长 260 ~ 300 m,船宽超过 40 m,吃水 8 ~ 9 m。目前全球在航和即将下水的所有邮轮中,吃水深度为 7.5 ~ 8 m 的数量最多,较大的邮轮吃水 9.5 ~ 10 m。第一艘超过 20 万吨级的邮轮为皇家加勒比国际游轮公司旗下的"海洋绿洲"号(Oasis of the Seas),总吨位为 22.5 万吨,船舶长度超过 360 m,宽度为47 m,船高为 16 层甲板,设计载客量为 5 400 人,配备船员 2 150 人。未来邮轮发展的一个很重要的趋势便是大型化,20 万吨以上的邮轮将陆续投放市场。

表 5.2 列举了当前世界上较大邮轮的基本信息。

表 5.2 世界上较大的邮轮(2020 年 1 月统计,按吨位排序,含已开建未完工邮轮)

序号	船名	投放年份	建造船厂(地点)	所属邮轮品牌	总吨位/t	船长/m	船宽/m	最大载客/人	房间数/间	船员数/人
1	"海洋奇迹"号	2021	大西洋船厂(法国圣纳泽尔)	皇家加勒比国际游轮	228 081	362	47	6 370	2 759	2 394
2	"海洋交响"号	2018	大西洋船厂(法国圣纳泽尔)	皇家加勒比国际游轮	228 081	362	47	6 370	2 759	2 394
3	"海洋和悦"号	2016	大西洋船厂(法国圣纳泽尔)	皇家加勒比国际游轮	226 963	362	47	6 314	2 745	2 394
4	"海洋魅丽"号	2010	阿克尔船厂(芬兰图尔库)	皇家加勒比国际游轮	225 282	360	47	6 314	2 745	2 150
5	"海洋绿洲"号	2009	阿克尔船厂(芬兰图尔库)	皇家加勒比国际游轮	225 282	360	47	6 307	2 742	2 150
6	"环球梦"号	2020	MV Werften造船(德国维斯马)	星梦邮轮	208 000	342	46	4 700	2 500	2 200
7	"地中海欧罗巴"号	2022	大西洋船厂(法国圣纳泽尔)	地中海邮轮	205 700	333	47	6 761	2 632	2139
8	AIDA Cosma 号	2021	迈尔造船厂(德国帕彭堡)	爱达邮轮	183 900	337	42	6 600	2 500	1 500
9	AIDA Nova 号	2018	迈尔造船厂(德国帕彭堡)	爱达邮轮	183 900	337	42	6 600	2 500	1 500
10	Iona 号	2020	迈尔造船厂(德国帕彭堡)	P&O 邮轮澳大利亚	184 700	337	42	6 600	2 500	1 800
11	"歌诗达翡翠"号	2019	迈尔造船厂(芬兰图尔库)	歌诗达邮轮	183 900	337	42	6 518	2 612	1 678
12	Costa Toscana 号	2021	迈尔造船厂(芬兰图尔库)	歌诗达邮轮	183 900	337	42	6 518	2 612	1 678
13	Carnival Mardi Gras 号	2020	迈尔造船厂(芬兰图尔库)	嘉年华邮轮	180 800	344	42	6 338	2 641	1 745
14	"地中海鸿图"号	2019	大西洋船厂(法国圣纳泽尔)	地中海邮轮	177 100	331	43	6 334	2 405	1 536
15	"地中海华彩"号	2020	大西洋船厂(法国圣纳泽尔)	地中海邮轮	177 100	331	43	6 334	2 405	1 536
16	"地中海传奇"号	2017	大西洋船厂(法国圣纳泽尔)	地中海邮轮	171 598	315	43	5 386	2 244	1 536
17	"地中海嘉丽"号	2019	大西洋船厂(法国圣纳泽尔)	地中海邮轮	171 598	315	43	5 386	2 244	1 536
18	"地中海海岸"号	2021	芬坎蒂尼集团(意大利蒙法尔科内)	地中海邮轮	169 380	339	41	5 632	1 648	1 648
19	"海洋光谱"号	2019	迈尔造船厂(德国帕彭堡)	皇家加勒比国际游轮	168 666	348	49	4 819	2 095	1 551
20	"诺唯真畅悦"号	2018	迈尔造船厂(德国帕彭堡)	诺唯真游轮	168 028	326	42	4 903	2 043	1 716
21	"海洋圣歌"号	2015	迈尔造船厂(德国帕彭堡)	皇家加勒比国际游轮	167 800	348	49	4 825	2 098	1 300

表 5.2（续 1）

序号	船名	投放年份	建造船厂（地点）	所属邮轮品牌	总吨位/t	船长/m	船宽/m	最大载客/人	房间数/间	船员数/人
22	"海洋礼赞"号	2016	迈尔造船厂（德国帕彭堡）	皇家加勒比国际游轮	167 800	348	49	4 819	2 095	1 300
23	"海洋量子"号	2014	迈尔造船厂（德国帕彭堡）	皇家加勒比国际游轮	167 800	348	49	4 819	2 095	1 300
24	"诺唯真永恒"号	2019	迈尔造船厂（德国帕彭堡）	诺唯真游轮	167 800	326	42	5 218	2 174	1 821
25	"诺唯真喜悦"号	2017	迈尔造船厂（德国帕彭堡）	诺唯真游轮	167 400	326	42	4 620	1 925	1 821
26	"诺唯真遁逸"号	2015	迈尔造船厂（德国帕彭堡）	诺唯真游轮	163 000	326	42	5 218	2 174	1 733
27	"诺唯真爱彼"号	2010	大西洋船厂（法国圣纳泽尔）	诺唯真游轮	155 873	329	40	5 074	2 114	1 404
28	"海洋自由"号	2006	阿克尔造船厂（芬兰图尔库）	皇家加勒比国际游轮	154 407	338	56	4 541	1 892	1 360
29	"海洋独立"号	2008	阿克尔造船厂（芬兰图尔库）	皇家加勒比国际游轮	154 407	338	56	4 356	1 815	1 360
30	"海洋自主"号	2007	阿克尔造船厂（芬兰图尔库）	皇家加勒比国际游轮	154 407	338	56	4 356	1 815	1 360
31	"地中海海岸线"号	2017	芬坎蒂尼集团（意大利法尔蒙法尔科内）	地中海邮轮	152 050	323	43	4 961	2 067	1 413
32	"地中海海平线"号	2018	芬坎蒂尼集团（意大利法尔蒙法尔科内）	地中海邮轮	152 050	323	43	4 961	2 067	1 413
33	"云顶梦"号	2016	迈尔造船厂（德国帕彭堡）	·星梦邮轮	151 300	335	39.7	3 400	1 686	2 000
34	"世界梦"号	2017	迈尔造船厂（德国帕彭堡）	星梦邮轮	151 300	335	38	3 400	1 686	2 000
35	"玛丽王后2"号	2004	大西洋船厂（法国圣纳泽尔）	冠达邮轮	148 528	345	44	3 271	1 363	1 253
36	"诺唯真畅意"号	2014	迈尔造船厂（德国帕彭堡）	诺唯真游轮	146 600	326	51	4 819	2 008	1 640
37	"诺唯真逍遥"号	2013	迈尔造船厂（德国帕彭堡）	诺唯真游轮	145 655	326	51	4 819	2 008	1 595
38	Disney Wish 号	2021	迈尔造船厂（德国帕彭堡）	迪士尼邮轮	144 000	341	41	3 500	1 250	1 458
39	"不列颠尼亚"号	2015	芬坎蒂尼集团（意大利法尔蒙法尔科内）	P&O 邮轮英国	143 730	330	47	4 406	1 836	1 350
40	"寻梦公主"号	2021	芬坎蒂尼集团（意大利法尔蒙法尔科内）	公主邮轮	143 700	330	47	4 402	1 834	1 350
41	"奇缘公主"号	2020	芬坎蒂尼集团（意大利法尔蒙法尔科内）	公主邮轮	143 700	330	47	4 402	1 834	1 350
42	"星空公主"号	2019	芬坎蒂尼集团（意大利法尔蒙法尔科内）	公主邮轮	143 700	330	47	4 402	1 834	1 411

表 5.2（续 2）

序号	船名	投放年份	建造船厂（地点）	所属邮轮品牌	总吨位/t	船长/m	船宽/m	最大载客/人	房间数/间	船员数/人
43	"盛世公主"号	2017	芬坎蒂尼集团（意大利蒙法尔科内）	公主邮轮	142 714	330	47	4 272	1 780	1 350
44	"帝王公主"号	2014	芬坎蒂尼集团（意大利蒙法尔科内）	公主邮轮	142 714	330	47	4 272	1 780	1 350
45	"皇家公主"号	2013	芬坎蒂尼集团（意大利蒙法尔科内）	公主邮轮	142 714	330	47	4 272	1 780	1 350
46	"海洋领航者"号	2002	Kvaerner Masa 船厂（芬兰图尔库）	皇家加勒比国际游轮	139 570	311	49	3 926	1 636	1 213
47	"地中海神曲"号	2012	大西洋船厂（法国圣纳泽尔）	地中海邮轮	139 072	333	38	4 202	1 751	1 388
48	"地中海珍爱"号	2013	大西洋船厂（法国圣纳泽尔）	地中海邮轮	139 072	333	38	4 378	1 751	1 388
49	"海洋水手"号	2003	Kvaerner Masa 船厂（芬兰图尔库）	皇家加勒比国际游轮	138 279	311	49	4 001	1 667	1 213
50	"地中海幻想曲"号	2008	大西洋船厂（法国圣纳泽尔）	地中海邮轮	137 936	333	37	3 929	1 637	1 637
51	"地中海辉煌"号	2009	大西洋船厂（法国圣纳泽尔）	地中海邮轮	137 936	333	37	3 929	1 637	1 370
52	"海洋探险者"号	2000	Kvaerner Masa 船厂（芬兰图尔库）	皇家加勒比国际游轮	137 308	311	49	3 938	1 641	1 180
53	"海洋航行者"号	1999	Kvaerner Masa 船厂（芬兰图尔库）	皇家加勒比国际游轮	137 276	311	47	3 938	1 713	1 180
54	"海洋冒险者"号	2001	Kvaerner Masa 船厂（芬兰图尔库）	皇家加勒比国际游轮	137 276	311	47	4 058	1 691	1 180
55	"歌诗达威尼斯"号	2019	芬坎蒂尼集团（意大利蒙法尔科内）	歌诗达邮轮	135 225	324	37	5 260	2 116	1 278
56	"全景"号	2019	芬坎蒂尼集团（意大利马格拉）	嘉年华邮轮	133 500	322	37	4 716	1 965	1 450
57	"地平线"号	2018	芬坎蒂尼集团（意大利马格拉）	嘉年华邮轮	133 500	322	37	4 716	1 965	1 450
58	"景观"号	2016	芬坎蒂尼集团（意大利蒙法尔科内）	嘉年华邮轮	132 500	322	37	4 716	1 965	1 450
59	"钻石皇冠"号	2014	芬坎蒂尼集团（意大利马格拉）	歌诗达邮轮	132 500	306	36	4 526	1 886	1 253
63	"迪士尼幻想"号	2012	迈尔造船厂（德国帕彭堡）	迪士尼邮轮	129 750	339	41	3 500	1 250	1 458
64	"迪士尼梦想"号	2010	迈尔造船厂（德国帕彭堡）	迪士尼邮轮	129 690	339	41	3 500	1 250	1 458
60	"梦想"号	2009	芬坎蒂尼集团（意大利蒙法尔科内）	嘉年华邮轮	128 251	305	37	4 533	1 813	1 369
62	"微风"号	2012	芬坎蒂尼集团（意大利蒙法尔科内）	嘉年华邮轮	128 052	306	37	4 428	1 845	1 386
61	"魔力"号	2011	芬坎蒂尼集团（意大利蒙法尔科内）	嘉年华邮轮	128 048	305	37	4 428	1 845	1 386

2.邮轮的发展阶段

（1）第一阶段：19世纪上半叶至19世纪末

19世纪上半叶，远洋班轮开始了运送邮件的业务。继英国铁行渣华公司之后，相继出现了很多船务公司将业务延伸到这一新兴领域，并展开了激烈的竞争。1840年，加拿大人塞缪尔·库纳德（Samuel Cunard）取得了英国皇家政府的支持，在朋友的帮助下成立了英国北美皇家邮件服务公司，并将其命名为"冠达邮轮"（Cunard Line），这是世界上第一家专门的"邮轮"公司，且至今依然活跃在邮轮市场上。1845年，大名鼎鼎的"泰坦尼克"号（R. M. S. Titanic）邮轮的船东——英国白星航运公司（The White Star Line）成立，在其后的几十年里，英国白星航运公司成为冠达邮轮公司在英国国内的主要竞争者。

尽管邮轮在19世纪上半叶已经出现，但当时的邮轮并不具备旅游功能，仅作为运送跨洲旅客以及越洋邮件的交通工具之用。19世纪中后期，随着邮轮的穿梭往来，船务公司发现通过招揽旅客乘坐邮轮可以增加利润，因而开始设计专门用于客运的船舶，这使邮轮的功能逐渐由运送邮件向承载旅客转换。冬季的天气并不适合跨洋航行，一些船务公司将横跨大西洋的业务转让给竞争者，然后让自己的船只驶向更加温暖的海域，方便人们买张船票去游览一些异国的港口，去呼吸有利于身体健康的海上空气，或者在船上做一些有趣的事情。这一时期，邮轮旅游的雏形初步显现。

（2）第二阶段：19世纪末至20世纪初

20世纪初，欧美客轮业者顺应潮流，改变船舶吨位、船舱空间及加装各式休闲娱乐设施，配合欧洲南部爱琴海周边、西亚和埃及等古文明遗迹景点，开拓地中海邮轮旅游航线。

1901年冬季，"维多利亚·路易斯公主"号（Prinzessin Victoria Luise）邮轮以避寒航行的方式航行于地中海地区，开启了邮轮航运史的新篇章。其后，也出现了一些环游世界的航线，冠达邮轮公司的"卢可尼亚"号（R. M. S. Laconia）客货两用邮轮在1922年率先完成环游世界的壮举，海上邮轮的航线自此开始逐渐扩及大西洋两岸海域、中美洲加勒比海海域及南太平洋海域等。

1912年，号称永不沉没的"泰坦尼克"号（图5.1）遭遇的人类航海史上的一场空前劫难，让人们见识到海洋的可怕。尽管如此，人们对远洋邮轮的需求依然有增无减，大量欧洲移民乘邮轮移居美国和加拿大，远洋邮轮体积越来越大、速度越来越快，使该时期成为远洋邮轮的黄金岁月。

远洋航行中，人们为了打发单调漫长的航行时间，在船上建立起简易的酒吧和简单的娱乐设施。随着经济的高速发展，朴实的邮轮日渐奢华，且成为国家财富、品位和强大力量的象征，如今停靠在美国加利福尼亚长滩的"玛丽王后"号（RMS Queen Mary）（图5.2）邮轮就曾经是大英帝国的骄傲，法国的"诺曼底"号（S. S. Normandie）（图5.3）邮轮同样在世界客船史上享有不灭的名望。各家邮轮公司都有自己的特色及偏向性。诸如冠达邮轮公司在20世纪中前期十分注重速度；英国白星航运公司则是极其重视内部的装饰和乘船的舒适感；法国跨大西洋航运公司（French Liner）的船则以内外兼修著称，它们拥有简约的甲板布置和现代化的艺术装饰。这些远洋船只船型巨大，如同漂浮的城市一般，又似一座豪华的宫殿。

图 5.1　"泰坦尼克"号

图 5.2　"玛丽王后"号

图 5.3　"诺曼底"号

　　在远洋客运时期，邮轮公司为了赚钱，常常将邮轮内部分为两个或三个等级舱。头等舱接待有钱人，二等舱容纳中产阶级但有财务困境的人，三等舱或统舱提供给普通老百姓。一等舱和三等舱有明显的差别，一等舱的旅客在高雅的环境中，聆听身穿燕尾服的音乐家的演奏，睡在舒适的客舱里；三等舱的乘客只能吃些简单的食物，与自己的同伴一起睡在放满两层或三层床铺的巨大客舱里。在船上的任何地方，都不会允许这两个不同等级的人混合在一起。

　　由于经济条件所限，这一时期的邮轮主要以交通运输为目的，不仅乘坐三等舱的劳苦大众，即使乘坐一等舱、二等舱的有钱人，也要忍受无聊的漫长旅途和淡水、物资匮乏带来的种种不便。为节省路途时间，邮轮不到必要时不会停靠补给，没有中途间歇的沿线运输。这一时期邮轮旅游已产生萌芽，但利用邮轮开展度假业务尚未取代远洋运输的主导地位。

　　（3）第三阶段：第二次世界大战期间至 20 世纪中叶

　　20 世纪上半叶，远洋邮轮的黄金时代被破坏性的战争所打破。1939 年，第二次世界大战（简称二战）爆发，很多远洋邮轮被交战国征用并进行改装，用来运送士兵和军用物资，并发挥了重要作用。其中，冠达邮轮公司的"玛丽王后"号邮轮由于在二战期间的卓越贡献，受到英国首相丘吉尔的高度赞赏,在战后也受到乘客的追捧。二战结束以后,远洋邮轮又恢复了跨洋运输,直到喷气式飞机作为运输工具的出现。

(4)第四阶段:20世纪60年代至21世纪初

20世纪60年代,航空公司开始了喷气式飞机飞越大西洋的商业性服务,使横渡大西洋的耗时由几天缩短为几小时,旅行变得更为方便快捷,追求时间和效率的旅客纷纷转乘飞机这种新型的交通工具。这使以交通为目的的船务公司感到了巨大压力。于是,众多船务公司开始谋求转型,寻求新的商业模式,而那种提供丰富的娱乐活动、美味可口的食物、优质完善的服务、快捷且方便的游船成为人们新的选择。这种游船不再有打包的货物运输,而是以游玩、休闲为重点,古板的房间变成了舞厅和赌场,同时还在船上安装了电梯、空调等现代设备。很多游客乐于选择这种旅行方式,且相信这种现代的船只会带领他们找到以往那种航海的感觉。20世纪90年代中期是航空旅游的兴盛时期,为增加竞争力,邮轮公司遂兴起邮轮假期的概念。1996年,"嘉年华命运"号邮轮(图5.4)横空出世,以10万余吨净重称霸当时的邮轮业。邮轮假期在20世纪80年代渐趋蓬勃,不少邮轮公司加入并投资建造设施更豪华、节目更丰富、排水量更多的邮轮,使邮轮变成一座豪华的海上度假村。邮轮被称为"无目的地的目的地"和"海上流动度假村",成为当今世界旅游休闲产业不可或缺的一部分。奢华邮轮除了设有餐厅、酒吧、咖啡厅、游戏室、电影院外,还设有舞厅、游泳池和健身馆等游憩设施,开启了邮轮产业以各式奢华游乐设施竞争的时代。

图5.4 "嘉年华命运"号

时至21世纪的今天,冠达邮轮公司打造的超豪华的"玛丽王后2"号(Queen Mary 2)(图5.5)邮轮成为航行于横跨大西洋航线的唯一邮轮。邮轮不再是运输工具,也很少横跨大洋航行,这样便避免了风浪等带来的危险;邮轮在航行期间更为频繁地停靠港口,既保证了物资的充足供给,又让游客玩乐而不感乏味。更重要的是,现代邮轮早已成为航行在水中的"五星级酒店"和"移动的度假村"。

美国皇家加勒比游轮公司巨资打造的22.5万吨级姊妹船"海洋绿洲"号(图5.6)和"海洋魅丽"号邮轮,大胆引入商业社区和中央花园的概念,让昔日的邮轮望尘莫及。高档的设施、丰富的娱乐项目,加上各邮轮公司精心开发的魅力航线,让乘坐邮轮成为今时今日最有诱惑力的旅行方式之一,每年都有成千上万的旅游者会选择搭乘邮轮去旅行。

图 5.5　"玛丽王后 2"号

图 5.6　"海洋绿洲"号

从严格意义上讲,现代"邮轮"实际上已经变成名副其实的"游轮",主要以旅游休闲度假为目的,成为搭载人们进行旅游活动的载体。不过,绝大多数人还是习惯称之为"邮轮",英文名称为 Cruise Ship。

5.2　世界主要邮轮品牌

5.2.1　世界邮轮公司概况

邮轮公司是指拥有邮轮船队,承担邮轮引进、运营、维修等费用,从邮轮旅游者中获得经济收入的单位。当前,全球各大邮轮公司针对不同的客源市场提供各具特色的邮轮旅游产品与服务。邮轮产业的经营具有明显的经济规模效应,全球邮轮市场份额的 80% 由当今世界最著名的五大邮轮集团——嘉年华集团(Carnival Croporation & plc)、皇家加勒比游轮集团(Royal Caribbean Cruise Ltd.)、诺唯真游轮集团(Norwegian Cruise Line Holdings Ltd.)、云顶香港集团(Genting Hong Kong Ltd.)和地中海邮轮集团(MSC Cruise)(表5.3)占有,呈现明显的寡头垄断特征。近几年,五大邮轮公司都获得了较快的发展。

表5.3　2019年世界5大邮轮公司船队情况

嘉年华集团			皇家加勒比游轮集团		
品牌	船数	床位数	品牌	船数	床位数
嘉年华邮轮	26	69 890	皇家加勒比国际	25	80 690
歌诗达邮轮	14	34 874	精致邮轮	13	25 330
公主邮轮	17	45 180	途易邮轮	6	14 784
爱达邮轮	13	30 212	普尔曼邮轮	4	7 358
荷美邮轮	15	26 022	精钻邮轮	3	2 122
P&O邮轮	7	17 311	天海邮轮(已关闭)	1	1 800
P&O澳大利亚	5	7 710			
冠达邮轮	3	6 712			
世邦邮轮	5	2 588			

诺唯真游轮集团			云顶香港集团			地中海邮轮集团		
品牌	船数	床位数	品牌	船数	床位数	品牌	船数	床位数
诺唯真游轮	16	46 930	丽星邮轮	4	6 505	地中海邮轮	15	44 640
大洋邮轮	6	5 256	星梦邮轮	2	6 800			
丽晶七海	4	2 660	水晶邮轮	3	2 104			

注:资料来源于《邮轮绿皮书:中国邮轮产业发展报告(2019)》。

5.2.2　世界邮轮企业品牌和特征

大型的邮轮公司在邮轮产业链上表现出的战略行动具有非常明显的个性特征。一是都趋向于为获得规模经济优势,对巨型邮轮的投资与经营兴趣浓厚。比如目前嘉年华集团和皇家加勒比游轮集团将超大型的15万吨级和22万吨级的邮轮投放到市场,并且大型邮轮在多家邮轮公司的船队中所占的比重越来越大。二是各个公司均表现出向产业链上、下游拓展的经营行为,尤其是经营业务向下游的延伸更为明显。嘉年华集团和皇家加勒比游轮集团旗下品牌统计分析详见表5.4。

表5.4　主要邮轮企业部分品牌统计汇总

邮轮集团	邮轮品牌	产品类型	目标客户群体	品牌特征
嘉年华	嘉年华邮轮	时尚、尊贵型	35岁以下热情奔放游客	美式丰富派对、fun-ship的代表,价格亲民
	歌诗达邮轮	时尚型	初次体验邮轮旅行的首选	浓厚意大利气息、价格适中

表5.4(续)

邮轮集团	邮轮品牌	产品类型	目标客户群体	品牌特征
嘉年华	公主邮轮	时尚、尊贵型	全球各年龄段的游客	服务到位,旅游享受符合宣传的"公主礼遇"
	荷美邮轮	古典豪华型	希望体验豪华舒适的富有游客	典雅高档的内部设计,充满艺术气息的艺术品
	冠达邮轮	尊贵型	追求品位的中产阶层	英伦风格
皇家加勒比	加勒比邮轮	时尚型	热爱各项邮轮创新的游客	巨型邮轮,丰富的令人咂舌的游乐设施,舱房较小
	精致邮轮	豪华型	有艺术欣赏能力、品位出众的绅士、淑女	极佳的美食和服务,充满艺术气息

5.2.3　嘉年华集团

美国嘉年华集团创建于1972年,创始人为泰德·阿里森(Ted Arison),总部设在美国弗罗里达州的迈阿密。1979年米基·阿里森(Micky Arison)接任嘉年华邮轮公司总裁,并逐步将其发展壮大。

美国嘉年华集团拥有现今为止最为庞大的豪华邮轮船队,被业界誉为"邮轮之王",现有105艘邮轮,有30 000多名船员和5 000多名员工,集团旗下拥有嘉年华邮轮、公主邮轮、荷美邮轮、歌诗达邮轮、冠达邮轮、爱达邮轮、P&O邮轮、P&O澳大利亚邮轮、世邦邮轮等9家邮轮公司(表5.5)。这些子公司独立经营、公平竞争,打造了各具特色的邮轮品牌风格。

表5.5　美国嘉年华集团主要品牌及客源市场分布(2020年1月统计)

序号	邮轮品牌	邮轮数量/艘	主要客源市场
1	嘉年华邮轮	26	北美地区
2	歌诗达邮轮	15	北美地区
3	公主邮轮	18	北美地区
4	荷美邮轮	14	北美地区
5	冠达邮轮	3	北美地区
6	爱达邮轮	14	欧洲地区
7	P&O邮轮	6	欧洲地区
8	P&O澳大利亚邮轮	4	大洋洲地区
9	世邦邮轮	5	北极地区

1.嘉年华邮轮

嘉年华邮轮以"欢乐之船(Fun Ship)"为主题,强调动感美式的欢乐以区别丽星邮轮等竞争对手的服务。船队拥有多样化的休闲设施,装潢新颖、客舱宽敞;邮轮上的秀场节目与娱乐设施应有尽有,让游客在船上宛如天天参加嘉年华盛会。多样化的美食佳肴、娱乐活动、免税商店、酒吧及俱乐部,还有豪华剧院播放着电影、运动比赛、音乐会及其他各种精彩节目等,种种迷人特质让嘉年华邮轮就如一处海上度假胜地。目前,嘉年华邮轮船队一共拥有26艘豪华邮轮(表5.6),提供3~16天的邮轮旅游航线,主要侧重于美洲加勒比海地区的经营。

表5.6　嘉年华邮轮公司船队拥有的船名及其部分信息(2020年1月统计)

吨位级别	船名
70 367 t 以下邮轮 (现役8艘)	"嘉年华梦幻"号(Carnival Fantasy)、"嘉年华佳名"号(Carnival Sensation)、"嘉年华创意"号(Carnival Imagination)、"嘉年华欢欣"号(Carnival Elation)、"嘉年华神往"号(Carnival Ecstasy)、"嘉年华神逸"号(Carnival Fascination)、"嘉年华灵感"号(Carnival Inspiration)、"嘉年乐园"号(Carnival Paradise)、"嘉年华假日"号(Carnival Holiday)(卖出)
88 500 t邮轮 (现役4艘)	"嘉年华自豪"号(Carnival Pride)、"嘉年华奇迹"号(Carnival Miracle)、"嘉年华传奇"号(Carnival Legend)、"嘉年华精神"号(Carnival Spirit)
101 353 ~ 110 000 t邮轮 (现役10艘)	"嘉年华阳光"号(Carnival Sunshine)(原"嘉年华佳运"号(Carnival Destiny))、"嘉年华日出"号(Carnival Sunrise)(原"嘉年华凯旋"号(Carnival Triumph))、"嘉年华胜利"号(Carnival Victory)、"嘉年华征服"号(Carnival Conquest)、"嘉年华英勇"号(Carnival Valor)、"嘉年华自由"号(Carnival Freedom)、"嘉年华光荣"号(Carnival Glory)、"嘉年华自主"号(Carnival Liberty)、"嘉年华光辉"号(Carnival Splendor)(2019年启动翻新工程升级中)、"嘉年华微风"号(Carnival Breeze)、"嘉年魔术风"号(Carnival Magic)
130 000 t 以上邮轮 (现役4艘)	"嘉年华梦想"号(Carnival Dream)、"嘉年华景观"号(Carnival Vista)、"嘉年华地平线"号(Carnival Horizon)、"嘉年华全景"号(Carnival Panorama)、"嘉年华狂欢节"号(Carnival Gras)(预定2020年8月首航)

　　船队全年在欧洲、加勒比海、地中海、墨西哥、巴哈马航行运营;而季节性航线则有阿拉斯加、夏威夷、巴拿马运河、加拿大海城航线等。

　　2. 歌诗达邮轮

　　歌诗达邮轮总部设于意大利热那亚,是嘉年华集团旗下邮轮品牌中最国际化的一个。它起源于1854年的Costa家族,以创始人贾西莫·歌诗达先生(Giacomo Costa)的名字命名。2000年嘉年华集团成为该公司唯一股东,歌诗达邮轮船队目前拥有的船名及其部分信息见表5.7。

　　歌诗达邮轮船队还曾拥有"经典"号(图5.7)、"爱兰歌娜"号等,现已退出歌诗达邮轮。

　　以意大利风情(Cruising Italian Style)为品牌定位的意大利歌诗达邮轮公司是欧洲地区最大的邮轮公司。其邮轮无论是外观还是内部装潢,都弥漫着一股意大利式的浪漫气息,尤其在蔚蓝的欧洲海域,歌诗达邮轮船队艳黄明亮色调的烟囱,搭配象征企业识别标志的英文字母C,航行所到之处无不令人投来惊艳的目光,成为欧洲海域璀璨耀眼的船队。歌诗达邮轮历史悠久,足迹曾遍布除亚洲以外的几乎任何一个地区。

表 5.7 歌诗达邮轮公司船队拥有的船名及其部分信息(2020 年 1 月统计)

船名	投放时间	载客数量/人	吨位/t
"歌诗达维多利亚"号(Costa Victoria)	1996 年	2 394	75 200
"歌诗达大西洋"号(Costa Atlantica)	2000 年	2 680	85 700
"歌诗达地中海"号(Costa Mediterranea)	2003 年	2 680	85 700
"歌诗达幸运"号(Costa Fortuna)	2003 年	3 470	102 600
"歌诗达命运女神"号(Costa Magica)	2004 年	3 470	102 600
"歌诗达赛琳娜"号(Costa Serena)	2007 年	3 780	114 500
"歌诗达炫目"号(Costa Luminosa)	2009 年	2 826	92 600
"歌诗达太平洋"号(Costa Pacifica)	2009 年	3 780	114 500
"歌诗达唯美"号(Costa Deliziosa)	2010 年	2 826	92 600
"歌诗达辉宏"号(Costa Favolosa)	2011 年	2 984	113 000
"歌诗达新浪漫"号(Costa neo Romantica)	2012 年	1 697	53 000
"歌诗达迷人"号(Costa Fascinosa)	2012 年	3 780	114 500
"歌诗达钻石皇号"(Costa Diadema)	2014 年	4 947	132 500
"歌诗达翡翠号"(Costa Smeralda)	2019 年	6 522	182 700
"歌诗达威尼斯号"(Costa Venezia)	2019 年	5 260	135 500
"歌诗达佛罗伦萨"号(Costa Firenze)(在建)	2020 年	5 246	135 500
"歌诗达协和"号(Costa Concordia)(2012 年触礁报废)	2006 年	3 780	114 500
"歌诗达航行者"号(Costa Voyager) (2014 年出售给渤海邮轮有限公司,现名"中华泰山"号)	2011 年	927	24 000

图 5.7 "经典"号

　　歌诗达邮轮 2006 年率先进入中国市场,是第一家运营中国母港航线的国际邮轮公司。2013,歌诗达"大西洋"号(图 5.8)邮轮在中国大陆市场开辟冬季邮轮航线,成为在中国大陆运营母港航线的国际邮轮公司。

图 5.8 歌诗达"大西洋"号

3.公主邮轮

公主邮轮是嘉年华集团旗下定位于北美市场的至尊邮轮品牌,最早创建于 1965 年,总部设在美国洛杉矶,曾经是世界上第三大邮轮公司。2004 年,公主邮轮被嘉年华集团收购。

20 世纪 70 年代,公主邮轮塑造了海上邮轮旅游的新概念。1977 年,美国长篇电视连续剧《爱之船》(The Love Boat)以公主邮轮的"太平洋公主"号(Pacific Princess)邮轮作为拍摄场地,吸引上百万美国人收看,公主邮轮的名字及其标志从此深入人心。

公主邮轮为游客准备了"乐享其程"的海上假期,各种精心烹制的特色美食和高水准的服务让游客有宾至如归的体验,丰富的玩乐方式也让海上生活充满新鲜与乐趣。在满载 2 000 多名乘客的邮轮上,仍可一边感受大船的设施和气派,一边品味小船队的温馨及亲切气氛,被誉为"大船的选择、小船的享受"(Big Ship Choice,Small Ship Feel)。船上有经济实惠的阳台舱房让游客在自己的阳台上享受清新的海风,欣赏风景。服务的信条可由 C、R、U、I、S、E 这六个字母代表。其意义分别为礼貌(Courtesy)、尊重(Respect)、始终如一的卓越服务(Unfailing in Service Excellence)。

公主邮轮目前(2020 年 1 月)拥有"星空公主"号(Sky Princess)、"盛世公主"号(Majestic Princess)、"帝王公主"号(Regal Princess)、"皇家公主"号(Royal Princess)(图 5.9)、"钻石公主"号(Diamond Princess)(图 5.10)、"红宝石公主"号(Ruby Princess)、"翡翠公主"号(Emerald Princess)、"皇冠公主"号(Crown Princess)、"蓝宝石公主"号(Sapphire Princess)、"加勒比公主"号(Caribbean Princess)、"珊瑚公主"号(Coral Princess)、"海岛公主"号(Island Princess)、"星辰公主"号(Star Princess)、"黄金公主"号(Golden Princess)、"太平洋公主"号(Pacific Princess)、"至尊公主"号(Grand Princess)、"碧海公主"号(Sea Princess)、"太阳公主"号(Sun Princess)等 18 艘现役邮轮,其中 10 万吨级以上的豪华邮轮 10 艘。同时在建"寻梦公主"号(Discovery Princess)(预定 2021 年首航)、"奇缘公主"号(Enchanted Princess)(预定 2020 年首航)2 艘邮轮;还曾拥有"黎明公主"号(Dawn Princess)(现为 P&O 澳大利亚邮轮公司"探索者"号(Pacific Explorer))、"海洋公主"号(Sea Princess)(现为 P&O 邮轮公司"奥西娜"号(Oceana))等多艘邮轮。

图 5.9 "皇家公主"号

图 5.10 "钻石公主"号

4. 荷美邮轮

荷美邮轮公司建立于 1837 年,全名荷兰美洲蒸汽轮船公司(NASM),以荷兰—美洲之间的客运为主;曾搭载了约 85 万从欧洲移民到美洲新大陆的游客。1973 年,荷美邮轮公司建造了第一艘专门用于运载乘客的客船,公司自此开辟邮轮旅游度假业务。1989 年,荷美邮轮公司被美国嘉年华集团收购。

如今(2020 年 1 月)荷美邮轮旗下拥有"新史特丹"号(MS Nieuw Statendam)、"科林斯丹"号(MS Koningsdam)、"新阿姆斯特丹"号(MS Nieuw Amsterdam)(图 5.11)、"欧罗丹"号(MS Eurodam)、"诺丹"号(MS Noordam)、"威士特丹"号(MS Westerdam)、"奥斯特丹"号(MS Oosterdam)、"如德丹"号(MS Zuiderdam)、"尚丹"号(MS Zaandam)、"阿姆斯特丹"号(MS Amsterdam)、"华伦丹"号(MS Volendam)、"鹿特丹"号(MS Rotterdam)、"维丹"号(MS Veendam)、"马士丹"号(MS Maasdam)等 14 艘豪华邮船。运营 500 多条遍布于全球 100 多个国家的航线、320 个港口。邮轮航线一般在 10 天以上,最长可达 108 天,致力于为游客提供真正的环游世界之旅。同时在建 1 艘邮轮"新雷丹"号(Nieuw Ryndam),预定 2021 年首航。

图 5.11 "新阿姆斯特丹"号

荷美邮轮非常注重"服务品质的维持",它们在印度尼西亚拥有专属的旅馆训练学校,主要是培训专业的服务人员,掌握邮轮竞争最大的秘密武器——无与伦比的员工。邮轮的精神在于优秀的船员、良好的服务、品质的坚持及特有的风格。荷美邮轮高效率的荷兰籍工作人员,以及友善的印度尼西亚籍、菲律宾籍服务人员是绝佳的组合。无微不至的服务、亲切的笑容和体贴的关怀都使荷美邮轮吸引了众多忠实乘客。

5.冠达邮轮

冠达邮轮公司成立于1840年,1998年被嘉年华集团收购,是一家英伦风格的提供王宫贵族般服务的公司。

作为第一家开通定期航线搭载乘客横跨大西洋的公司,冠达邮轮最早将健身房和医疗中心设置于客船之上。在过去的一个半世纪,冠达邮轮公司主导了横跨大西洋的客运服务,并成为当时世界上最重要的大企业之一。经过170多年的建设与经营,冠达邮轮公司的船队先后大约有190余艘,在世界经济发展中发挥了重要的作用。

从20世纪50年代开始,邮件和乘客横渡大西洋的工具逐渐由船舶变为飞机,冠达邮轮公司同多数邮轮公司一样努力寻求业务转型,在1971年被英国航运及特拉法工业集团收购,并在1996年被挪威克瓦纳集团公司接手,1998年并入嘉年华邮轮集团。冠达邮轮公司曾并购了加拿大北方轮船公司和冠达公司的主要竞争对手——白星邮轮曾运营著名的"泰坦尼克"号和"不列颠尼克"号)。冠达邮轮公司船队虽不能问鼎体量最大或最为奢华,但却以可靠和最安全著称。

目前,冠达邮轮有"玛丽王后2"号、"维多利亚女王"号以及"伊丽莎白女王"号(图5.12)3艘邮轮投入运营。

图5.12 "伊丽莎白女王"号

5.2.4 皇家加勒比游轮集团

美国皇家加勒比游轮集团创建于1968年,总部位于美国弗罗里达州的迈阿密,是全球第二大邮轮运营商。

皇家加勒比游轮集团在全球范围内经营邮轮度假产品,旗下拥有皇家加勒比国际游轮、精致邮轮、精钻邮轮、普尔曼邮轮、银海邮轮以及TUI邮轮六大品牌,航线遍布于160多个充满异域风情且引人入胜的国家和地区。其主要品牌可参见表5.8。

表5.8 美国皇家加勒比游轮集团主要品牌及客源市场分布（2020年1月统计）

序号	邮轮品牌	邮轮数量/艘	主要客源市场
1	皇家加勒比国际游轮	26	北美地区
2	精致邮轮	13	北美地区
3	普尔曼邮轮	4	欧洲、拉丁美洲地区
4	精钻邮轮	3	北美、欧洲、澳洲地区
5	途易邮轮	7	欧洲地区
6	银海邮轮	8	欧洲、美洲地区

2012年6月19日，皇家加勒比国际游轮旗下的"海洋航行者"号进入中国，并以上海为母港开设国际邮轮航线。2013年"海洋水手"号与"海洋航行者"号（图5.13）共同部署在中国，以上海、天津和中国香港为母港，全年运营35个前往日本、韩国、中国台湾、越南、新加坡、俄罗斯等国家和地区的精彩航次。

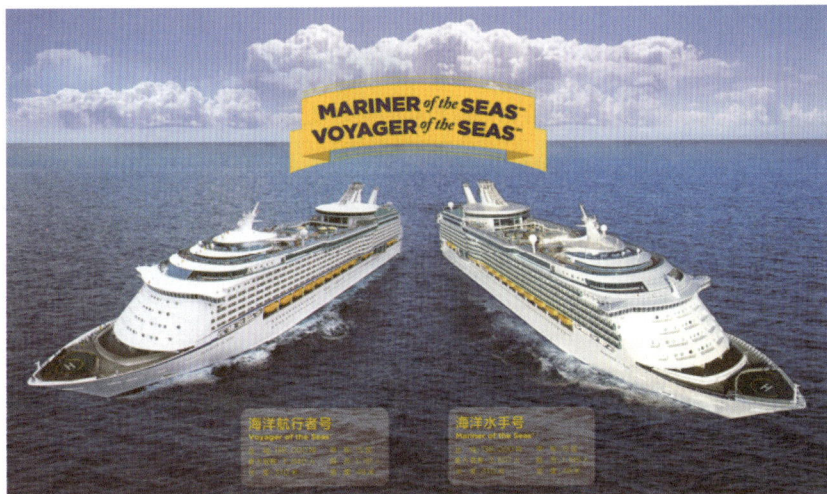

图5.13 "海洋水手"号与"海洋航行者"号首次部署中国时的宣传海报

1. 皇家加勒比国际游轮(Royal Caribbean International)

皇家加勒比国际游轮公司旗下的邮轮有百老汇式的娱乐表演，以及针对家庭和探险爱好者的娱乐项目。航线涵盖了全球最受欢迎的诸多旅游胜地，如加勒比海、欧洲、阿拉斯加、南美、远东、澳大利亚和新西兰。凭借其享誉世界的金锚服务，皇家加勒比国际游轮已连续11年在 Travel – Weekly 读者投票中蝉联"最佳游轮公司"奖。

自1968年成立至今，皇家加勒比国际游轮始终保持行业领先地位，早在1999年"海洋航行者"号（图5.14）邮轮上就首创了免税购物大街——皇家大道，同时设置了真冰溜冰场和直排轮滑道，高于海平面61米的攀岩墙，以及小型高尔夫球场等。并于2009年和2010年建成了全球最大的邮轮——"海洋绿洲"号和"海洋魅丽"号，这两艘姐妹船的总吨位均为22.5万吨，将全新的"社区"理念引入邮轮，把邮轮空间划分为木板道、中央公园、百达汇欢乐城、皇家大道、游泳池和运动区、海上水疗和健身中心、娱乐世界和青少年活动区等8个主题区域。

图5.14 "海洋航行者"号

　　皇家加勒比国际游轮拥有庞大的船队阵容，分别是"绿洲"系列、"量子"系列、"自由"系列、"航行者"系列、"灿烂"系列和"梦幻"系列等（表5.9），每个系列的邮轮都有独特的风格，为邮轮爱好者提供高品质的邮轮体验。皇家加勒比国际游轮的邮轮以吨位大、航行稳而饮誉邮轮市场。其邮轮航行在浩瀚的大海上，游客感觉非常平稳，几乎难以察觉海浪引起的颠簸。

表5.9 皇家加勒比国际游轮公司船队的船名及其信息（2020年1月统计）

船队系列	船名	吨位/t	载客量/人
"绿洲"系列	Wonder of the Seas（预定2021年首航）	225 000	5 400
	Odyssey of the Seas（预定2020年首航）		
	"海洋魅丽"号（Allure of the Seas）		
	"海洋绿洲"号（Oasis of the Seas）		
	"海洋和悦"号（Harmony of the Seas）		
	"海洋交响"号（Symphony of the Seas）		
"量子"系列	"海洋量子"号（Quantum of the Seas）	168 000	4 180
	"海洋光谱"号（Spectrum of the Seas）		
	"海洋圣歌"号（Anthem of the Seas）		
	"海洋光谱"号（Spectrum of the Seas）		
"自由"系列	"海洋自由"号（Freedom of the Seas）	160 000	3 634
	"海洋自主"号（Liberty of the Seas）		
	"海洋独立"号（Independence of the Seas）		
"航行者"系列	"海洋冒险者"号（Adventure of the Seas）	138 000	3 114
	"海洋探险者"号（Explorer of the Seas）		
	"海洋水手"号（Mariner of the Seas）		
	"海洋领航者"号（Navigator of the Seas）		
	"海洋航行者"号（Voyager of the Seas）		

表 5.9（续）

船队系列	船名	吨位/t	载客量/人
"灿烂"系列	"海洋灿烂"号（Radiance of the Seas）	90 090	2 501
	"海洋光辉"号（Brilliance of the Seas）		
	"海洋旋律"号（Serenade of the Seas）		
	"海洋珠宝"号（Jewel of the Seas）		
"梦幻"系列	"海洋神话"号（Legend of the Seas）（退出）	78 491	2 435
	"海洋富丽"号（Grandeur of the Seas）		
	"海洋迎风"号（Rhapsody of the Seas）		
	"海洋荣光"号（Splendor of the Seas）（退出）		
	"海洋幻丽"号（Enchantment of the Seas）		
	"海洋梦幻"号（Vision of the Seas）		
"君主"系列	"海皇"号（Monarch of the Seas）（退出）	73 941	2 744
	"海洋君主"号（Sovereign of the Seas）（退出）		
	"海洋帝王"号（Majesty of the Seas）		
其他系列	"海洋皇后"号（Empress of the Seas）	48 563	1 602

2. 精致邮轮

精致邮轮于 1989 年邮轮工业飞速发展的时候成立，目标定位为更新的船只、更大的船舱、更关注于保持欧洲传统的餐饮和服务。皇家加勒比国际游轮公司 1997 年买下了精致邮轮公司，目前是皇家加勒比游轮集团旗下更高级别的邮轮船队品牌，其品牌定位高端，拥有较高的员工乘客比率，面向具有丰富邮轮旅游经验的游客以及希望寻求高品质奢华体验的游客。

精致邮轮公司拥有现役豪华邮轮 13 艘（2020 年 1 月）："爱极"号（Celebrity Edge）、"千禧"号（Celebrity Millennium）（图 5.15）、"尖峰"号（Celebrity Summit）、"季候"号（Celebrity Equinox）、"嘉印"号（Celebrity Silhouette）、"星座"号（Celebrity Constellation）、"无极"号（Celebrity Infinity）、"新月"号（Celebrity Eclipse）、"极致"号（Celebrity Solstice）、"水映"号（Celebrity Reflection）、"远征"号（Celebrity Xpedition）、"探索"号（Celebrity Xploration）、"春分"号（Celebrity Equinox），并有在建邮轮 2 艘："超越"号（Celebrity Beyond）预定 2021 年首航，"至极"号（Celebrity Apex）预定 2020 年首航。

精致邮轮公司航线遍布阿拉斯加、地中海、加拿大、夏威夷、墨西哥、巴拿马运河、南美洲、澳大利亚、新西兰、加勒比及欧洲。

精致邮轮标榜自己提供的邮轮旅游服务为"新的国际性标准"，从服务、住房、菜肴等方面都注重质量和风格，致力于提供超出客人预期的邮轮体验。自成立以来，精致邮轮将"经典中的精华，优雅的巡航和与时俱进"作为一种承诺。精致邮轮的烟囱上都有一个大大的 X，这是希腊字母表中第三个字母，在希腊文中念 chi，在英文中是 C，是精致邮轮创始人 Chandris 家族的第一个字母。

图 5.15 "千禧"号

3.银海邮轮

意大利银海邮轮是一家具有创新意义的奢华邮轮公司,为富有的游客提供私人定制化的环球航海旅行,被誉为海上六星级邮轮。2018 年 6 月 14 日,皇家加勒比游轮集团和银海邮轮的董事长宣布了皇家加勒比游轮集团收购私营企业银海邮轮股权的协议。根据这份协议,皇家加勒比游轮集团将用 10 亿美元收购银海邮轮 66.7% 的股权。

银海邮轮的"银云"号(Silver Clound)、"银风"号(Silver Wind)、"银影"号(Silver Shadow)(图 5.16)、"银啸"号(Silver Whisper)等邮轮都极为雅致、宽敞,提供带有私人阳台以及露天餐台的全海景套房供客人选择。意大利籍和欧洲籍的员工为游客提供最高级别的私人化服务,同时客人也拥有更大的私密空间。游客登上银海邮轮伊始,就会感受到船员是全身心地为自己服务。从戴着白手套员工的隆重敬礼,到庆祝客人到来的盛有冰镇香槟酒的长笛型酒杯,服务的精致与体贴无不深入到游客在邮轮生活细节的方方面面。作为奢华邮轮旅游的先行者,银海邮轮通过其一价全包的价格以及邮轮上由全球最知名的奢华品牌提供的无与伦比的服务,已经成为现代富有旅行者的不二选择。

图 5.16 "银影"号

5.2.5　云顶香港集团

云顶香港集团前称丽星邮轮有限公司，经营丽星邮轮（Star Cruises）、星梦邮轮（Dream Cruises）、水晶邮轮（Crystal Cruises）三大邮轮品牌。它的航线遍及全球200多个目的地，并拥有 Lloyd Werft 和 MV Merften 船厂。其邮轮品牌及客源市场分布见表5.10。丽星邮轮是亚洲邮轮业的先驱，致力于将亚太地区发展成为国际邮轮航线目的地。云顶香港集团计划于2021年投入市场的总吨位达208 000 t的"地球梦"号豪华邮轮，将拥有2 350间客房及套房，标准载客量为4 700人，船上员工人数将达2 500人。

表 5.10　云顶香港集团的邮轮品牌及客源市场分布（2020年1月统计）

序号	邮轮品牌	邮轮数量/艘	主要客源市场
1	丽星邮轮	4	亚太地区
2	星梦邮轮	3	亚太地区
3	水晶邮轮	3＋5（内河游轮）	亚太、欧洲地区

1993年，一向处于全球邮轮市场边缘的亚太区域也有了变化——马来西亚丽星邮轮集团成立，其在亚太地区邮轮旅游业的发展中一直担任领导者的角色，其先进的设施及完善的服务让公司屡获殊荣。最初，丽星邮轮仅在新加坡和马来西亚提供邮轮旅游服务，不久之后的业务便扩展到整个亚太地区。丽星邮轮旗下目前经营"双子星"号（SuperStar Gemini）、"宝瓶星"号（SuperStar Aquarius）、"双鱼星"号（Star Pisces）（图5.17）和"大班"号（The Taipan）邮轮等4艘豪华邮轮，在全球20个地区设有办事处，包括澳大利亚、中国、中国香港、印度、印度尼西亚、日本、韩国、马来西亚、新西兰、挪威、菲律宾、新加坡、瑞典、中国台湾、泰国、阿联酋、英国及美国等。

图 5.17　"双鱼星"号

5.2.6　诺唯真游轮集团

诺唯真游轮集团旗下拥有诺唯真游轮（Norwegian Cruise Line）、大洋邮轮（Oceania

Cruises)和丽晶七海邮轮(Regent Seven Seas Cruises)三个邮轮品牌(表5.11),是世界排名第三的邮轮集团,是唯一可以提供全年夏威夷旅游服务的邮轮公司,同时也是纽约证券交易所上市公司。

表5.11　诺唯真游轮集团的邮轮品牌及客源市场分布(2020年1月)

序号	邮轮品牌	邮轮数量	主要客源市场
1	诺唯真游轮	17	美洲、欧洲
2	大洋邮轮	6	欧洲、北美
3	丽晶七海邮轮	5	欧洲、北美

1.诺唯真游轮公司

诺唯真游轮公司成立于1966年,总部设在素有"世界邮轮之都"美称的美国佛罗里达州迈阿密。诺唯真游轮是唯一可以提供全年夏威夷旅游服务的邮轮公司,自1966年开始营运至今已成为北美邮轮业最知名品牌之一。目前公司拥有"诺唯真永恒"号(Norwegian Encore)、"诺唯真喜悦"号(Norwegian Joy)、"美国之傲"号(Pride of America)、"诺唯真天空"号(Norwegian Sky)、"诺唯真爱彼"号(Norwegian Epic)、"诺唯真明珠"号(Norwegian Pearl)、"诺唯真逍遥"号(Norwegian Breakaway)、"诺唯真珠宝"号(Norwegian Gem)、"诺唯真宝石"号(Norwegian Jewel)、"诺唯真之晨"号(Norwegian Dawn)、"诺唯真之星"号(Norwegian Star)、"诺唯真翡翠"号(Norwegian Jade)、"诺唯真太阳"号(Norwegian Sun)、"诺唯真遁逸"号(Norwegian Escape)、"诺唯真畅意"号(Norwegian Getaway)、"诺唯真之勇"号(Norwegian Spirit)、"诺唯真畅悦"号(Norwegian Bliss)等17艘豪华邮轮。航线遍及阿拉斯加、加拿大、新英格兰、加勒比、欧洲、夏威夷、墨西哥沿岸、巴哈马及佛罗里达、南美洲、巴拿马运河、百慕大、太平洋临海。

1998年诺唯真游轮开辟了针对亚洲的东方航线,首创了"自由闲逸式邮轮假期",精心将旅游的各种精彩元素与度假村的悠闲和奢华气派结合。目前营运的"美国之傲"号主要提供夏威夷航线,客户群体主要是美国和加拿大的中产阶层。

诺唯真的游轮以F3为主题的第三代自由闲逸式大型邮轮——"爱彼"号(图5.18),于2010年建造完成并下水。拥有多达13个不同主题的餐厅,10个超时尚酒吧及酒廊,海上保龄球场和屏幕有2层楼高的的任天堂Wii(电视游戏机),且游客着装自由。还提供配备3间卧室、3个半浴室和多达5 000平方英尺①隐私空间的豪华私人庭院和花园别墅。

2.丽晶七海邮轮

丽晶七海邮轮是雷迪森邮轮(Radisson Cruises)与七海邮轮(Seven Seas Cruises)于1992年合并而成的,旧称"雷迪森七海邮轮"(Radisson Seven Seas Cruises),是邮轮领域的后起之秀。2006年,雷迪森七海邮轮正式更名为丽晶七海邮轮。丽晶七海邮轮定位于奢华市场,主要面向北美游客,提供高雅无忧的全包度假体验。

---

①　1平方英尺＝0.093 m^2。

图5.18 "爱彼"号

1999年和2001年,"七海航行者"号(Seven Seas Navigator)与"七海水手"号(Seven Sea Mariner)先后下水,其中"七海水手"号(图5.19)是第一艘拥有全套房、全阳台房的邮轮。丽晶七海邮轮曾经被评选为"全球最佳小型豪华邮轮公司"以及"最佳年度邮轮",其在奢华邮轮市场具有一定的品牌号召力。

图5.19 "七海水手"号邮轮

5.2.7 其他邮轮公司

1.迪士尼邮轮

美国怀特迪士尼公司成立于1923年,是总部设在美国的大型跨国公司。作为一个综合性娱乐巨头,怀特迪士尼公司拥有众多子公司,业务涉及多个领域。20世纪80年代,怀特迪士尼公司与高级邮轮公司合作,利用其船只销售迪士尼的度假产品。1998年7月,迪士尼邮轮公司正式宣告成立。目前,迪士尼邮轮公司已有4艘豪华邮轮下水,分别是"迪士尼魔力"号(Disney Magic)、"迪士尼奇观"号(Disney Wonder)、"迪士尼梦想"号(Disney Dream)(图5.20)、"迪士尼幻想"号(Disney Fantasy),并有1艘游轮"迪士尼奇缘"号(Disney Wish)在建中,预定2021年首航。迪士尼邮轮依靠迪士尼的品牌优势和对主题公园管理的经验,主要针对带小孩的家庭旅行者,提供短期的海上度假体验。

图5.20 "迪士尼梦想"号

2. 地中海邮轮

地中海邮轮成立于1987年,总部位于意大利那不勒斯,是一家纯正的意大利品牌公司。1995年,公司正式命名为地中海邮轮,同年开始发展邮轮业务,其后随着"地中海抒情"号(MSC Lirica)(图5.21)以及"地中海歌剧"号(MSC Opera)的建造,奠定了业务迅速增长的里程碑。地中海邮轮的标志是把"MSC"三个字母镶嵌在指南针图案中间,代表在地中海邮轮的世界里顾客永远是中心,指南针象征邮轮将驶向各个方向,从而达到公司长远目标。

地中海邮轮融和了传统海上风格、浓郁文化氛围及著名的地中海美食烹调,为游客提供最好的品牌服务,目前旗下运营17艘豪华邮轮,并有3艘邮轮在建中。地中海邮轮对于品质非常重视,是第一家获得ISO 9001:2008质量管理认证的邮轮公司,其后更获得ISO 14001环境保护证书,可见其对保护环境做出的不懈努力。

图5.21 "地中海抒情"号

以上两家邮轮公司的船队规模及主要客源市场可参见表5.12。

表 5.12　两家邮轮公司的船队规模及主要客源市场(2020 年 1 月统计)

邮轮品牌	邮轮数量	主要客源市场
迪士尼邮轮	4	北美地区
地中海邮轮	17	地中海、南非、巴西

　　除了上述纯粹的豪华邮轮企业及其下属的邮轮品牌外,全球各地还有大量从事豪华邮轮、奢华邮轮、探险邮轮、内河游轮、高端轮渡、游艇旅游的航运企业(图 5.22),共同构成了全球水上客运市场。

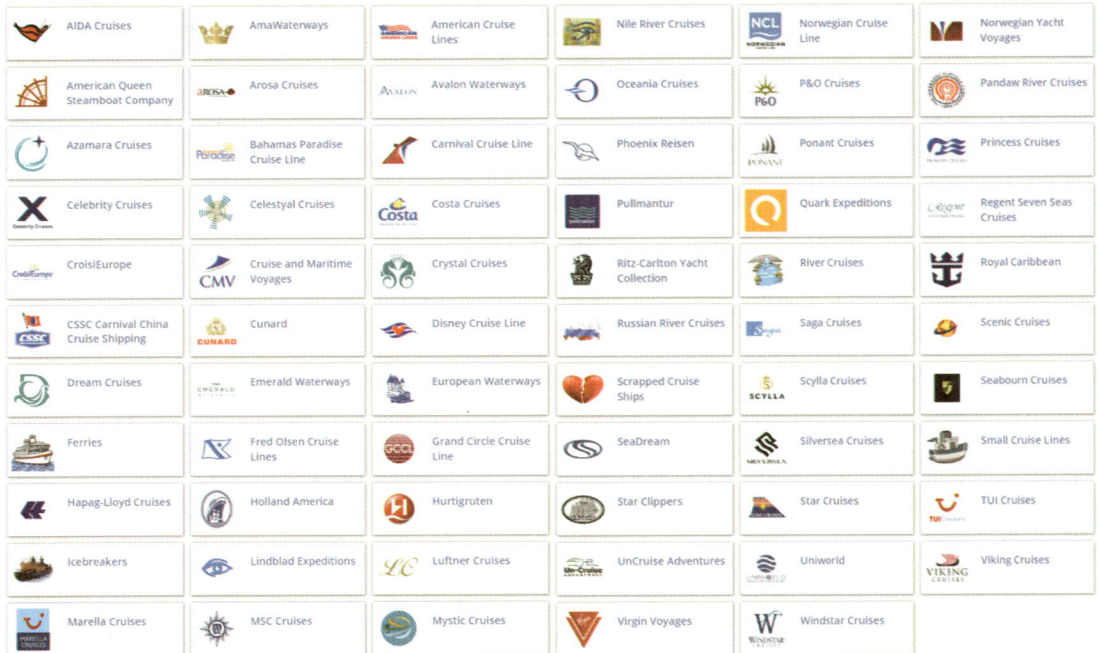

图 5.22　全球知名的 65 个豪华游轮、内河游轮和高端轮渡企业或品牌

第6章　邮轮的分类

6.1　邮轮概念的界定

邮轮的定义或界定,可从不同的角度阐述。

邮轮原是指能够为客人提供全方位的旅游服务,包括住宿、餐饮、娱乐,并且航行于大洋之间,具有固定航线、固定航班的大型客船,早期还负责运载两地间的邮件,因为"邮"字与邮政事业有关,于是被称为邮轮。

最初"邮轮"的英语词是"liner","游轮"的英语词是"cruiser"。前者的解释是:ship or aircraft of line of a ships or aircraft(航行于大洋的轮船公司的班轮,邮轮)或 luxury cruise(豪华邮轮);后者的英文解释是:motor boat with sleeping accommodation(带客房的机动轮船)。上述解释来源于《牛津现代高级英汉双解词典(第3版)》。

而随着邮轮旅游的不断发展,邮轮的概念范畴也在不断扩大,内河湖泊的游船、游艇也归入了邮轮旅游的范畴。在国内,多数业界人士和媒体都比较认同将海上巡游的游船称为"邮轮",而把江河中航行的客轮称为"游轮",小型的客轮则称为"游船"。

中国船级社(CCS)《邮轮规范》对邮轮的定义:邮轮是以旅游为目的的高端客船。邮轮通过船上配备的各类生活娱乐设施,为乘客提供文化、体育、餐饮、购物、住宿、观光等旅游休闲服务。

早期邮轮是邮政部门专用的运输邮件的交通工具之一,并同时运送旅客,但一般的邮轮均带有游览的性质。英国在邮递服务的初期,洲际的邮递服务都是依靠邮务轮船将信件和包裹由此岸送到彼岸,这些英国轮船往往必须要悬挂英国皇家邮政的信号旗。1850年以后,英国皇家邮政允许私营船务公司以合约形式,帮助他们运载信件和包裹。这个转变,令一些原本只是载客船务公司旗下的载客远洋轮船,摇身一变成为悬挂信号旗的载客远洋邮务轮船,众所周知的"泰坦尼克"号就是这种邮轮,"远洋邮轮"一词,便因此诞生。由于后来喷气式民航客机的出现,远洋邮轮渐渐丧失了它在载客、载货功能和竞争力上面的优势,远洋邮轮的角色,也由邮轮演变为只供游乐的轮船。

从19世纪中叶邮轮问世,至今已有160多年历史了。在这一历程中,邮轮从最初的"交通型"逐渐演变成"旅游休闲型";船型的设计建造从开始追求高航速、大运量、更豪华,到注重奢华舒适、新颖美观和娱乐多样化,再到大型化、巨型化、安全、环保、节能化等,理念在不断地创新变化。

游轮与邮轮一字之差,除具备一般客轮的基本功能外,大多提供专门的观景、娱乐设施和服务项目。游轮一般定期或不定期沿一定的水上旅游线路航行,在一个或数个观光地停泊,以便让游人参观游览。普通客轮兼用于旅游或经改装后专用于旅游均可称为游轮。跟远洋邮轮不同的是,游轮通常不会横渡海洋,而是以最普遍的绕圈方式行驶,起点和终点港口通常也是统一港口。游轮的旅程通常也比较短,为 1～2 天或 1～2 星期。游轮旅游已成为国际旅游业的一个重要部分,2006 年全球的总客量已达到数百万。

现代邮轮是带有旅游性质的,就像是流动型的大酒店。船上娱乐设施应有尽有,邮轮本身就是旅游目的地。目前,欧美在这个行业的规模庞大,有 300～400 艘邮轮,每天带着大量游客航行于加勒比海、巴哈马、百慕大、阿拉斯加、夏威夷、墨西哥湾、地中海、北欧等世界 100 多个国家和地区。国际上根据航行的区域,把邮轮分为国际邮轮、地区邮轮和海岸线邮轮。在国内,常称海上航行的客轮为"邮轮"。

综上所述,广义上的邮轮是指跨海游览用的客轮;狭义上的邮轮是指有固定航线的跨海游览用的客轮;而游轮称为可用于游览的客轮。由于邮轮和游轮的概念已很接近,因此现在所说的广义游艇邮轮产业也包含着游轮在内的所有游船产业。

2007 年的世界邮轮大会在中国召开,世界各地的豪华邮轮公司共聚一堂,决定大规模进军中国市场,2008 年的北京奥运会和 2010 年的上海世界博览会,极大地提升了中国国际影响力,吸引了更多的国际游客来中国观光,对中国邮轮经济发展起到极大的助推作用,中国邮轮产业迎来了高速发展的黄金十年(2008—2018 年)。据国际旅游组织预测,到 2025 年中国将成为世界上最大的旅游目的地,中国邮轮经济必将进一步展翅高飞。

6.2　邮轮的不同分类方法

6.2.1　根据邮轮所处的年代不同分类

邮轮根据其所处的年代不同可以分为传统邮轮和现代邮轮。传统邮轮也称"远洋邮轮",是邮政部门专用的运输邮件的交通工具之一,附带运送旅客。现代邮轮出现在 20 世纪 60 年代末,由于喷气式飞机在世界范围内的广泛应用,导致以交通为目的的邮轮经营不善,转而专门用于豪华旅游休闲度假,在北美及欧洲地区盛行起来。

6.2.2　根据邮轮的大小分类

根据现代邮轮综合船舶载客人数、邮轮的吨位和尺寸大小可分为迷你型(Very Small)邮轮、小型(Small)邮轮、中型(Medium)邮轮、大型(Large)邮轮和巨型(Mega)邮轮,如表 6.1 所示。

表 6.1　现代邮轮的尺寸大小

尺寸类别	吨级/万吨	总长/m	型宽/m	型深/m	满载吃水/m	载客量/人
迷你型	<1	<148	<25.0	<13.0	<6.1	<200
小型	1～5	148～215	25～32.6	13～18.1	6.1～7.5	200～1 000
中型	5～10	215～270	32.6～36	18.1～24.9	7.5～8.1	1 000～2 000
大型	10～15	270～348	36～43.2	24.9～34	8.1～9.6	2 000～4 000
巨型	>15	>348	>43.2	>34	>9.6	>4 000

大型邮轮载客量一般在 2 000 人以上。邮轮船型庞大,吃水较深,必须航行于深水区域和无障碍物的航线,而无法驶入水深有限的水域或通过桥梁而观览两岸的风景。中型邮轮载客量一般在 1 000～2 000 人。这类船舶吃水较浅,可以驶入拥有历史积淀和文化底蕴的老港观光。小型和迷你型邮轮一般载客量在 1 000 人以下,此类船舶的形式多样,行动方便,较受喜爱冒险、追求刺激人士的青睐。

近年来,邮轮数量逐渐上升,邮轮吨位不断增大,邮轮公司的船队规模也变得日益庞大。截至 2011 年年底,全球范围内的大型邮轮已经达到 70 艘以上,占全球邮轮载客总量的 47%;中型邮轮约有 77 艘,占全球邮轮载客总量的 34%;小型邮轮约 112 艘;而迷你型邮轮全世界约 72 艘。

6.2.3　根据邮轮的顾客定位分类

邮轮根据顾客定位可分为时尚型(Contemporary)、经济型(Budget)、尊贵型(Premium)和豪华型(Luxury),或分为专门型(Niche)和探索型(Exploration)(表 6.2)。大型邮轮公司往往拥有不同目标定位和大小尺寸的邮轮船队,目的是尽可能地覆盖整个消费市场。

表 6.2　现代邮轮的目标定位

类型	特色	航程	日均消费	目标顾客
时尚型	一般为新船、中型、大型	7 天或以下	低于 300 美元	初次体验者、年轻人
经济型	小型、中型、装饰少、娱乐设施少、多为旧船	7 天或以下	低于 300 美元	中低收入消费群体
尊贵型	中型、大型、多为新船	14 天左右	300～500 美元	回头客、年龄较大、富有
豪华型	大型、巨型、设施齐全、多为新船	7 天以上	400～800 美元	高端顾客,高收入顾客
专门型	新船或旧船	7～14 天	200～500 美元	共同爱好群体
探索型	小型、较少装饰	10 天以上	300～800 美元	猎奇、追求特殊经历群体

6.2.4　根据邮轮的功能特点分类

根据邮轮的功能特点,邮轮可划分为经典远洋邮轮(Classic Ocean Liner)、现代海上邮轮(Contemporary Cruise Ship)、近海邮轮(Small Cruise Ship)、内河游船(Riverboat)、游艇(Yacht)和探险邮轮(Expedition Cruise Ship)。

1. 经典远洋邮轮

一般来说,邮轮新旧的分界点是在 1970 年。第一次下水时间在 1970 年以前的邮轮称为经典远洋邮轮。这些远洋邮轮曾经代表辉煌的时代,船舶的尺寸和吨位较大,船体多为流线型,具有较强的抗风浪能力和较快的航行速度,适合在开阔的海洋上高速前进。目前,在邮轮运营市场上远洋邮轮已不多见。

2. 现代海上邮轮

20 世纪 60 年代,以"向阳"号(见图 6.1)为标志,邮轮的设计者们不再把速度作为邮轮建造的首要考虑因素。新型的海上邮轮被称为"漂浮的海上酒店"和"移动的度假村",游客搭乘这些海上邮轮是为了享受闲适的海上假期。邮轮上一切娱乐设施应有尽有,能满足游客的各种需要。现代海上邮轮航行在浩瀚的大海上,其船型越来越美,体积越来越大,设施越来越齐全,船上活动越来越丰富,一些邮轮公司利用海上邮轮开辟了人迹罕至的南极线路,航行的区域和范围也越来越广阔。现代海上邮轮一般投资较大,有的甚至高达十几亿美元,其技术含量代表着当今世界科技的前沿。

图6.1　"向阳"号(1966年首航)

3. 近海邮轮

近海邮轮(图6.2)与现代海上邮轮相比,是一些具有旅游功能、规模较小的邮轮。这些邮轮通常不会横渡海洋,而以最普通的方式绕圈行驶,起点和终点通常是在同一个港口,旅程也比较短。尽管体积较小、载客量不多,同时缺少丰富多彩的船上集体娱乐活动,但这些邮轮的自身优势主要是,除经营灵活之外,还可到达一些大型海上邮轮因吃水较大而无法驶入的浅水区域,使游客得以欣赏到独特的秀美风光。

图6.2　近海邮轮"维京天空"号

4. 内河游船

内河游船(图6.3)是航行于江、河、湖泊的游览性船舶。内河的风浪较小,所以内河游船的船体结构均弱于海船。有的内河航道有急转弯,有的内河航道水浅且水流湍急,所以内河游船的船长和吃水受到很多限制,而且要求有较好的回转性。

欧洲很多富有传奇色彩的内河,诸如莱茵河、多瑙河、伏尔加河等都航行着很多内河游船,这些游船成为内河上一道绮丽的风景线。中国的长江、漓江等内河沿线也分布着很多游船公司,为游客提供短途的内河游览服务,大力发展内河游船旅游。

图 6.3　内河豪华游船 American Empress

5. 游艇

游艇是一种水上娱乐用的高级耐用消费品,它集航海、运动、娱乐、休闲等功能于一体,满足个人及家庭享受生活的需要(图 6.4)。在发达国家,游艇像轿车一样多为私人拥有,而在发展中国家,游艇多作为公园、旅游景点的经营项目,供人们消费。

游艇可以开展观光、考察、探险等旅游活动,若与海岸上的旅游资源相结合,还可以形成海陆联动的空间开发模式,形成新的旅游目的地。游艇休闲服务的发展空间很大,现有的陆地上的休闲项目都可以转移到海上,这样会产生意想不到的效果,使休闲活动提升到更精致的层面。游艇运动发源于 17 世纪的英国贵族阶层,但目前已逐渐呈现出平民化的发展趋势。中国是全球游艇保持迅猛增长的市场,并且在今后的若干年内,还会继续保持这个增长势头。

图 6.4　"阿扎姆"号游艇

6. 探险邮轮

探险邮轮通常是针对特殊旅游目的地的环境特点和游览需求,特别设计和建造的邮轮,最常见的探险邮轮是极地探险邮轮(图6.5)。IAATO(南极旅游组织协会)将运营南极旅游线路的邮轮分为以下几种级别:①C1型:传统的小型探险邮轮,载客数13~200,可以执行登陆活动,而且登陆地点多。②C2型:中型邮轮,载客数201~500,并可以执行登陆活动,选择登陆的地点比较少。③CR型:大型豪华邮轮,载客量超过500人,不可以执行登陆活动。豪华邮轮与探险邮轮的合体,既能为游客提供极地探险的机会,也同时配备比探险邮轮更舒适的船舱和服务。

图6.5 "50年胜利"号(50 Years of Victory)——全球唯一核动力破冰客船(探险邮轮)

6.2.5 根据邮轮航行的区域分类

根据邮轮航行的区域可将邮轮分为国际邮轮、地区邮轮、海岸线邮轮与内河游轮。

6.2.6 根据邮轮的豪华程度分类

根据豪华程度邮轮可分为经济型、标准型、豪华型、赛豪华型和超豪华型。

- 3星级以下:经济型邮轮(Economic);
- 3或3+星级:标准邮轮(Standard);
- 4星级:豪华邮轮(Deluxe);
- 4+星或5星级:赛豪华邮轮(Deluxe+);
- 5+星:超豪华邮轮(Super Deluxe)。

这种分类多为西欧、北美市场的邮轮运营商采用。

6.3 邮轮的衡量指标

现代邮轮作为游客旅游度假活动的重要载体,其规格大小和设施配备是影响游客体验的主要因素。规格较大的邮轮拥有宽敞的住宿体验、多样的就餐选择和丰富的娱乐项目,规格较小的邮轮可以集中精力为游客提供优质的服务和独特的航行体验。尽管规格大小不同,现代邮轮的主要结构却大同小异,业界也有一些通用的衡量指标。

6.3.1 邮轮尺寸与吨位

1. 邮轮主尺寸

现代邮轮的规格大小可以用长度、宽度、水面高度和吃水深度等主尺寸来初步进行衡量(图6.6)。

(1)邮轮长度,表示邮轮从艏端至艉端的最大水平距离。

(2)邮轮宽度,表示邮轮的型宽,通常是船舶最宽地方的尺寸。

(3)水面高度,表示邮轮顶部至船体与水面相连处(水线面)的垂直距离。

(4)吃水深度,表示邮轮底部至船体与水面相连处(水线面)的垂直距离。吃水深度用来衡量邮轮在水中的位置,同时间接反映邮轮在行驶过程中所受到的浮力。邮轮的吃水深度越大,表明船体载重能力越大。

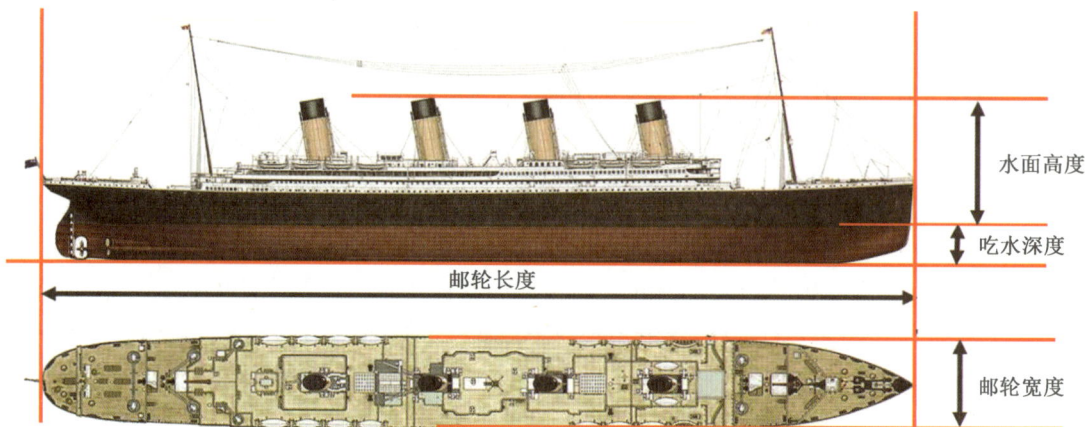

图 6.6 邮轮主尺度

2. 邮轮吨位

除了长度、宽度等主尺寸之外,邮轮吨位同样是邮轮大小的计量单位。船舶吨位种类复杂,总体来说包括重量吨位(Weight Tonnage)和容积吨位(Volumetric Tonnage)两种类型。

(1)重量吨位。重量吨位分为排水量吨位(Displacement Tonnage,DT)和载重吨位(Dead Weight Tonnage,DWT)两种。

①排水量吨位,表示邮轮在水中所排开的水的吨数,也是邮轮自身质量的吨数。在造船时,依据排水量吨位可以知道该船的质量。

②载重吨位,表示船舶在营运中能够使用的载重能力,即船舶所能装载的最大限度的质量。

(2)容积吨位。容积吨位是表示船舶容积的单位,也称为注册吨位(Registered Tonnage)。容积吨位本身不是涉及质量的术语,而是按照每吨位100立方英尺(约2.83 m³)计算。常见的容积吨位衡量指标有总吨位(Gross Tonnage,GT)、净吨位(Net Tonnage,NT)和注册总吨位(Gross Register Tonnage,GRT)三种类型。

①总吨位,表示船舶内以及甲板上所有围蔽空间的容积总和。

②净吨位,表示总吨位减去为船员居住区、燃料舱、机舱、驾驶台、物料房等所保留空间的容积总和。

③注册总吨位,表示邮轮按照其登记证书所记载的容积。注册总吨位是邮轮最常用的衡量指标,也是业界划分邮轮大小的重要依据。

在本书中和一般情况下,在描述豪华邮轮大小时使用的吨、吨位、吨级等单位,在没有特别说明的时候均指注册总吨位或总吨位。

按照邮轮的注册总吨位,在2005年时曾将现代邮轮分为微型(Very small)、小型(Small)、中型(Medium)、大型(Large)、超大型(Megaship)五种类型,见表6.3。

表6.3　按照注册总吨位划分邮轮(2005年)

邮轮类型	邮轮注册总吨位/t
微型邮轮	10 000以下
小型邮轮	10 000～20 000
中型邮轮	20 000～50 000
大型邮轮	50 000～70 000
超大型邮轮	70 000以上

随着科学技术的不断进步,船舶可以获得极好的操纵性,越来越多的邮轮建造商都把焦点集中到大型化上,邮轮的注册总吨位不断被刷新。2004年,15万吨级的"玛丽王后2"号邮轮的首航还让人记忆犹新,2009年和2010年美国皇家加勒比国际游轮公司22.5万吨级的超大型邮轮"海洋绿洲"号和"海洋魅丽"号又相继下水。邮轮大型化已经成为邮轮发展的重要趋势,如今7万吨级的邮轮仅仅属于中型邮轮的范畴。大型邮轮能够提供更多的娱乐活动,能够给游客带来超凡的体验,在水上航行也更加平稳,但小型邮轮同样以其精巧和特色吸引着追求个性的邮轮客人,在邮轮旅游市场中占据一席之地。

6.3.2　邮轮容量和空间比率(Capacity & Space Ratio)

1. 容量(Capacity of Cruise Ships)

一般情况下,邮轮容量是从邮轮的载客数量(Numbers of Passengers,PAX)和客舱数量(Numbers of Cabins)的角度进行描述。

(1)载客数量。邮轮载客数量是指邮轮所能容纳的游客人数,但不包括船员。

按照邮轮的载客数量,可以将其划分为超大型邮轮(Megaship)、大型邮轮(Large)、中型邮轮(Medium)和小型邮轮(Small)四种类型。如表6.4所示。

表6.4　按照载客数量划分邮轮

邮轮类型	邮轮载客数量/人
超大型邮轮	4 000以上
大型邮轮	2 000以上
中型邮轮	1 000～2 000
小型邮轮	1 000以下

（2）客舱数量。除了载客数量之外，业界还会根据邮轮所拥有的客舱数量或床位数量来衡量邮轮接待能力的大小，通常一间客舱容纳两个床位。但实际上，邮轮客舱数量的多少并不能说明邮轮的豪华舒适程度以及接待服务水平的高低。

2. 空间比率（Space Ratio）

邮轮的空间比率等于邮轮的注册总吨位与邮轮的载客数量之比。空间比率表示的是邮轮上人均拥有的自由伸展空间。邮轮的空间比率越高，游客能感受到邮轮越宽敞。因此，空间比率是衡量邮轮舒适与否的很重要的一个指标，也是真正体现邮轮价值的标尺。

目前，大多数邮轮的空间比率多为 25～40，最低值为 8，最高值约为 70。

空间比率并不是体现邮轮宽敞程度的唯一指标。一些空间比率较小的邮轮可以通过灯光、落地观景窗等设计来增加游客感知的宽敞舒适度。

6.3.3 邮轮船龄（Vessel Age）

1. 新船和旧船

根据我国交通部要求，将船龄在 10 年以上的高速客船、客滚船、客货船、客渡船、客货渡船、旅游船、客船视为老旧海船，并规定以上类型船舶的报废船龄为 30 年（含）以上（其中高速客船为 25 年）。现役邮轮的服役时间跨度很多，一些邮轮下水时间较长，已经接近半个世纪。业界通常把 2000 年作为新船、旧船的分界线，即 2000 年之前下水的邮轮称为旧船，2000 年以后下水的邮轮称为新船。

早期的邮轮由于造船技术较差，在建材以及结构设计上有限制，无法和较新、较高的造船技术相比。旧船的仪器设备功能有限，而且操作上既花费金钱又耗费人力，效率却不见得好，营运成本因而较高。旧船使用较密实、较重的金属制造，因此较之同样大小的新船，旧船载重吨位较大，吃水深度较深，进出港口不易，但相对地，旧船的船体结构强度较高。

2. 船龄

船龄是指船舶自建造完工之日起至现今的年限。船龄在某种程度上表明邮轮的现有状况，因此在有关船舶和海上运输的交易中，船龄是一个重要因素。根据中华人民共和国交通部发布的《海船船龄标准》（表 6.5），国内运营邮轮的船龄应小于 30 年。

表 6.5　海船船龄标准（中华人民共和国交通部 2006 年第 8 号令、交通运输部令 2017 年第 16 号）

船舶类别	具体类别	老旧海船船龄界限	购置、光租外国籍船船龄	特别定期检验船龄	强制报废船龄
一类船舶	高速客船	10 年以上	10 年以下	18 年以上	25 年以上
二类船舶	客滚船、客货船、客渡船、客货渡船（包括旅客列车轮渡）、旅游船、客船	10 年以上	10 年以下	24 年以上	30 年以上
三类船舶	油船（包括沥青船）、散装化学品船、液化气船	12 年以上	12 年以下	26 年以上	31 年以上
四类船舶	散货船、矿砂船	18 年以上	18 年以下	28 年以上	33 年以上
五类船舶	货滚船、散装水泥船、冷藏船、杂货船、多用途船、集装箱船、木材船、拖轮、推轮、驳船等	20 年以上	20 年以下	29 年以上	34 年以上

在邮轮发展历史上,有很多著名的邮轮运营时间将近半个世纪,冠达邮轮的"伊丽莎白女王2"号邮轮运营时间就长达40年之久。但是,目前邮轮市场上各大邮轮公司向市场投入的邮轮大多船龄较小,船龄高于20年的邮轮不及邮轮总量的三分之一,而且载客数量相对较少,邮轮船队正呈现出年轻化的扩张趋势。

皇家加勒比国际游轮的衡量指标实例见表6.6。

表6.6　现代邮轮的衡量指标实例——皇家加勒比

名称	"海洋神话"号	"海洋冒险"号	"海洋光辉"号	"海洋自由"号	"海洋绿洲"号
建造地	法国	芬兰	德国	芬兰	芬兰
投入使用时间	1995 年	2001 年	2002 年	2006 年	2009 年
吨位(GRT)/万吨	7	13.8	9.009	16	22.5
全长/m	264	311	293	339	362
全宽/m	32	48	32	56	47
吃水深度/m	8	9	8	8.5	9.15
甲板楼层数	11	10	11	15	18
载客量/人	2 076	3 114	2 501	3 600	5 400
船员总数/人	723	1 181	859	1 360	2 115
乘客空间比/(t·人$^{-1}$)	33.2	35.7	36	44	40
乘客船员比	2.8	3.2	2.8	2.6	2.6

6.3.4　邮轮等级评定

尽管现代邮轮常常被称为"移动的五星级酒店",然而邮轮的等级评定与酒店星级不同,业界尚无正式统一的标准。国际邮轮协会(CLIA)曾经提出现代邮轮的五种类型以做参考,分别是奢华型、高级型、现代型、专业型和经济型。

1. 奢华型邮轮

奢华型邮轮通常采用"六星级"标榜其顶级的娱乐设施与服务水准。奢华型邮轮吨位较小,所容纳的游客相对较少,但其住宿空间和公共空间均经过精心设计,有宽敞且带有阳台的顶级套房或双层公寓,并且多半为游客提供管家服务(Butler Service),因此产品的价格昂贵。意大利银海邮轮公司的"银神"号(Silver Spirit)邮轮、"银影"号(Silver Shadow)邮轮、"银啸"号(Silver Whisper)邮轮被誉为"世界最佳顶级中小型豪华邮轮",是奢华邮轮的典型代表。其奢华不仅仅在于开阔雅致的"全套房"住宿空间(图6.7),更在于无微不至的私人定制化服务。

2. 高级型邮轮

高级型邮轮通常是指为游客提供超出平均水准的美食、设施与服务的豪华邮轮。此类邮轮空间比率相对较高,有很多带有阳台的外侧客房,通过提供各种各样的娱乐活动,对儿童、年轻人、老年人等各个年龄段的顾客群形成多样化的吸引。高级型邮轮为游客提供相对高端的服务,游客有很多机会在正式晚宴上盛装打扮。冠达邮轮的"伊丽莎白女王"号邮轮(图6.8)就属于高级型邮轮的代表。

(a)客房　　　　　　　　(b)餐厅

图6.7　"银影"号邮轮客房与餐厅

(a)客房　　　　　　　　(b)餐厅

图6.8　"伊丽莎白女王"号邮轮客房与餐厅

3. 现代型邮轮

现代型邮轮为游客提供更多新型的选择与服务,邮轮规模从中型到巨型不等,相当于漂移的度假胜地,比如皇家加勒比国际游轮公司的"海洋神话"号(图6.9)、"海洋航行者"号等。这些邮轮上通常有溜冰场、高尔夫练习场、攀岩墙、冲浪、水滑道等多样化的娱乐设施,能够给游客留下深刻的印象。现代型邮轮的总体氛围相对比较轻松。

(a)客房　　　　　　　　(b)餐厅

图6.9　"海洋神话"号的客房与餐厅

4.专业型邮轮

专业型邮轮为游客提供独特的邮轮旅游产品,或者专注于某一特定的邮轮旅游目的地。这类邮轮公司在文化诠释、探险考察等领域有着丰富的经验,部分邮轮航线遍及南极、北极此类人迹罕至的地方,例如海达路德邮轮公司的"阿蒙森"号(图6.10),其目标市场是有经验、爱探险的邮轮旅行者。

(a)外观　　　　　　　　　　　　　　　(b)客房

图6.10　极地邮轮"阿蒙森"号外观与客房

5.经济型邮轮

经济型邮轮通常是指中等规模、经过翻新的、运营时间相对较长的邮轮。这类邮轮采用自助式晚宴等形式,雇佣的员工较少。由于邮轮的设计比较经典,定价比较经济,对于那些邮轮旅游经历相对比较缺乏的人来说具有吸引力。某经济型邮轮客舱如图6.11所示。

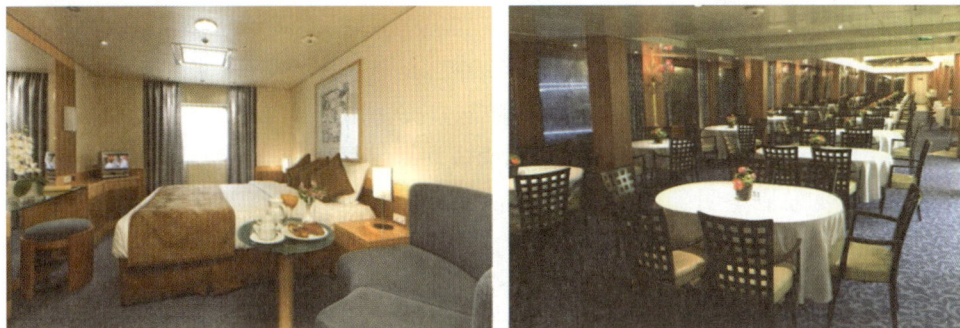

(a)客房　　　　　　　　　　　　　　　(b)餐厅

图6.11　某经济型邮轮客房与餐厅

第7章 豪华邮轮的结构与性能

7.1 《邮轮规范》介绍

船舶规范是指各国的政府验船机构或船级社，为了船舶入级或维护船舶航行安全而公布的一系列关于船舶结构、性能、系统、装置、设备和材料等在安全质量方面的技术规定。是船舶设计、建造、维修和检验的主要依据，也是船舶入级所应达到的最低标准。

各国（主要指先进的航运国家）验船机构的船舶规范尽管在内容和形式上各不相同，但基本上都符合国际间有关海事公约，如《国际海上人命安全公约》《国际船舶载重线公约》《1973年国际防止船舶造成污染公约》等的要求。由于造船工业技术的发展，新材料的采用和新船舶的出现，船舶规范必须不断地修订更新，所以各种规范都标明公布年份。对于新型船舶，往往先以准则或指导性文件形式公布试行，待取得经验后再公布正式规范。

中华人民共和国船舶检验局（ZC）和中国船级社（CCS）先后制定或公布了多种有关海洋、长江和内河各类船舶的建造和设备规范。关于海洋船舶的主要有《钢质海船入级规范》《海上移动平台入级规范》《钢质远洋渔船建造规范》等规范。关于长江及内河船舶主要有《内河高速船入级与建造规范》《钢质内河船舶建造规范》《内河绿色船舶规范》等规范。2016年10月，CCS正式发布了《邮轮规范》（2017）及《邮轮空调系统检验指南》（2017），并于2017年1月1日正式实施。《邮轮规范》（2017）是基于CCS近年来对大型客船、中型豪华游船的科技研究成果，同时围绕邮轮的功能需求，识别出邮轮的技术要点和难点，并在充分考虑现阶段业界对邮轮的技术诉求后编制而成。

《邮轮规范》的总则中明确指出邮轮是以旅游为目的的高端客船。邮轮通过船上配备的各类生活娱乐设施，为乘客提供文化、体育、餐饮、购物、住宿、观光等旅游休闲服务。根据申请，经CCS审图与检验，确认邮轮已符合《邮轮规范》要求，将在船舶类型附加标志后授予邮轮相应的附加标志（表7.1）。

表7.1 附加标志

附加标志	中文含义	说明
Cruise	邮轮附加标志	满足邮轮附加标志要求的客船或其他具备邮轮功能的船舶，可授予Cruise附加标志
CEDI(Ox,Cx,Fx)	邮轮休闲体验设计指数附加标志	满足休闲体验设计指数要求的邮轮，可授予相应的CEDI(Ox,Cx,Fx)附加标志
SEDI(x)	邮轮健康保障设计指数附加标志	满足健康保障设计指数要求的邮轮，可授予相应的SEDI(x)附加标志

如客船:Passenger Ship,Cruise,或 Passenger Ship,Cruise,CEDI(Ox,Cx,Fx),或 Passenger Ship,Cruise,SEDI(x),或 Passenger Ship,Cruise,CEDI(Ox,Cx,Fx),SEDI(x)。

客滚船:RO - RO Passenger Ship,Cruise,CEDI(Ox,Cx,Fx),SEDI(x)。

邮轮休闲体验设计指数附加标志和健康保障设计指数附加标志的具体含义说明如下:

CEDI:休闲体验设计指数(Cruising Experience Design Index),包括乘客空间、舒适度、乘客休闲设施;

O:乘客空间(Passenger Occupation),包括乘客人均吨位、乘客人均居住面积、乘客船员比;

C:舒适度(Comfort),包括振动、噪声、室内气候;

F:乘客休闲设施(Passenger Leisure Facility),包括客房、乘客公共处所、娱乐休闲处所等处所及相应设施的配备;

SEDI:健康保障设计指数(Sanitation Ensurance Design Index);

x 分为3、4、5(分别与邮轮旅游行业分级中的3星和3星+、4星和4星+、5星和5星+对应的空间布置、设备及系统配备等船舶硬件相呼应,以使邮轮在设计和建造阶段实现相应星级所需要的空间、舒适度及功能需求)。

《邮轮规范》还从船体结构、消防、休闲体验设计指数、健康保障设计指数、稳性、救生等其他方面对邮轮提出了详细的要求。考虑到邮轮等效替代设计技术在不断发展完善中,乘客对邮轮的休闲功能要求也在不断变化中,《邮轮规范》将与国际邮轮技术的发展同步,不断纳入新的研究成果,完善和细化已有的技术要求。

7.2　豪华邮轮的结构

以主甲板为分界线,邮轮结构主要由主船体和上层建筑组成(图7.1)。

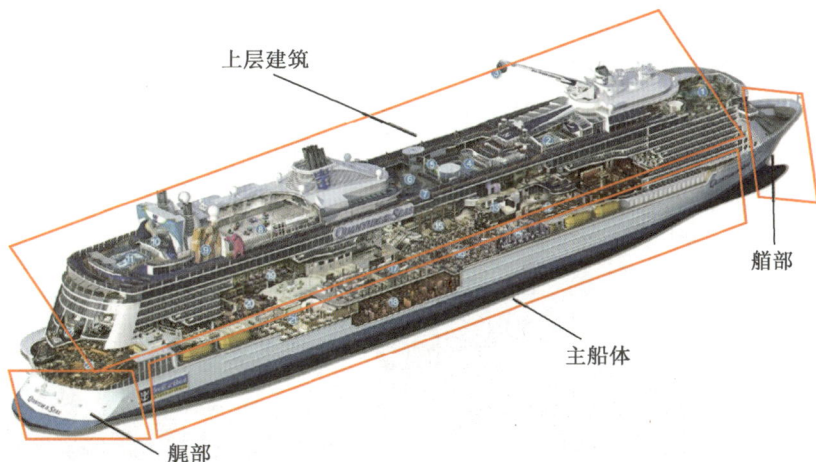

图 7.1　邮轮结构

7.2.1　主船体

主船体是主甲板以下的船体结构的总称,是船体外板、甲板、纵横交叉的内部骨架结构、艏部和艉部的集合。

1. 船体外板

为了保证船舶能够在水上漂浮,船体的表面是一层水密的船体外板,船体外板保证船体水密,使船舶具有漂浮及运载能力,它与船舶骨架一起共同保证船体的强度和刚度。船体外板又叫船壳板/主船体外板,包括舷侧外板和船底板等,其基本组成单位是列板,是由船舶外板和连续的上甲板及相应骨架结构包围起来的水密空心结构,在船舶结构力学里一般把主船体抽象成一个空心的梁。

船体外板由许多块钢板拼合焊接而成,钢板长边通常沿船长方向布置,形成船长方向的一长列,称为列板。各列板根据其所处的位置不同而有不同的名称:在船底中心线处的一列板称为 K 列板;由船底向舷侧过渡的各列板依次记作 A 列板、B 列板、C 列板(排列时 I、O、Q 三字母不用)……到了舷侧顶部最上面的一列板称为 S 列板,如图 7.2 所示。

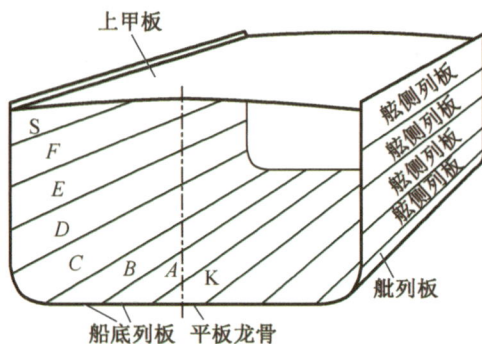

图 7.2　船体外板

这些列板在船舶建造中还有专门的术语:K 列板称为平板龙骨(plate keel);由船底向舷侧过渡的部位称为舭部,与之相对应的一列板称为舭列板(bilge strake)(图 7.3);平板龙骨与舭列板之间的列板统称为船底板(bottom plate);船体舷侧部分在上甲板以下的那一列板称为舷顶列板(S 列板)(sheer strake);舭列板以上舷顶列板以下的各列板统称为舷侧列板(side plate),船壳外板是由许多块钢板焊接而成的,钢板的长边与长边相接叫边接,焊缝称为边接缝(seam);短边与短边相接叫端接,焊缝称为端接缝(butt)。

图 7.3　豪华邮轮的船体外板

2. 甲板

为了充分利用船体内部空间,用甲板(或平台)将船体上下部分进行分隔。上甲板保证船体顶部的水密及遮蔽下面的空间,它构成了船体梁的上翼板,是保证船体总纵强度的重要构件之一。其他甲板起着舱室地板的作用,装载着各种货物和设备,或布置船员、旅客居住与工作的房间。

甲板按其作用的不同可分为:强力甲板、舱壁甲板、干舷甲板等。如果船舶主甲板以下有多层甲板,又分为上甲板、二层甲板、三层甲板等。受船体总纵弯曲力矩最大的一层甲板称为强力甲板,对大多数船来说上甲板就是强力甲板,它的厚度应是各层甲板中最厚的,且规范规定在船中部 $0.4L$ 区域内强力甲板的厚度应保持相同。

甲板板由许多钢板拼合焊接而成,钢板的长边通常沿船长方向布置。在所有列板中,沿甲板外缘与舷侧邻接的一列板称为甲板边板(deck stringer)。

豪华邮轮和普通船舶不同,其由于从船底到船顶,甲板层数众多,通常豪华邮轮的甲板命名方式按照层数从下向上进行命名,例如从双层底甲板向上,分别命名为一层甲板、二层甲板、三层甲板……(图7.4)

图 7.4 建造中豪华邮轮"Aida Prima"号各层甲板

船舶会时常发生甲板上浪,为了能够迅速排除甲板上的积水和减少甲板上浪,船舶露天甲板通常做成中间高两边低的拱形,甲板沿横向这种中间高、两边低的拱形称为梁拱(camber)。露天上层建筑或甲板室露天部分也设置较小的梁拱(有正梁拱也有负梁拱),而内部的甲板或平台则无须设置梁拱。梁拱的形状有抛物线型,也有折线型。折线型既有单折线型,也有双折线型(图7.5)。

船舶在航行过程中,为了减少甲板上浪,总是将艏艉部分的主甲板做得比中部的主甲板高一些,这样就形成了一个两端上翘的曲线形状。上甲板边线沿纵向向艏艉端升高的曲线称为舷弧(sheer),如图7.6所示。在进行船舶设计时需进行船舶的干舷计算,其中舷弧也是影响船舶干舷大小的重要因素。

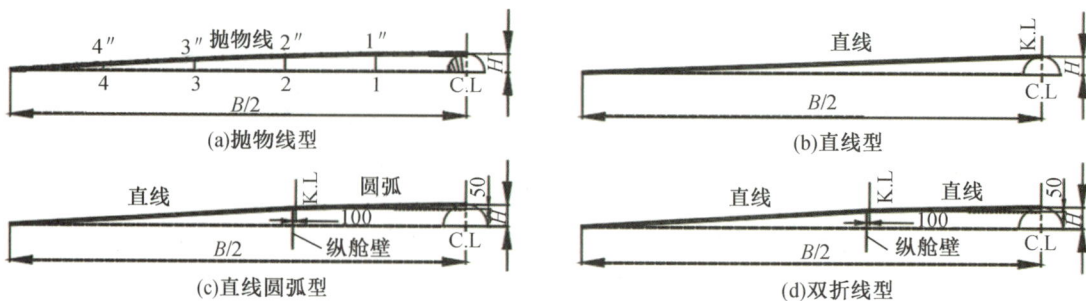

图 7.5　几种常见的梁拱

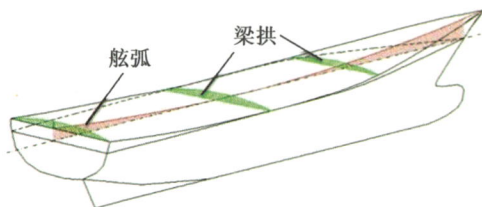

图 7.6　船舶舷弧和梁拱

3. 船体内部结构

　　船体内部结构是指除去船体外板、甲板和首尾结构之外,包括船底、舷侧、舱壁等结构,这些结构全部由板材和骨架组成,即由钢板、各种型钢、铸件和锻件等组成,根据不同构件的位置和功能,可以分为:

　　①主要构件:船体的主要支撑构件称为主要构件,如强肋骨、舷侧纵桁、强横梁、甲板纵桁、实肋板、船底桁材、舱壁桁材、舱壁板等。②次要构件:一般是指板的扶强构件,如肋骨、纵骨、横梁、舱壁扶强材、组合肋板的骨材等。(图 7.7)

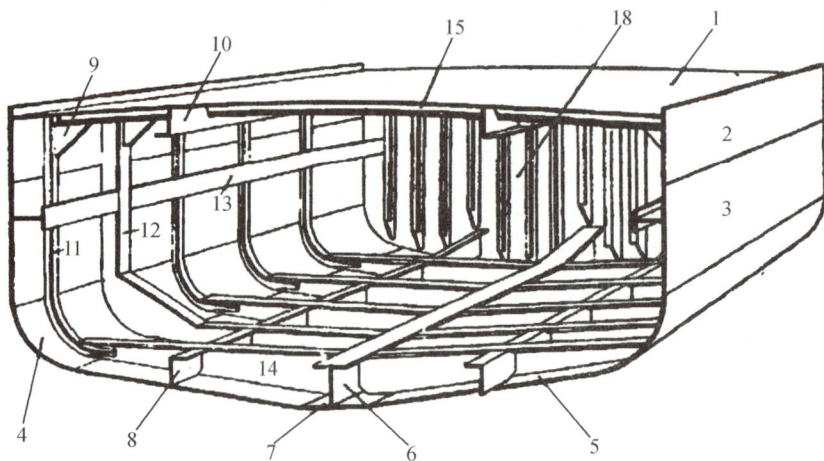

1—甲板板;2—舷顶列板;3—舷侧板;4—舭列板;5—船底板;6—中内龙骨;7—平板龙骨;8—旁内龙骨;9—梁肘板;
10—甲板纵桁;11—肋骨;12—强肋骨;13—舷侧纵桁;14—肋板;15—横梁;16—横舱壁板。

图 7.7　某货船内部结构

船体结构的设计与建造直接关系到船舶的安全和其他各项性能,其主要要求如下:

①具有足够的强度、刚度和稳定性,保持可靠的水密性,并能满足营运上的要求;②构件本身应有良好的连续性,避免应力集中,同时应能保证安装在其上的机械设备具有良好的工作性能;③应有合理的施工工艺,以提高劳动生产率,减轻劳动强度,缩短船台建造周期,降低成本;④充分考虑整个船体的美观和今后维修保养的方便性。

豪华邮轮的船体架构(图7.8)主要包括船底(bottom)、舷侧(broadside)和舱壁(bulkhead)(图7.9)。邮轮船体结构必须具有承受和抵抗各种变形的能力,即在保证船体总纵强度、扭转强度、横向强度和局部强度及坐坞强度的基础上,保持船舶的形状空间,保证船舶的水密,安装各种船舶设备和生活设施,载运游客和货物。下面逐一介绍。

图7.8　建造中豪华邮轮"AIDAnova"号船体结构

图7.9　豪华邮轮"AIDAnova"结构三维设计图

（1）船底结构

船底结构是保证船体总纵强度、横向强度和船底局部强度的重要结构。作用于船底上的外力有:水压力、机械设备和货物的负载、总纵弯曲引起的拉伸力和压缩力,进坞坐墩时墩木的反力、机械设备运转时的振动力等。

豪华邮轮均采用双层底船底结构(图7.10),双层底结构是由船底板(船底列板)、内底板(双层底甲板)、舭列板及其骨架组成的底部空间。船舶应尽可能在艏防撞舱壁至艉尖舱舱壁间设置双层底。当客船的船长 50 m≤L<61 m 时,至少应在自机舱前舱壁至防撞舱壁或尽可能接近该处之间设置双层底;当船长 61 m≤L<76 m 时,至少应在机舱以外设置双层底,并应延伸至防撞舱壁及艉尖舱舱壁或尽可能接近该处;当船长 L≥76 m 时,应在船中部设置双层底,并应延伸至防撞舱壁及艉尖舱舱壁或尽可能接近该处。双层底内的油舱与锅炉给水舱、食用水舱之间,应设有隔离空舱。

双层底的作用:①增加船体的总纵、横向和船底的局部强度;②用作油水舱装载燃油、润滑油和淡水;③用作压载舱以调整船舶的吃水、纵倾、横倾、稳性和提高空载时车叶和舵的效率,改善航行性能;④提高船舶的抗沉性;⑤提高船体的抗泄漏能力;⑥承受舱内货物和机械设备的负载。

双层底甲板
横向实肋板
舭列板
人孔
旁桁材　中桁材　船底纵骨　船底列板

图7.10　建造中豪华邮轮"AIDAnova"号船舶双层底结构

（2）舷侧结构

舷侧结构是指连接船底和甲板的侧壁部分，是保证船体的纵向强度、横向强度，保持船体几何形状和侧壁水密的重要结构，主要组成部分有：舷侧外板、肋骨、舷侧纵桁和纵骨、舷墙和栏杆等。

①舷侧外板（图7.11）：指舭列板以上的船体外板（包括舷侧列板和舷顶列板）。厚度分布特点是船中部较厚，向两端渐薄，靠近舭列板附近的要比上面的厚一些，同时在靠近艄艉局部受力大的部位和艉轴附近的包板等加厚，对航行于冰区的船舶应进行加厚。

舷侧外板

图7.11　豪华邮轮舷侧外板

②肋骨（图7.12）：是从肋板、舭肘板向上延伸的横向构件，并与梁肘板和横梁组成船体的横向框架。肋骨作用：支持舷侧外板，并保证舷侧的强度和刚性；与其他横向构件组成的框架既可保证船体的横向强度，又可防止船舶在摇摆和横倾时产生横向变形。肋骨按所在位置分有主肋骨、甲板间肋骨和尖舱肋骨三种，对某些需进行局部加强（如冰区加强）的船舶，还需在位于水线附近每一肋距中间增设一短肋骨——中间肋骨；按受力分有普通肋骨和强肋骨两种。

③舷侧纵桁和纵骨（图7.12）：舷侧纵桁多为横骨架式舷侧结构中设置的纵向构件，通常采用T型组合材（由腹板与强肋骨腹板组成），主要用来支承主肋骨。舷侧纵骨是纵骨架式舷侧结构中的主要纵向构件，一般用尺寸较小的不等边角钢或球扁钢制成，主要用来保证总纵强度和支持外板。

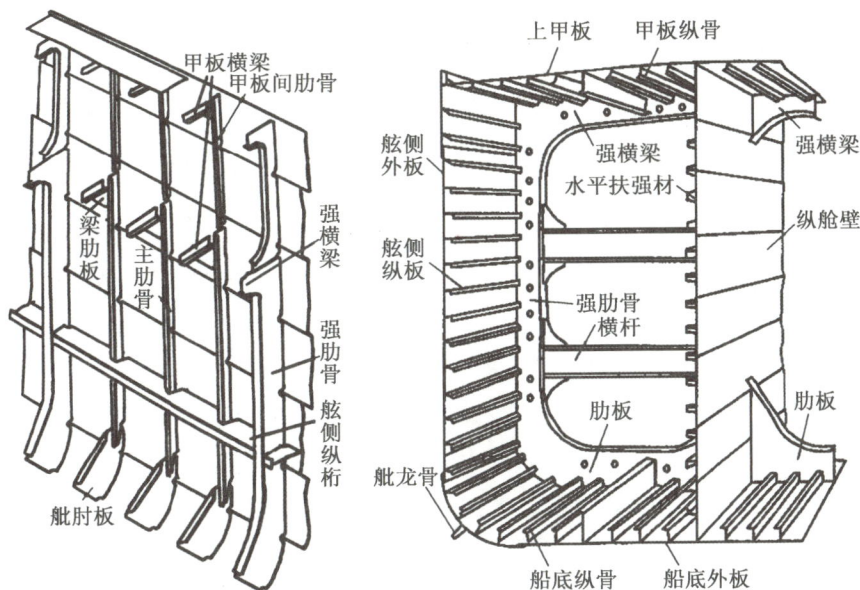

图7.12 舷侧肋骨和舷侧纵桁

④舷墙与栏杆:舷墙与栏杆一般位于露天干舷甲板、上层建筑和甲板室甲板的露天部分,舷墙或栏杆的高度一般应不小于1 m。舷墙(图7.13)的作用是保障人员安全,减少甲板上浪,防止甲板物品滚落入海。栏杆(图7.14)作用是保障人员安全,防止甲板物品滚落入海,栏杆的最低一根横杆距甲板应不超过230 mm,其他横杆的间距应不超过380 mm。

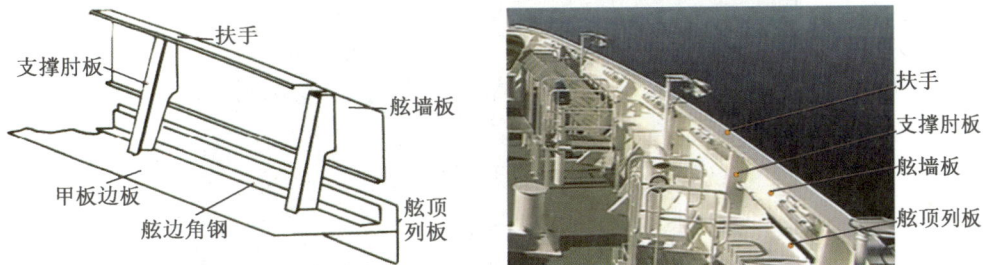

图7.13 豪华邮轮的舷墙

(a)艏部栏杆

(b)平台栏杆

图7.14 豪华邮轮艏部栏杆和船顶游步平台栏杆

（3）舱壁结构

①横舱壁与纵舱壁合称为舱壁。横舱壁指沿船宽方向设置的分隔船舶舱室的垂直隔板。纵舱壁指沿船长方向设置的分隔船舶舱室的垂直隔板。横向和纵向舱壁所起的作用：

a.分隔舱室，将船体内部空间分隔成多个舱室，供居住、工作、装载货物、备品及压载水等，满足不同用途；

b.横舱壁是保证船体横向强度和刚性的重要构件，是船底、舷侧和甲板等结构的支座，可使船体各构件之间的作用力相互传递，其中水密横舱壁是保证船舶抗沉性能的重要结构；

c.纵舱壁可减少自由液面对船舶稳性的影响，较长的纵舱壁还可增强船舶的总纵强度；

d.采用防火结构的舱壁，可在一定时间内防止火灾蔓延。

②根据用途不同，舱壁结构还可以分为以下几类：

a.水密舱壁（图7.15）：指自船底（船底板或内底板）至舱壁甲板的主舱壁。其中水密横舱壁是保证船舶抗沉性能的重要舱壁，其设置数量依据船长和船型不同而异。万吨级船需设置6～7道，其中艏尖舱舱壁（又称防撞舱壁）是最重要的一道水密横舱壁，其上不得开设任何门、人孔、通风管道或任何其他开口，并应通至干舷甲板。位于船尾的最后一道水密横舱壁为艉尖舱舱壁，艉尖舱舱壁应通至舱壁甲板，当艉尖舱水密平台甲板在水线以上时，可仅通至水密平台甲板为止。另一种是水密纵舱壁，一般仅见于液货船。

图7.15　建造中豪华邮轮"海洋和悦"号船体水密舱壁

b.防火舱壁：是按船舶防水结构要求设置的具有一定隔热能力并能在一定时间内防止火灾蔓延的舱壁。机舱和客船起居处所的舱壁为防火舱壁。

c.液体舱壁：是液舱（油舱、水舱等）的界壁，舱壁板较厚且其上的骨架尺寸也较大，并需保证水密或油密。

d.制荡舱壁：是设于液舱内的纵向舱壁（如艏、艉尖舱），主要用来减小自由液面的影响，开有气孔、油水孔和减轻孔。

（4）艏部

1920年，北大西洋航线上两艘客船"Bremen"号和"Europa"号的运营，标志着带球鼻艏的船型正式载入船舶设计史，1929年"Bremen"号以29 kn/h的速度横跨大西洋，获得蓝丝带奖章，初次验证了球鼻艏的减阻效果。今天，豪华邮轮的艏部一般均采用球鼻艏（图

7.16),安装球鼻艏在不同情况下可以减小不同的阻力成分。

①减小兴波阻力。对于 Fr 在 0.238 ~ 0.563 之间的中高速船,安装球艏可以降低兴波阻力。如球鼻的大小和位置选择适当,则在一定范围内,球艏产生的波系与船体波系可能发生有利干扰作用,合成波的波高将降低,兴波阻力将下降。

②减小舭涡阻力。满载时主要是减小舭涡,压载时主要是减小破波阻力。肥大船在航行时常常会产生埋艏现象。这是由于船首底部发生大量漩涡,其结果消耗能量,增大阻力。当肥大型船安装球鼻艏后,可使水流近于径向对称流动,船首底部不产生漩涡运动,从而达到降低阻力和减少埋艏现象的目的。

③减小破波阻力。加装球鼻艏后,艏部船体前伸,使该处横剖面面积曲线的坡度和艏部水线进水角减小,大大改善了艏柱附近的压力分布,缓和了船首破波情况,降低了破波阻力,取得较大的减阻效果。

图 7.16　"海洋和悦"号艏部

（5）艉部

艉部指的是从艉尖舱壁到艉端的船体结构,由船尾的甲板、舷侧结构和艉柱组成,有的船还有舵支架、艉轴架。在船尾上甲板下面的舱室内装有舵机设备,称为舵机舱。舵机舱下面的舱室是艉尖舱。艉尖舱比较狭小,一般作为艉压载水舱,调节船体的纵倾。舵机舱之间的平台叫舵机平台。

豪华邮轮的船尾形状,很大程度上取决于船舶采用哪种推进器以及豪华邮轮在设计时所确定的船尾功能。在传统豪华邮轮的设计,上层建筑通常作为观光平台,例如秉承"玛丽王后"号设计理念精髓的现代豪华邮轮"玛丽王后2"号(图7.17)。

以皇家加勒比国际游轮公司为代表的海洋系列豪华邮轮(图7.18),则将船尾的上层建筑设计为开放式剧场,且在船尾采用电力吊舱推进器。

更多的豪华邮轮公司,在豪华邮轮设计时为充分利用空间,有更多的载客量,则将船尾上层建筑设计为客舱(图7.19 ~ 图7.21)。

图 7.17 "玛丽王后 2"号船尾

(a)"海洋和悦"号   (b)"海洋绿洲"号

图 7.18 豪华邮轮"海洋和悦"号和"海洋绿洲"号船尾

图 7.19 歌诗达"太平洋"   图 7.20 迪士尼"魔术师"号船尾   图 7.21 P&O "Azura"号
号船尾   船尾

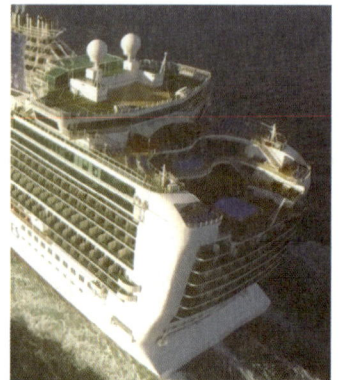

7.2.2 上层建筑

上层建筑与船舶的航海性能及居住条件密切相关。在上层建筑内可设客舱及船员的生活舱室,有的地方如艏楼的甲板间还可以作为货舱使用,或存放缆绳、灯具和油漆等。驾驶室设置在船中部或艉部上层建筑的顶部,有利于扩大驾驶人员的视野。水密的上层建筑还能增加船舶的储备浮力;艏楼可减小甲板上浪。上层建筑设于机舱上方,可围蔽机舱开口。此外,上层建筑具有足够长度时,可以全部或部分地参与主体的总纵弯曲,从而提高船体的总纵强度。

豪华邮轮的上层建筑占船体外貌的很大一部分,邮轮乘客的居住处所、娱乐处所都集中于上层建筑中,因此豪华邮轮的主要接待功能都由上层建筑的结构和样式决定。各家邮轮公司在设计邮轮时,都在上层建筑的布置格局上花费大量心血,力图设计和建造出最能代表自己公司特色、最受游客欢迎和喜爱的邮轮(图7.22~图7.27)。

(a)纵向　　　　　　　　　　　　(b)横向

图7.22　"海洋和悦"号建造中的上层建筑纵向和横向视图

图7.23　"玛丽王后2"号上层建筑

图7.24　P&O"Azura"号上层建筑

图 7.25 丽星邮轮"宝瓶星"号上层建筑

图 7.26 "海洋量子"号上层建筑

图 7.27 "迪士尼梦想"号上层建筑

上层建筑除了实现居住、娱乐等功能外,设计建造时还要注意其受力。

①波浪冲击:船舶航行遭遇恶劣的海况时,上层建筑可能受到波浪的冲击,特别在艏部承受载荷最大;当船舶迎着风浪行驶时,在中部上层建筑的所有围壁中,又以前端壁承受载荷最大。

②总纵弯曲:船中部较长的上层建筑,将随着主体一起弯曲,承受很大的总纵弯曲应力。艏楼、艉楼和艉甲板室受到总纵弯曲的影响较小,但若长艏楼向船中延伸较长时,也承受一定的总纵弯曲应力。

③重力:承受位于各层建筑的结构重力以及各种机械、设备的局部载荷,如救生艇甲板上的救生艇及吊架等重力。

④船舶摇摆产生的惯性力：即使在无风浪的水域航行，船舶也会产生周期性的摇摆，因而产生惯性力。

7.3　豪华邮轮的浮性和稳性

和普通船舶一样，豪华邮轮性能同样涉及浮性、稳性、抗沉性、快速性、耐波性和操纵性问题，同时由于豪华邮轮的特殊性，还涉及船体的强度和振动等技术性能。这些性能关系到邮轮的使用、安全和经济性。

7.3.1　浮性

浮性是船舶基本性能之一。以豪华邮轮"云顶梦"号（图7.28）为例，该船主尺度船长335 m，船宽40 m，高18层（船高超过50 m），设计满载排水量151 300 t。豪华邮轮船身虽然庞大，但由于不装载重型货物，因此其船身尺寸能提供的理论浮力远远大于其重力，在不同载况下，"云顶梦"号邮轮吃水在8～14 m之间。

图7.28　星梦邮轮"云顶梦"号主尺度与排水量

7.3.2　稳性

船舶的稳性好坏，一个重要的参考指标是初横稳性高度的大小，而在通常情况下船舶重心越高其初横稳性高度越小、稳性越糟。豪华邮轮由于拥有较高的上层建筑，重心较高。控制船舶稳性，关系到船舶的安全和舒适性，是豪华邮轮设计中的重要问题。为提高船舶稳性，豪华邮轮主要采用以下办法。

（1）降低船舶主机和重型设备的安装位置

降低重心，可以有效地改善船舶稳性，因此在豪华邮轮设计时，将质量较大的船舶主机、船舶辅机、燃油舱等均设计在豪华邮轮的底部，并尽量降低以上舱室和设备的安装位置，通过这种方式可以有效地降低船舶的重心，提高船舶稳性。

如图7.29所示，该双层底分段为某豪华邮轮机舱位置双层底分段，可以明显看到，在设计和建造中特意降低了主机安放位置，其主要目的即通过降低主机位置，降低整条船舶的重心。

图 7.29　豪华邮轮双层底

（2）设置压载水舱

为了进一步降低豪华邮轮的重心，加强邮轮的稳性，提高邮轮的安全性和舒适性，豪华邮轮通常也设置了大型的压载水舱（图 7.30）。

图 7.30　豪华邮轮的压载水舱

当天气情况变得恶劣时，通过增加压载水，可以有效减低船舶重心、提高船舶稳性，使船舶的抗风浪能力加强。

（3）安装减摇鳍、舭龙骨

为了提高豪华邮轮的稳性，增强邮轮的舒适性，同时在天气晴好的状况下不影响船舶的快速性，现代豪华邮轮都配备了可收缩式减摇鳍（图 7.31、图 7.32）。它是装在舭部可操纵的机翼，有的装一对，也有的装两对，它可绕轴转动。船舶在摇摆过程中，通过控制机构自动调整减摇鳍机翼相对于水流的角度，使左右两个减摇鳍产生最大的与摇摆方向相反的力矩，达到减摇的作用。

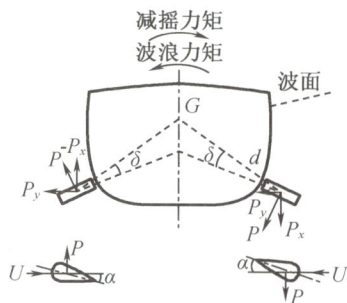

(a)减摇鳍　　　　(b)工作原理

图 7.31　豪华邮轮上的减摇鳍及工作原理图

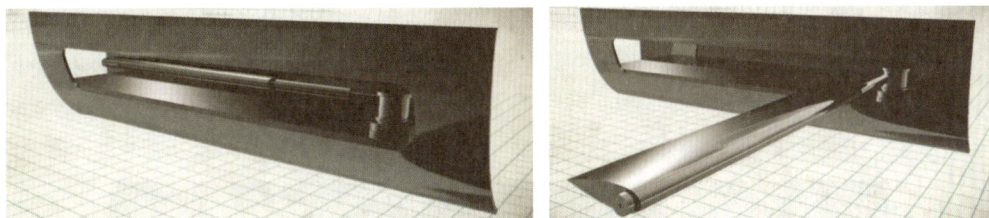

图7.32　豪华邮轮上的减摇鳍收放模拟图

7.4　豪华邮轮的抗沉性

　　船舶在航行时,有时发生碰撞、触礁(图7.33)、搁浅或在大风浪作用下某些结构遭到破坏(图7.34),使海水淹进船内,严重时往往要造成船舶的沉没倾覆,这样的例子是不少见的。

图7.33　"歌诗达协和"号因触礁沉没(2012.1.13)

图7.34　"爱沙尼亚"号因大风浪导致船首脱落而沉没(1994.9.27)

　　当船舶舱室破损进水,可以把进入舱中的水看作是增加到船上的质量,船的质量增加则船舶下沉,吃水增加;当船舶通过增加吃水所获得的浮力等于淹进船体水的重力时,船不再下沉,浮力达到平衡;但此时船舶不但吃水增加了,还可能因破损的位置和破舱情况而发生倾斜,船舶稳性也将发生变化(一般是变坏,特别是形成自由液面时,如图7.35所示)。

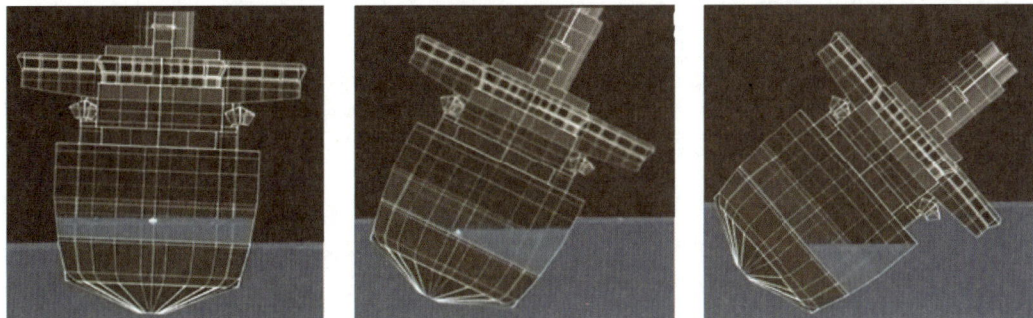

图7.35　船舶破损进水并形成自由液面

船舶破损进水量的多少,与破损舱的数目以及破损舱的长度有关。显然,破损舱的数目越多、舱越长,进水量越大。因此,在船舶设计阶段就要仔细地考虑船舶舱室的分隔,合理分舱是保障船舶抗沉性的主要措施之一。一定要保证船舶的各个水密舱必须是水密的,以确保在"泰坦尼克"号船上水密舱不水密的惨剧(图7.36)不再发生。

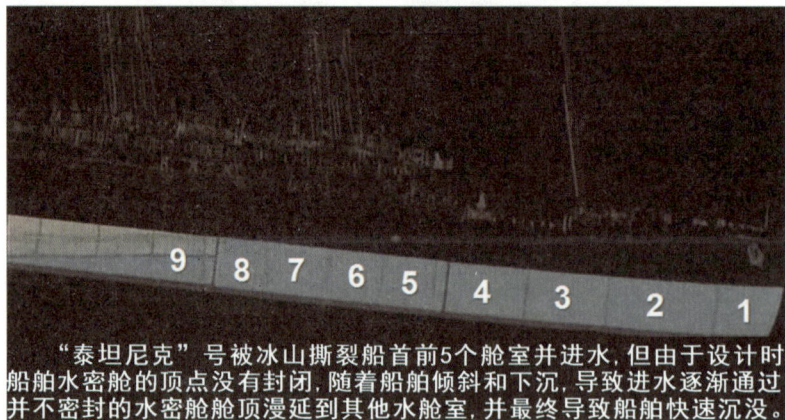

"泰坦尼克"号被冰山撕裂船首前5个舱室并进水,但由于设计时船舶水密舱的顶点没有封闭,随着船舶倾斜和下沉,导致进水逐渐通过并不密封的水密舱舱顶漫延到其他水舱室,并最终导致船舶快速沉没。

图7.36 "泰坦尼克"号水密舱设计的失误

豪华邮轮的舱室划分(图7.37)不仅涉及船舶的抗沉性,也会影响邮轮的工作舱室的位置、船员舱室的大小、船舶电气和管路系统的安排等系列问题,是一项复杂的系统工程。

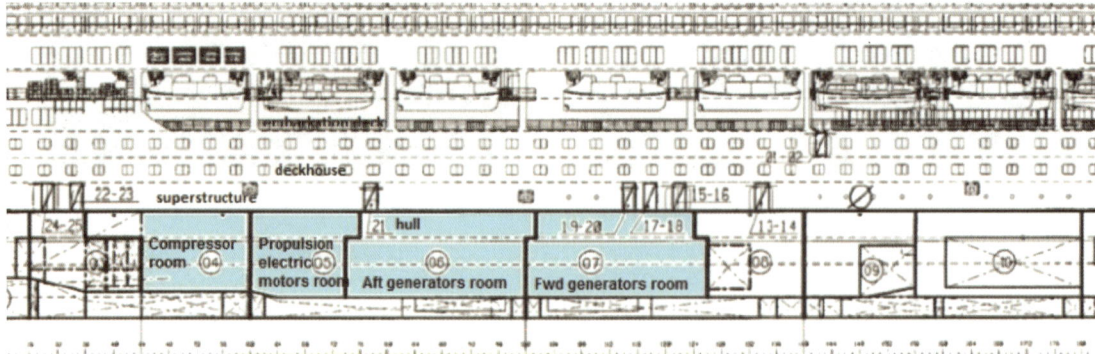

图7.37 "歌诗达协和"号水密舱室划分示意图(触礁事故中 04、05、06、07 水密舱室进水)

由于豪华邮轮的复杂性和特殊性,邮轮上设置有遍布全船的人员通道和管系,这些通道和管系经常贯穿多个水密舱,为了保障水密舱的水密性,人员通道上必须设置大型自动防火水密门(图7.38),而管路在穿过水密舱壁的时候,必须保证其穿孔的水密性(图7.39)。

图 7.38　豪华邮轮上的自动防火水密门

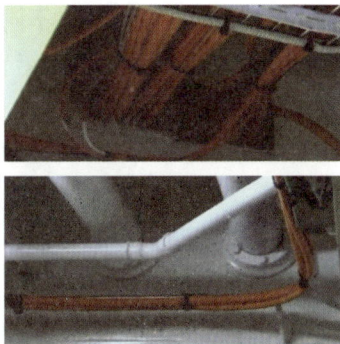

图 7.39　管系穿过水密舱壁时的水密措施

7.5　豪华邮轮的快速性

快速性是豪华邮轮的重要性能之一,其优劣直接影响其使用的经济性。显然,豪华邮轮的快速性应以阻力小、推进效率高、航速高为佳。

7.5.1　减小船舶阻力

第四章中已经介绍了船舶阻力的组成,豪华邮轮受到的阻力同样以船体阻力为主,而由于豪华邮轮的船速较普通货船高,要降低豪华邮轮的船体阻力,必须同时降低船舶的摩擦阻力和兴波阻力。

1. 设置微气泡格栅,降低摩擦阻力

微气泡减阻技术,即向船舶底部注入微气泡,利用水和气体的密度、黏度的差别,改变边界层的流动形式,从而明显地降低船舶的摩擦阻力,特别是对于大型船舶而言,其船体表面的摩擦阻力大概占据了总阻力的60%以上,因此,降低其摩擦阻力是非常重要的。现代新型豪华邮轮,已经普遍在船首安装了微气泡格栅(图 7.40),并通过微气泡大幅降低了船舶摩擦阻力。

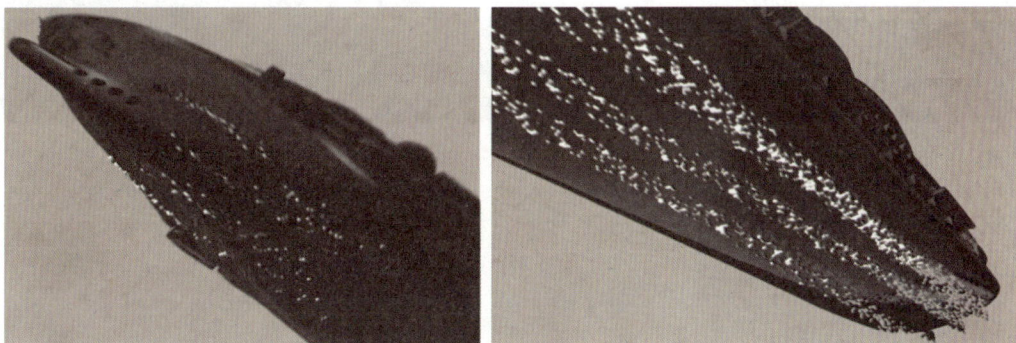

图 7.40　豪华邮轮的微气泡减阻技术

2. 设置球鼻艏,降低兴波阻力

船舶航行时,水面会不断地兴起波浪。波浪的产生原因可以这样来设想:水流流经弯曲船体时,沿船体表面的压力分布不同,高压区水面升高,低压区水面降低,这样,在重力和惯性的作用下形成波浪。船驶过之后,部分水就留在船后,并不断向外传播。船速越高,波浪就越大。兴波的波能是由船舶提供的,因而就相当于船遭到了阻力,这就是兴波阻力。

在豪华邮轮上设置球鼻艏,就是制造有利干扰,降低艏部兴波高度,使兴波阻力减小,如图7.41所示。其原因是安装球鼻后,航行时球鼻也兴波,如设计合理,即球鼻的大小及位置选择得当,则球鼻兴起的波的波谷和船首波的波峰处于同一位置,两者合成的结果使船首波的波峰高度降低,从而使船的兴波阻力降低。

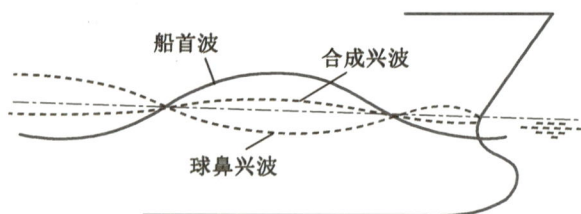

图7.41　球鼻艏横波的干扰

对于丰满肥大的船型,船首还会发生被船掀起后很快就破碎的波浪,称为破波,破波与船兴起的船行波不同,它波长极短,相对波高很大,在船首破碎后就消失在船首两侧,形成白色的泡沫带(图7.42),所消耗的能量由船供给,即称为破波阻力。在设计船舶时,要使船长与航速密切配合,使其能落在波阻谷点处,以减小兴波阻力。破波阻力随弗劳德数变化而变化,对瘦削型船可予忽略。

图7.42　高速航行的豪华邮轮在船首形成的白色泡沫带

3．其他减小阻力措施

(1)选取适宜的主尺度与船型参数。

(2)在相同载重情况下,注意控制与减少船的排水量,包括选取适宜的浮态。

(3)设计低阻力的船体型线,包括加装有可能减小兴波阻力的附加体。

(4)研制新的船体表面涂料,以减小摩擦阻力。

同时要注意,船的水下部分还有各种附体,如舵、舭龙骨、艉轴架等,它们在航行时也会受到很大阻力,船的水上部分还会受到空气的阻力,船舶在海洋里航行时,还会受到波涛的影响而增加船的阻力,这些阻力由于情况比较复杂,所以一般用增加 15% ~ 20% 的机器功率储备来平衡这些阻力。

7.5.2　提高推进效率

要使船克服水的阻力前进,除由装在船上的主机提供动力外,还要有产生推力的推进工具,即推进器,产生推力推船前进。船舶主机产生的动力,经过主轴传递,到达艉部,会有能量的传递损失,所以有一个传递的效率问题,推进器本身也有一个效率问题。把这些损失综合起来,就有一个总效率问题,也就是说,机器功率要比推船前进的有效功率大得多。

船舶推进器是将主机发出的功率转化为推进船前进的推力的设备,为改善船舶的快速性,必须配以性能良好、效率较高的推进器,这样才能收到较好的效果。

第四章中已经对船舶推进器进行了详细的介绍,除了选用高效率的推进器外,提高推进效率的常用措施还有:

(1)设计适宜的推进器,取得船、机、桨等的最佳匹配;

(2)研究提高螺旋桨效率的途径,如采用低转速、大直径的螺旋桨等;

(3)改进艉部型线,包括双尾船型、双尾鳍、涡尾等,以提高整个推进效率;

(4)加装提高推进效率的装置,如前置导管、进流补偿导管、舵附推力鳍、导流鳍等;

(5)研制新高效绿色环保的新型主机(图 7.43)。

图 7.43　全球首艘纯 LNG 豪华邮轮"AIDAnova"号的主机及 LNG 罐

7.6　豪华邮轮的操纵性和耐波性

7.6.1　操纵性

船舶在航行过程中为了保持或改变航行方向,就要对船进行操纵。操纵是按驾驶者的意图通过专门的操纵装置(传统船舶通常为舵)来达到的,这就是船舶的操纵性问题。

第四章中介绍了航向稳定性是指船航行时,如果受外力干扰而偏离原来航向(图 7.44),当外力消除后保持原有航向的性能。众所周知,航向偏离后,如果不予操舵就想要它再回到原来的航向上来是不可能的,所以要使船保持既定的航向,驾驶者就要不断地操舵。一般说来,如果平均操舵频率不大于每分钟 6 次,平均转舵角不超过 5°,那么可以认为这艘船的航向稳定性是符合要求的。航向稳定性好的船舶可很少操舵而保持直线航向,不致使航线弯弯曲曲,从而节约燃料。

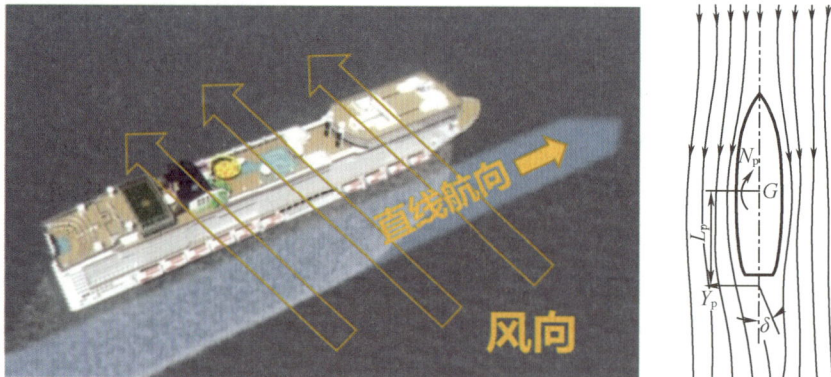

图7.44 邮轮受外力影响偏离航向和舵的作用示意图

豪华邮轮在航行过程中,要经常停靠岛屿,很多岛屿的停靠泊位位置狭小(图7.45),也没有较好的大型拖船等港口配套设施,这些情况,需要豪华邮轮自身拥有极好的可操纵性能,能在极为狭窄的航道和港口中进行定点回旋、靠边停泊等精密航行操作。

图7.45 豪华邮轮"海洋绿洲"号准备在狭小的港口停泊

回转性和转艏性好的船舶能在狭窄河道航行时减少与来往船舶的碰撞机会,增加安全性,对于豪华邮轮来说,更为重要。为了提高操纵性,豪华邮轮采用了多项新技术,包括:

(1)全回旋电力吊舱推进器(图7.46);

(2)艏部侧向推进器(图7.47);

(3)艉部侧向推进器(图7.48)。

以上新型推进器和侧向推进器,大幅加强了豪华邮轮的操纵性能,结合豪华邮轮吃水较浅的特点,使豪华邮轮能够停泊在全世界绝大部分的沿海旅游热点区域的港口。

图 7.46　全回旋电力吊舱推进器

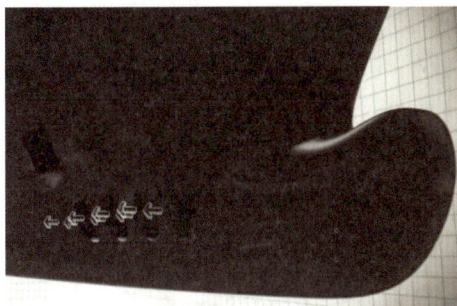

图 7.47　豪华邮轮艏部侧向推进器

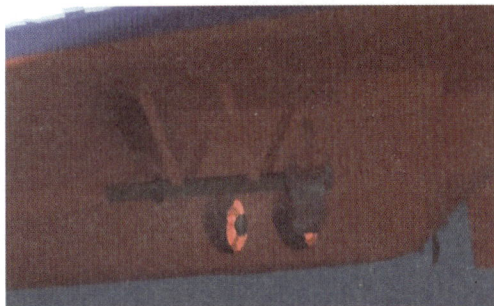

图 7.48　豪华邮轮艉部侧向推进器

7.6.2　耐波性

第四章中介绍了由于船舶剧烈摇摆能引起各种后果。远洋航行的豪华邮轮由于上层建筑高、受风面积大的原因,在风浪中航行时受风浪的影响尤为明显,会使邮轮发生大幅摇荡、航速降低、甲板上浪(图 7.49)、船底发生砰击、部分螺旋桨露出水面(飞车)等现象,这些都会影响邮轮的航行性能,更是会严重影响乘客的舒适性。

图 7.49　豪华邮轮"北冕"号的甲板上浪现象

为改善船舶的耐波性,邮轮上通常会采用以下措施加强船舶耐波性:

(1)安装舭龙骨、减摇鳍、减摇重块;

(2)设置减摇水舱;

（3）安装减摇陀螺；

（4）使用基于陀螺仪的航行姿态控制系统。

7.7 其他性能

除了上述的航海性能以外，船舶尚要满足一些其他性能，例如豪华邮轮由于携带乘客的特殊性还要求邮轮拥有较好的舒适性、美观性、娱乐性等，本书会在后面的章节中提及。下面仅对船舶振动、船舶噪声、室内气候做介绍，它们对船的舒适与经济性也有重要影响。

7.7.1 船舶振动

1. 船舶振动概述

根据物理学知识，任何固体包括人体，都有固有振动频率，船舶也不例外。船体产生振动及其剧烈程度，取决于船上主机、螺旋桨或波浪作用于船的周期性干扰力，以及这些力的频率与船体结构的固有频率之间的关系。若两者频率相同或相近，将发生十分剧烈的共振。根据船舶的使用经验，过度的振动会带来下列严重的后果：

（1）使船员与游客感到不适，容易疲劳和损害健康；

（2）使机电和仪表设备、武器装备工作失常，甚至失灵、损坏；

（3）使船体结构出现裂缝和疲劳损坏，危及船的安全；

（4）引起噪声，影响人员的工作和健康。

这里要特别指出的是，人是一个弹性系统，有其自己的振动特性。经过大量测量表明，在正常重力下，人体对 4～8 Hz 频率的振动能量传递最大，生理影响也最大，称为人体的第一共振峰；在 10～12 Hz 的振动上出现第二共振峰；20～25 Hz 的振动引起第三共振峰。随着频率的增高，振动在人体的传递逐步降低，其生理效应相应减弱。身体各部位的器官也有它们自己的共振频率：如眼为 15～20 Hz；头部为 20～30 Hz；胸腹内脏器官为 45 Hz；心脏为 5 Hz；手为 30～40 Hz；神经系统为 250 Hz。如果在这些频率上振动，各器官产生的生理反应最大。一般当振动强度达到不舒适程度时，人体将出现一般性不舒适（头痛、头晕、疲劳、瞌睡、噩梦、耳鸣、流鼻血、鼻背发痒、胸腹痛等症状）、注意力分散、视觉效率降低等生理现象。因此，船体振动是豪华邮轮设计时应充分注意的重要问题。

2. 防振与减振

随着人们对航行舒适性和对船舶动力装置、仪器设备及船体结构耐久性等要求的日益提高，船舶振动问题已受到愈来愈多的重视。为了避免振动的危害，我国船舶标准化委员会制定了《海船船体振动衡准》作为船上振动的允许标准。解决船舶振动问题，不外乎以下三个途径：①避免共振；②减小干扰力；③减小干扰力的传递。

在设计阶段便应运用船体结构、船体振动等方面的知识，对于干扰力、结构响应及振动衡准三者进行充分分析，妥善协调处理好船舶性能、船体结构、螺旋桨和主机等要素之间的关系，以使船体振动控制在允许的范围以内。否则，等到船舶建好投入营运后发现振动严重才采取措施，势必耗费较多的人力、物力，极不经济。

从防止船舶振动来说，避免发生共振是最重要的。常用的方法是加强船体结构刚度，改变船体振动的固有频率或设法改变干扰力的频率。在设计新船初期,在选取船舶主机机型、推进器的形式,或在采用常规螺旋桨确定其桨叶数、直径和转速等要素时就要加以考虑,以免引起船体共振。为此,常需对船体的固有振动频率加以估算,并根据估算结果采取适当的技术措施。

对已建造好的船舶,减振措施有对振动源(内燃机、电动机等)加装隔振器,在螺旋桨上方的船体上开吸振穴,改变螺旋桨的参数(桨叶数、直径、转速等)和改装艉部结构等。鉴于作用于船体结构的激振力可用振动加速度表示,表7.2列出船舶各部位垂直和水平的振动加速度对人体的影响,可供参考。表7.2中数据为实船的统计资料。随着人员所处的场所和工作性质的不同,振动对人的影响也有较大的区别。表中 g 为重力加速度。

表 7.2 振动加速度对人体的影响

垂直振动/g		水平振动/g		振动的感觉
艏、艉	居住区	艏、艉	居住区	
0.010				感到非常微小的振动
0.01 ~ 0.025	0.010	0.010		感到微小的振动
0.025 ~ 0.050	0.010 ~ 0.025	0.010 ~ 0.025	0.010	有振感,但无不适的感觉
0.050 ~ 0.120	0.025 ~ 0.050	0.025 ~ 0.050	0.010 ~ 0.025	稍觉不适
0.120 ~ 0.250	0.050 ~ 0.125	0.050 ~ 0.125	0.025 ~ 0.050	稍有不适
0.250 ~ 0.500	0.125 ~ 0.250	0.125 ~ 0.250	0.050 ~ 0.125	极为不适
0.500 ~ 1.000	0.250 ~ 0.500	0.250 ~ 0.500	0.125 ~ 0.250	勉强忍受
1.000	0.500	0.500	0.250	无法忍受

根据我国《邮轮规范》规定,在邮轮设计阶段,应对船体振动与舱室噪声水平进行评估,并将计算报告提交 CCS,船体振动评估应按照 CCS《船上振动控制指南》第 11 ~ 13 章进行,并规定乘客处所允许的最大振动量级,如表7.3 所示。

表 7.3 乘客处所允许的最大振动量级   单位:mm/s

位置	振动量级		
	C_3	C_4	C_5
乘客舱室	3.0	2.0	1.5
乘客公共处所	3.0	2.0	1.5
露天甲板休闲处所	3.5	2.7	2.0

7.7.2 船舶噪声

船舶噪声是影响船员与游客舒适性的重要因素。船舶噪声的一个主要来源是螺旋桨,它可以直接产生噪声(空泡噪声和谐鸣声),也可以引起船体振动而导致结构噪声。此外,船舶主机、发电机等各种机械也是船上的主要噪声源,它们在工作时会引起机械噪声。噪声对人体各部分都会产生生理刺激,主要是刺激自律神经,从而造成烦恼、心情不安与神经质、心跳加快、头昏眼花、失眠、食欲不振、消化不良、疲劳且难以恢复。

噪声控制可以从控制振动和控制噪声两方面着手。例如,设法减小螺旋桨的激振力,通过一些结构、工艺和操作的措施来减小机械振动,从而减小噪声。还可以设置隔振器来阻止振动传播从而减小噪声。此外,还可以采取一些吸收声音或隔离声音的措施,例如在房间装饰中(里子板及天花板内)采用一些吸声材料,在机器周围设置全封闭的围壁以控制噪声的传播等。

根据声学知识,噪声通常以分贝(dB)来表示其强弱,可用声级计直接测量。而按频谱的高低,声级计又带有 A、B、C 三种加权滤波器,其中 A 加权滤波器在低频段的衰减规律是和耳朵的灵敏度相对应的。因此,最常用的是带 A 加权滤波器的测定声压的声级计,结果以 dB(A) 表示。

下面列出日常生活中的噪声 dB(A) 值的大致情况,以使人们对噪声级别有点感性认识。

(1)静夜、消声室内:10 ~ 20 dB(A);

(2)轻声耳语,很安静的房间:20 ~ 30 dB(A);

(3)普通室内声音:40 ~ 60 dB(A);

(4)普通谈话声,较安静的街道:60 ~ 70 dB(A);

(5)城市街道,收音机,公共汽车内:70 ~ 80 dB(A);

(6)柴油发动机:110 ~ 120 dB(A);

(7)喷气式飞机、风洞:130 ~ 140 dB(A);

(8)火箭、导弹:160 dB(A)以上。

表 7.4 列出强噪声的安全限度。

表 7.4 强噪声的安全限度

耳朵无防护		耳朵有防护	
噪声声压级/dB	最大允许暴露时间	噪声声压级/dB	最大允许暴露时间
108	60 min	112	8 h
120	5 min	120	1 h
130	30 s	132	5 min
135	<10 s	142	30 s
		147	10 s

根据我国《邮轮规范》规定,在邮轮设计阶段,应对船体振动与舱室噪声水平进行评估,并将计算报告提交 CCS,舱室噪声评估应按照 CCS《船舶及产品噪声检测与控制指南》第 2 篇第 3 章进行。邮轮上不同乘客处所允许的最大噪声量级见表 7.5,由于噪声测量结果与允许的最大噪声量级有较小的偏差,不超过 20% 的乘客舱室、30% 的公共处所的噪声量级可以比允许的最大噪声量级大 3 dB(A)。

表7.5　远洋船舶的噪声标准(供参考)

位置	噪声量级 dB(A)		
	C_3	C_4	C_5
乘客舱室	55	52	49
乘客公共处所	60	58	55
露天甲板休闲处所	70	68	65

注:①对运动处所可以接受 5 dB(A)的偏差;

②当在距离通风进出口 3 m 内测量时可以接受 5 dB(A)的偏差;

③露天甲板休闲处所噪声量级应为船舶所产生的噪声,不考虑风、波浪等其他噪声的影响。

7.7.3　室内气候

室内气候是由于室内的屋顶、地板、门窗和墙壁等围护结构以及人工空气调节设备(如空调等)的综合作用而形成的与室外气候不同的室内环境中的气候。邮轮室内气候系指用于室内环境描述的空气温度、相对湿度、空气流速、温度变化。邮轮室内气候主要依靠通风与空调系统控制和保障。

1. 室内温度

室内温度系指指定空间一定数量温度测量的平均值。对应于不同的舒适度附加标志,邮轮上不同位置的室内温度要求见表7.6。同时应符合下列要求:

(1)对应于不同的舒适度附加标志 C_3、C_4、C_5,各舱室/处所,冬季在最高供热温度限值基础上降低 3 ℃ 和夏季在最低供冷温度限值基础上升高 3 ℃ 的时间分别不能超过 2 h、1.5 h、1 h;

(2)对于舒适度附加标志 C_3、C_4,舱室/处所应配备单独的温度控制;

(3)对于舒适度附加标志 C_5,舱室/处所应配备单独的自动温度控制(自动调温器)。

表7.6　不同处所的室内温度要求　　　　　　　　　　　　单位:℃

位置	室外温度	室内温度		
		C_3	C_4	C_5
长期逗留区域(如乘客舱室等生活区域)、医务室	15 及以下	20	22	24
	40 及以上	26	25	24
短期逗留区域(如会议室、图书室、棋牌室、休息室、餐饮处所、赌场、购物区域、酒吧、歌舞厅、健身处所等公共处所)	15 及以下	19	21	23
	40 及以上	27	26	25

注:①当室外温度位于 15～40 ℃ 间,室内温度要求数值通过线性插值得到;②有特殊要求的区域,温度控制衡准可另作考虑。

2. 相对湿度

相对湿度系指空气中水蒸气实际数量与饱和水蒸气的百分比。对应于不同的舒适度附加标志 C_3、C_4、C_5,邮轮上不同处所相对湿度要求见表7.7。

表 7.7　不同位置的相对湿度要求　　　　　　　　　　　　　　单位:%

位置	相对湿度		
	C_3	C_4	C_5
乘客舱室、医务室、静态公共处所(如会议室、图书室、棋牌室、起居室)、动态公共处所(如休息室、餐饮处所、赌场、购物区域、酒吧、歌舞厅、健身处所)	<65	20~60	30~60

3. 空气流速

空气流速系指测得的运动空气平均速度。对应于不同的舒适度附加标志 C_3、C_4、C_5,邮轮上不同处所空气流速要求见表 7.8。

表 7.8　不同处所的最大空气流速要求　　　　　　　　　　　单位:$m \cdot s^{-1}$

位置	最大空气流速		
	C_3	C_4	C_5
乘客舱室	0.35	0.30	0.25
医务室	0.25	0.2	0.15
静态公共处所(如会议室、图书室、棋牌室、起居室)	0.3	0.25	0.2
动态公共处所(如休息室、餐饮处所、赌场、购物区域、酒吧、歌舞厅、健身处所)	0.35	0.3	0.25

注:①表中最大空气流速要求对应室外温度 40 ℃及以上的情况,当室外温度为 15℃及以下时,最大空气流速在表中数值的基础上分别相应减掉 0.05 m/s;②当室外温度位于 15~40 ℃间,最大空气流速要求数值通过线性插值得到。

4. 新风量

新风量系指指定空间的每小时从外部供给的新鲜空气的人均数量。对应于不同的舒适度附加标志 C_3、C_4、C_5,邮轮上不同处所的每人所需最小新风量要求见表 7.9 所示。

表 7.9　不同位置每人最小新风量要求　　　　　　　　　　单位:$m^3 \cdot h^{-1}$

位置	最小新风量		
	C_3	C_4	C_5
乘客舱室	30	30	35

高密人群处所设计最小新风量按照不同人员密度下的每人所需最小新风量确定,要求见表 7.10,表中 PF 是人员密度(人/m^2),指每平方米处所面积上的人数。

表7.10　不同人员密度下的每人最小新风量要求表　　　　单位：$m^3 \cdot h^{-1}$

位置	最小新风量								
	C_3			C_4			C_5		
	$PF \leqslant 0.4$	$0.4 < PF \leqslant 1.0$	$PF > 1.0$	$PF \leqslant 0.4$	$0.4 < PF \leqslant 1.0$	$PF > 1.0$	$PF \leqslant 0.4$	$0.4 < PF \leqslant 1.0$	$PF > 1.0$
静态公共处所（如会议室、图书室、棋牌室、起居室）	13	10	9	17	11	10	26	18	16
动态公共处所（如休息室、餐饮处所、赌场、购物区域、酒吧、歌舞厅、健身处所）	17	15	14	25	18	15	40	37	36

第8章　豪华邮轮的设备

8.1　锚泊设备

8.1.1　锚泊设备概述

锚泊又称抛锚系留,是船舶的一种停泊方式。

根据船舶使用要求,锚设备主要有3种:临时锚泊设备、定位锚泊设备及深海锚泊设备。

①临时锚泊设备通常称为航行锚泊设备,供船舶在锚地、港内或遮蔽水域内等待泊位或潮水时临时停泊之用,并非设计成供船舶在恶劣天气中处于完全开敞的远离海岸的水域中、或在行进或漂移中系住船舶之用。因为在后者情况下,锚泊设备所承受的巨大负荷会使设备的某些部件造成损坏甚至失落。临时锚泊设备通常按船级社规范配置。

②定位锚泊设备是在作业时需要控制船位,或在有限范围内改变船位的船舶所配置的锚泊设备。通常以船舶本身为中心,向四周抛出若干个锚及锚索系住船舶,因此又称为多点锚泊设备系统或辐射状锚泊系统。这种锚泊设备通常用于起重船、打捞船潜水作业船、各种非自航挖泥船、钻探船等需要定位作业的船舶。如果定位锚泊设备中有两套满足临时锚泊设备的要求,则此定位锚泊设备可以代替规范要求的临时锚泊设备。

③深海锚泊设备根据作业水域的水深及作业要求的环境条件配置。深水锚泊设备系指某些需要在深水进行系留作业的船舶,诸如海洋调查船、海洋测量船等,根据作业水域的水深和环境条件配备的专用的锚泊设备。

豪华邮轮上一般装备的是临时锚泊设备。

锚设备的组成如图8.1所示。锚设备由下列主要部分组成:锚、锚索、锚链筒、掣锚器、掣链器、导链滚轮、导索(链)器、起锚机械、锚链管、锚链舱和弃链器。

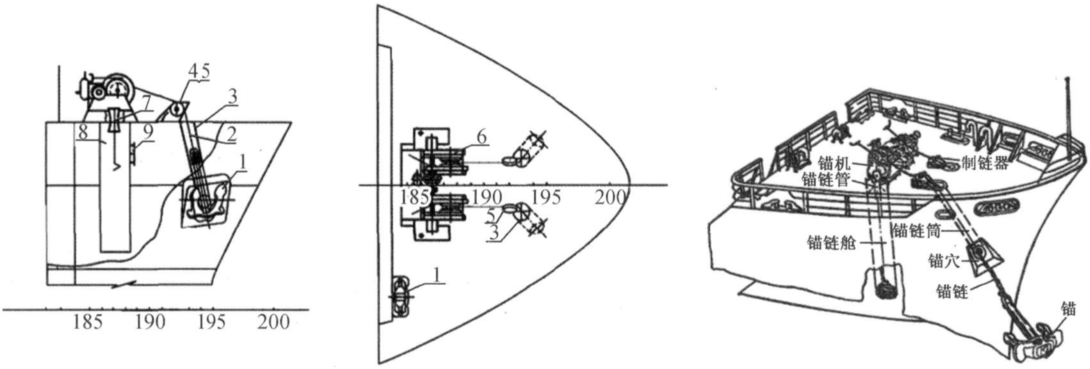

1—锚;2—锚链;3—锚链筒;4—导链滚轮;5—掣链器;6—锚机;7—锚链管;8—锚链舱;9—弃锚器。

图8.1　锚设备的组成

锚:啮入水底泥土产生抓力,平衡船舶所受的外力。

锚索(链):连接锚与船体的绳索(或链条),用于系锚并传递锚的抓力。

锚链筒:从舷外引导锚链至甲板,收锚后贮存锚杆及部分锚链。

掣锚器:当起锚后掣锚链条或链钩可借松紧螺旋扣使锚紧贴船体。

掣链器:止住锚链并将力传递给船体,使锚机不处于受力状态。

导链滚轮、导索(链)器:导引锚链,减少锚链与锚链筒之间的摩擦,防止锚链翻滚。

起锚机械:抛锚与收锚用的动力机械。

锚链管:引导锚链进出锚链舱。

锚链舱:贮存锚链。

弃锚器:平时固结锚链的末端链环,紧急时打开以抛出锚和锚链。

和一般船舶将锚泊设备安装在船首主甲板上(图8.2)不同,豪华邮轮的船首主甲板往往用作停机坪(图8.3)、游泳池娱乐(图8.4)等其他用途,豪华邮轮将锚泊设备安装在其露天主甲板之下,设有专门的锚泊、系泊舱室(图8.5)。

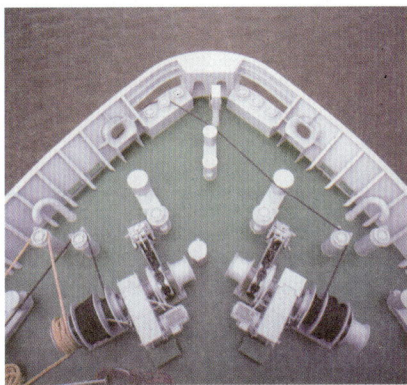

图8.2 某货船船艏甲板的锚泊和系泊设备

图8.3 豪华邮轮"海洋绿洲"号船首甲板设置停机坪

(a)"歌诗达威尼斯"号

(b)"迪士尼魔术"号

图8.4 豪华邮轮"歌诗达威尼斯"号和"迪士尼魔术"号船首甲板安装的游泳池

锚泊和系泊舱
观察孔
作业平台
导缆孔
船锚

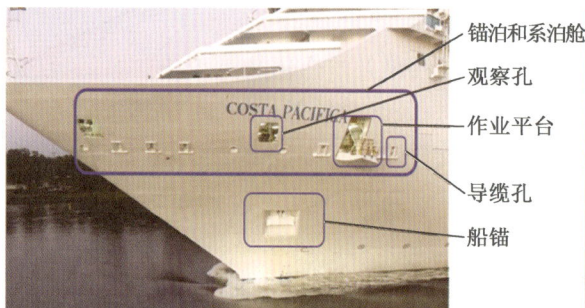

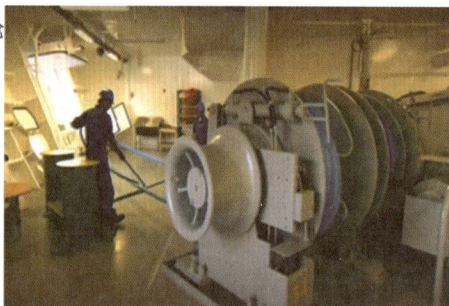

图 8.5　豪华邮轮露天甲板之下的锚泊和系泊舱

8.1.2　锚

船用锚的型式繁多,通常按其结构特征可分为转爪锚、固定爪锚和特种爪锚。转爪锚及固定爪锚又可分为无杆锚和有杆锚,特种锚的结构形式也各不相同。

本书主要介绍邮轮常用的无杆转爪锚。无杆转爪锚的形式较多,主要由锚头(锚爪)、锚柄、锚卸扣以及连接锚头和锚柄的小轴和横销等零件组成。目前常用的三种无杆转爪锚形式如下:

1. 霍尔锚

霍尔锚通常用作艏锚,这种锚对于各种泥、砂底质均有较好的适应能力,且收藏方便。

常用的霍尔锚如图 8.6 所示,锚柄截面为矩形或圆形,折角(锚爪与锚柄之间的最大夹角)为 42°。此外,另有一种短杆霍尔锚,其锚柄长度较短,折角为 38°。我国造船行业已制定了霍尔锚标准。

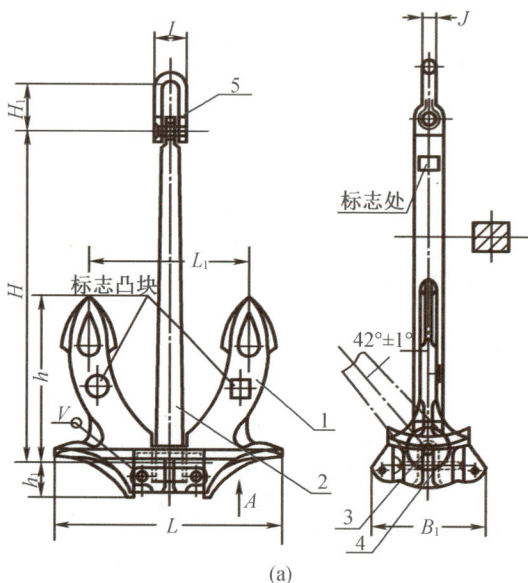

(a)　　　　　　　　(b)

1—锚爪;2—锚柄;3—小轴;4—横销;5—a 型锚卸扣。

图 8.6　霍尔锚三视图(a)及"迪士尼魔力"号邮轮船艏的霍尔锚(b)

2. 斯贝克锚

斯贝克锚通常用作艏锚,如图8.7所示,折角为40°。它的基本性能同霍尔锚相似,但斯贝克锚的最大特点是锚头重心略低于转轴(小轴),因此,锚吊起时,锚爪竖直与锚柄在同一平面上,特别适用于艏部线型较肥大的船舶,尤其适用于带球鼻艏的船舶。

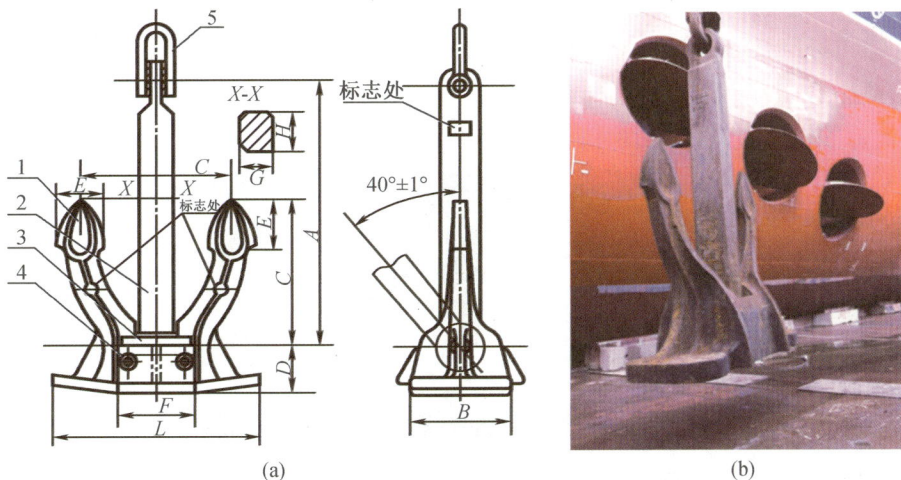

1—锚爪;2—锚柄;3—小轴;4—横销;5—a 型锚卸扣。

图8.7　斯贝克锚三视图(a)及"玛丽王后2"号邮轮船首的斯贝克锚(b)

我国造船行业已制订斯贝克锚标准。斯贝克锚的锚头(锚爪)及锚柄为铸钢件,锚卸扣、小轴及横销为锻钢件。

3. AC - 14 锚

AC - 14 锚是大抓力锚(图8.8),折角为35°,通常用作艏锚。它的性能十分优良,抓力大,能适应各种泥、砂底质,稳定性好,收藏方便。在国内外各种大型运输船舶和舰船上得到广泛使用。AC - 14 锚的锚头和锚柄为铸钢件,锚卸扣为铸钢件,小轴、横销和封头为锻钢件。

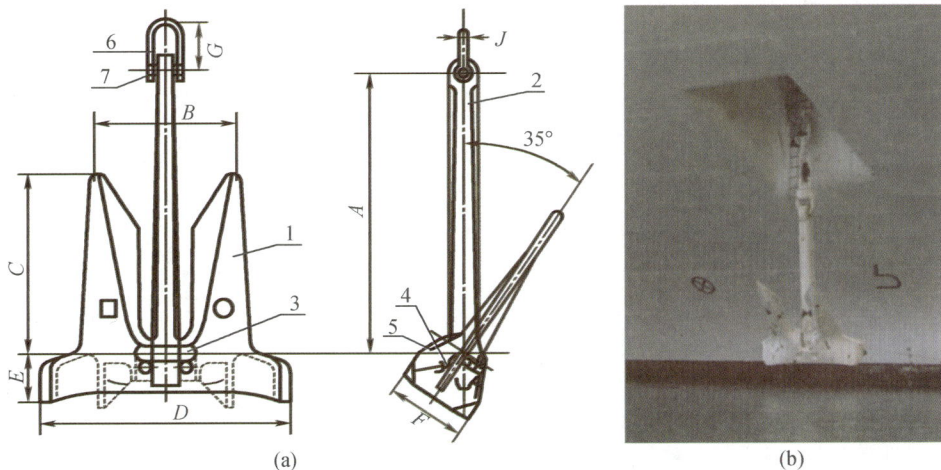

1—锚头;2—锚柄;3—小轴;4—横销;5—封头;6—锚卸扣本体;7—锚卸扣横销。

图8.8　AC - 14 锚三视图(a)及 P&O"Oceana"号邮轮船艏的 AC - 14 锚(b)

　　"大抓力锚"是一个具有特定含义的概念,根据中国科学院大气物理研究所云降水物理与强风暴重点实验室(LACS)所提出的并为各国船级社所接受的要求,凡新设计的锚申请认可作为大抓力锚,应在海上进行试验,以证实该锚的抓力是其质量相同的无杆锚抓力的两倍以上。试验应在软泥或淤泥、砂子或砾石、坚实的黏土或类似坚实的底质中进行。

　　目前国际上获得认可的大抓力锚主要有:AC - 14 锚、波尔锚、斯蒂汶锚、丹福斯锚、穆尔法斯特锚、轻量型锚、布鲁斯锚及德尔泰锚等。豪华邮轮上也采用大抓力锚,例如 AC - 14 锚、波尔锚(图 8.8)等。

图 8.8　"地中海传奇"号邮轮船艏的波尔锚

　　船用锚由于形式不同因此他们的抓持特性也不尽相同,表 8.1 列出了各类锚的抓持特性可供选择时参考。

表 8.1　各类锚的抓持特性

序号	锚型	抓重比		适用底质
		砂、黏土	淤泥	
1	海军锚	6~8	6~8	各种底质
2	标准无杆锚	3~4	3~4	各种底质
3	轻量型锚	10~12	10~12	折角30°用于砂及黏土,折角50°用于淤泥
4	波尔锚	6	6	各种底质
5	丹福斯锚	10~12	5	砂及黏土
6	AC~14 锚	8~10	8~10	各种底质
7	斯蒂汶锚	28(砂) 17~32(硬泥)	18	各种底质
8	史蒂夫莫特锚	/	35	淤泥
9	斯达托锚	13	13	折角34°适用于砂及黏土、折角50°适用于淤泥
10	穆尔法斯特锚	13	13	淤泥
11	德尔泰锚	25	15	各种底质
12	布鲁斯锚	40	40	各种底质

8.1.3 锚链

一根完整的锚链(见图8.9)由若干节锚链通过连接链环连接而成,每节锚链又由许多链环组成。其中一端是同锚连接的锚端链节,另一端是固定在锚链舱内的末端链节,两者之间则是若干中间链节。链节与链节之间用肯特卸扣或连接卸扣连接。采用肯特卸扣连接的锚链在通过锚链筒、掣链器及链轮时阻力较小,而用连接卸扣连接的锚链则相应阻力较大,但后者比前者在使用上更加可靠。

由于现代船舶按船级社规范配置的锚链长度均为27.5 m的整数倍,因此,在锚链配套时,中间链节长度(包括肯特卸扣或连接卸扣在内)通常为27.5 m,锚端链节和末端链节的长度最好也是27.5 m。

图8.9 AC–14锚及其锚链

组成锚链的链环有:末端卸扣、末端链环(为无挡链环)、转环、加大链环、普通链环和连接链环等(图8.10)。

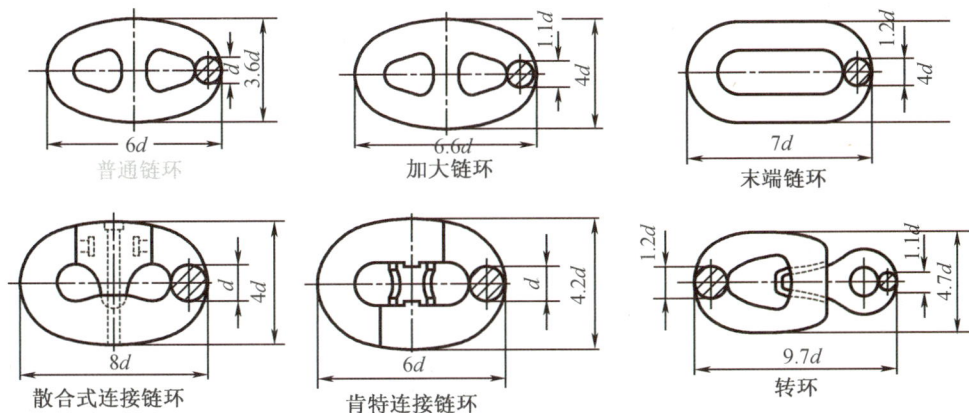

图8.10 各类锚链链环

每根船用锚链由锚端链节、中间链节和末端链节组成。

(1)锚端链节(图8.11)是锚链的第一节,与锚卸扣相连。即从锚卸扣开始,依次为末端卸扣→末端链环→加大链环→转环→加大链环→普通链环。该链节中末端卸扣的圆弧部分及转环的环栓均应朝向中间链节,以减少摩擦和卡阻。设置转环的目的是防止锚链过分扭绞。

（2）中间链节(图 8.12)指由连接链环连接的中间各节锚链,为锚链的主体部分。中间链节链接链环两端的各链环均为普通链环。

（3）末端链节是锚链的最后一节,与弃链器相连。即从弃链器开始,依次为末端链环→加大链环→转环→加大链环→普通链环。其中转环的环栓也应朝向中间链节,其作用是防止锚链扭绞。

图 8.11　锚端链节

图 8.12　中间链节（肯特连接链环）

8.1.4　锚机

锚机是抛起锚的动力机械,两侧的滚筒可用作绞缆。锚机按动力分类有电动、电动液压和蒸汽锚机三种。锚机主要由基座、支架、锚链轮、刹车、变速箱、电控系统（手动起锚机除外）等组成,电动起锚机有电动机,液压起锚机有液压泵站。

（1）电动锚机。电动锚机由电机经过减速后驱动锚机链轮和卷筒转动。按船舶所用电制不同,电动锚机有直流电动和交流。直流电动锚机调速特性好,使用效率高,但初置费用高,电刷需定期保养。交流电动锚机调速性能差,通常只能有级变速,依靠变极或依靠电动机与锚机间的一套减速传动机构来获得若干速度档次,该机构结构比较复杂,质量和占用甲板的面积较大。

（2）电动液压锚机(图 8.13)。电动液压锚机由电动机带动液压泵,驱动油马达,然后经过减速（或不需减速）使锚机运转。电动液压锚机结构紧凑,体积小,操作平稳,变速性能好,可实现无级调速,但制造技术和维护保养要求较高。

（3）蒸汽锚机。其结构与电动锚机的结构大体相同。它使用蒸汽作为动力。蒸汽锚机动力大,结构简单。但使用前要微速暖缸,用毕要放掉缸中残余水汽,低温时,还要采取防冻措施。目前,大型油船基于防火防爆要求,部分仍采用蒸汽锚机。

图 8.13 "精致水印"号邮轮上的电动液压锚机

8.2 系 泊 设 备

船舶停泊除用抛锚停泊(图 8.14)方式外,凡停靠码头、船坞、系留浮筒均需用缆绳将船系住。凡保证船舶能安全可靠地进行系缆作业所有装置和机械,统称为系泊设备。

系泊有多种方式,最普通的方式是码头系泊,而其他类型的系泊包括连接到相邻船旁的旁靠系泊,连接到单浮筒或者结构架上的单点系泊以及连接到多个浮筒上的浮筒系泊。豪华邮轮在港口停泊时,一般采用码头系泊(图 8.15)。系泊相关设备包括系船缆、导缆带缆装置、系泊机械等。

图 8.14 豪华邮轮抛锚停泊

图 8.15 豪华邮轮码头系泊

8.2.1 系船缆(系船索)

系船缆用于船舶系固于码头、浮筒、他船或拖带的绳索,要求具有强度大、耐腐蚀、耐磨、密度小、弹性适中、质地柔软、使用方便等特点。其常见的有纤维缆和钢丝缆两种。

1. 纤维缆

纤维缆(图 8.16)一般分为植物纤维缆和化纤缆两种。

(1)植物纤维缆有白棕绳、棉麻绳及油麻绳三种。

(2)常用的化纤缆绳(合成纤维绳)主要有以下几种:

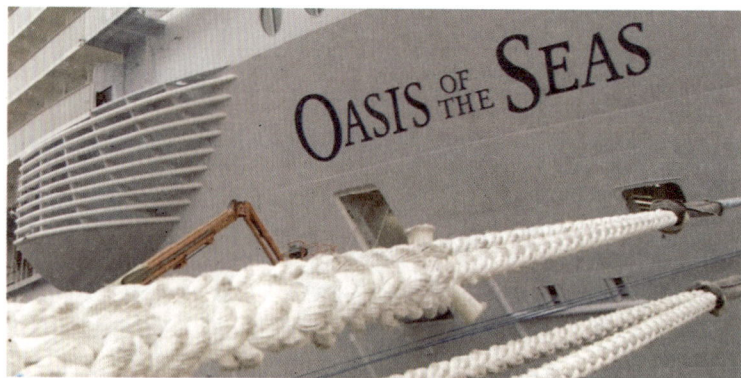

图 8.16　豪华邮轮系泊采用的纤维缆绳

①尼龙绳（锦纶绳），是化纤绳中强度最大的一种。特点是耐磨，对酸碱和油类等有一定的抵抗能力，但伸长率较大，弹性大，有一定吸水性，耐气候能力较差，曝晒过久强度会下降。

②涤纶绳，强度仅次于尼龙绳，最耐高温和耐气候，适应于高负荷连续摩擦，抗酸、碱和油类能力强，吸水率仅为 0.4%，价格最高。

③丙纶绳和乙纶绳。此两种绳特性相似，即密度较小，能浮于水面，吸水性不大，低温时仍具有足够强度，柔软便于操作。乙纶绳对化学物品抗蚀性最强；丙纶绳耐磨，其破断力为尼龙绳破断力的 51% ~66%，是目前船上配备较多的一种缆绳。两种缆绳都不耐热。改进后，丙纶绳的破断强度已至尼龙绳的 90%。

④维尼龙绳，强度在化纤绳中最小，外表很像棉纱绳，弹性差，吸水性最大，耐油类和盐类物质，耐气候，价格便宜。

2. 钢丝缆

钢丝缆（图 8.17）一般有硬、半硬和软钢丝缆三种，强度大、使用寿命长是其突出特点。

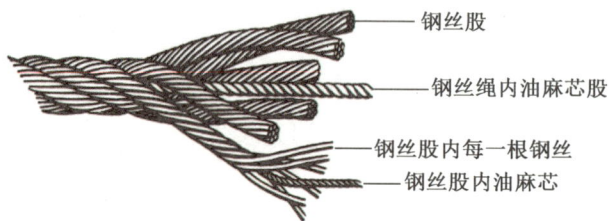

图 8.17　钢丝缆

①硬钢丝绳由 6 股钢丝股绕着一股钢丝股芯搓成。无油麻芯（纤维绳芯），是最硬的钢丝绳，操作不便，但强度最大。除用于大桅和烟囱等支索（静索）外，还可用作拖索和系船索。

②半硬钢丝绳由 6 股钢丝股绕着一股纤维绳芯搓成。中间有一股油麻芯（纤维绳芯）。强度较大，比硬钢丝软，操作较方便。一般用作拖缆、保险缆和系船缆，也可用作重型吊杆的吊货索。

③软钢丝绳与半硬钢丝绳基本相同，但在每股钢丝股内还有一股油麻芯（纤维绳芯），

共有7股油麻芯。最柔软,便于操作,强度最小,一般用于系船缆、吊货索、吊艇索及系固等。

钢丝缆中油麻芯(纤维绳芯)的作用:①起衬垫作用,减少内部摩擦;②增加柔软度,便于操作;③防止内部锈蚀;④起润滑作用;⑤其数量可用于判断钢丝绳的属性。

钢丝绳的软硬不仅与油麻芯有关,与钢丝的韧性及结构形式也有关,同结构类型同直径的钢丝绳丝数越多越软。

8.2.2 导缆带缆装置

1. 带缆桩

带缆桩是用以系缚和操作缆索的固定结构,有铸造也有用钢板围焊而成的。有单柱系缆桩、双柱系缆桩、单十字系缆桩、双十字系缆桩、斜式双柱系缆桩及羊角桩等(图8.18)。包括豪华邮轮在内的大中型船舶多采用双柱系缆桩(图8.19)。

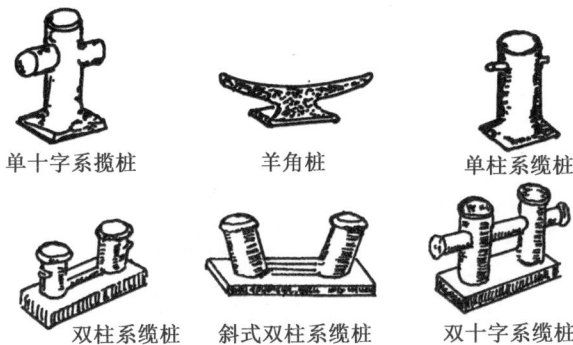

图 8.18 系缆桩

单十字系缆桩 　　羊角桩 　　单柱系缆桩

双柱系缆桩 　　斜式双柱系缆桩 　　双十字系缆桩

图 8.19 豪华邮轮"海恩典"号船首的双柱系缆桩

2. 导缆装置

导缆装置的作用是引导缆绳按一定方向从舷内通向舷外,改变缆绳走向并限制其位置,同时减少缆绳与舷边的磨损,避免因急剧弯折而增大所受应力。艏、艉、主甲板两舷、舷墙或栏杆所在均设有导缆装置。常见种类有以下几种。

①导缆孔(图8.20)。导缆孔通常由铸铁或铸钢制成,安装在舷墙上,引导缆索穿过船体,并可防止缆索损坏船体,有圆形和扁形两种。

②导缆钳。导缆钳是引导或限制系船缆索导出方向与位置的装置,有闭式、开式、无滚轮和带滚轮等种类。大中型船舶都采用带滚轮的导缆钳(可减轻对系缆的磨损)。主要设置在艏、艉及距艏艉两端四分之一船长处的甲板舷墙或栏杆处。

③导向滚轮。导向滚轮以直立式布置方式为主,设置在艏、艉及距艏艉两端四分之一船长处的导缆钳或导缆孔与系缆机械之间的甲板上,用以改变缆绳方向或避免缆与舷边直接磨擦。导向滚轮同时也是配合锚机或绞缆机绞缆的导缆装置。

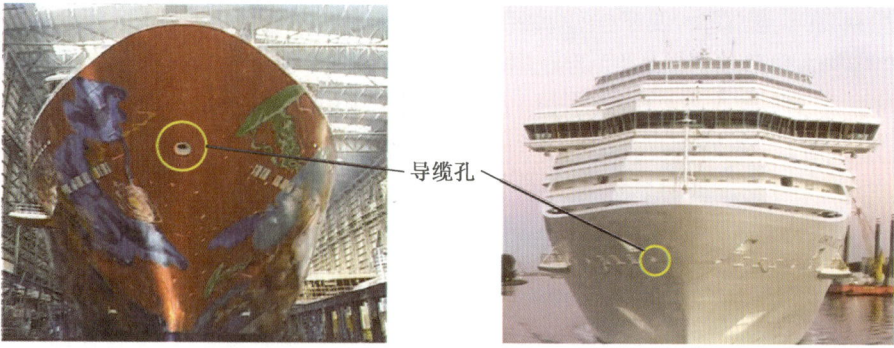

图 8.20　豪华邮轮上的导缆孔

④滚柱导缆器(图 8.21)。滚柱导缆器又称万向导缆器(孔),是由若干个圆柱形滚柱组成,或者是由几个带曲度表面的滚柱组成。滚柱导缆器安装在倾斜的舷墙旁时,必须注意避免缆索与舷边结构上缘产生摩擦。特点是在孔的左右及上下均装设滚轮或滚柱,工作条件大为改善。

图 8.21　豪华邮轮上的滚柱导缆器

8.2.3　系泊机械

1.绞缆机

绞缆机又称系缆绞车(图 8.22),用于靠离码头、与他船并靠及移泊时收绞缆绳,设置于艏、艉楼甲板。大中型船船绞缆机一般均与锚机组合(图 8.23),大型船舶还在船首及距艏艉两端四分之一船长处专设绞缆机,小型船舶也有在船尾甲板设系缆绞盘的。

2.系缆卷车

卷存缆绳的装置称为系缆卷车,简称缆车。用钢丝绳作系船缆或钢丝缆与化纤缆混用的船舶除所配备的绞缆机数量较多外,有的同时配备专用缆车,以卷存钢丝缆。

图8.22 豪华邮轮上的绞缆机

图8.23 锚泊与系泊联合绞车

8.3 救 生 设 备

救生设备是船上人员在水域救助落水人员,或在海滩事故中供乘员自救而设置在船上的专门设备及其附属装置的总称。船舶救生是国际上对保障船上人员生命安全的重要措施之一。船舶必须按救生设备规范的要求配置各种救生设备,目的是:为了保证船员和游客的安全,以便船舶一旦遇难弃船时,船上的所有乘员都能利用这些救生设备等待援救。

救生设备的种类:救生艇、救生筏、救助艇、救生浮具、救生圈、救生衣、抛绳器、无线电救生设备和救生烟火信号等。

8.3.1 救生艇

(1)救生艇按艇体材质可分为:木质救生艇、金属(钢或铝)救生艇和玻璃钢救生艇。

木质救生艇使用历史最长,修理方便,浮力较大,不易沉没,但保持水密性差,易着火和破损,耗用木材,制造工艺复杂,目前已不使用。

钢质救生艇耐火性能好,但易锈蚀。油船上曾使用过钢质开敞式救生艇,现今的规范规定油船必须采用全封闭耐火救生艇。目前钢质艇也很少采用。

玻璃钢救生艇质量轻,强度高,耐腐蚀,表面光滑,制造与维修工艺较简单,保养方便,经久耐用,被国内外广泛采用。

(2)救生艇按推进方式可分为:机动救生艇和非机动救生艇(一般也称划桨救生艇)。

机动救生艇以柴油机为动力,既可满载乘员较快地撤离险船,又可以拖带非机动艇和救生筏。非机动救生艇主要依靠划桨,或设有手摇、脚踏等人力推进装置,或利用风帆推进。《国际海上人命安全公约》对新造船舶已不提非机动救生艇,即全部救生艇均要求为机动救生艇。因此,目前非机动救生艇只能用于国内海船和内河船舶。

国际航行船舶及国内航行的客船和油船所配备的机动救生艇,当载足全部乘员和属具,并且由发动机驱动的辅助装置均在运转时,在静水中的航速应不小于 6 kn,当拖带 1 只载足全部乘员和属具的 25 人救生筏时,航速应不小于 2 kn。国内航行的除客船和油船以外的其他船舶配备的机动救生艇,在静水中的航速应不小于 4 kn。

(3)救生艇按结构形式可分为:开敞式救生艇(乘员定在 60 人以上者应为机动救生艇)、部分封闭救生艇及全封闭救生艇三类。

全封闭救生艇按设备和功能的不同又可分为普通型救生艇、耐火救生艇、具有空气维持系统的救生艇及自由降落救生艇等四种。理论上,所有救生艇的乘员定额均不得超过150人。但由于豪华邮轮载客数量巨大,为满足救生需求,经检验合格后,允许在豪华邮轮上装备乘员定额超过150人的救生艇(图8.24)。

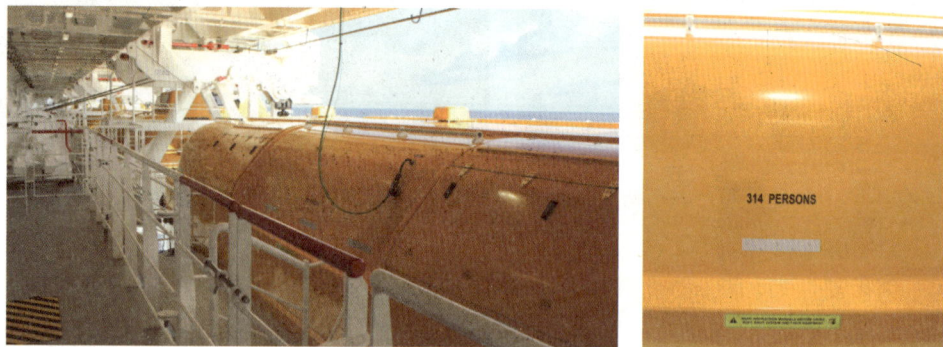

图8.24 豪华邮轮"歌诗达威尼斯"号上核载314人的救生艇

全封闭救生艇按乘员进入艇内的位置可分为:侧开门、艉开门及侧艉开门三种形式,自由降落式救生艇全是艉开门形式。侧开门形式的救生艇,门布置在艇的两侧或一侧(船舶右舷救生艇的门在艇的左侧,船舶左舷救生艇的门在艇的右侧)。艉开门形式的救生艇为方艉型,门布置在艇的艉部。侧艉开门形式的救生艇,一般是在艉开门艇的基础上,再增加一个侧开门。上述各种全封闭救生艇除自由降落式外,如果同时满足《国际救生设备规则》规定的救助艇的要求可以兼作救助艇,称为全封闭救生艇兼救助艇。同样部分封闭救生艇或开敞式救生艇满足规定的救助艇的要求,也可以兼作救助艇。当前,大型豪华邮轮上均配备了数量充足的全封闭、侧开门救助艇(见图8.25)。

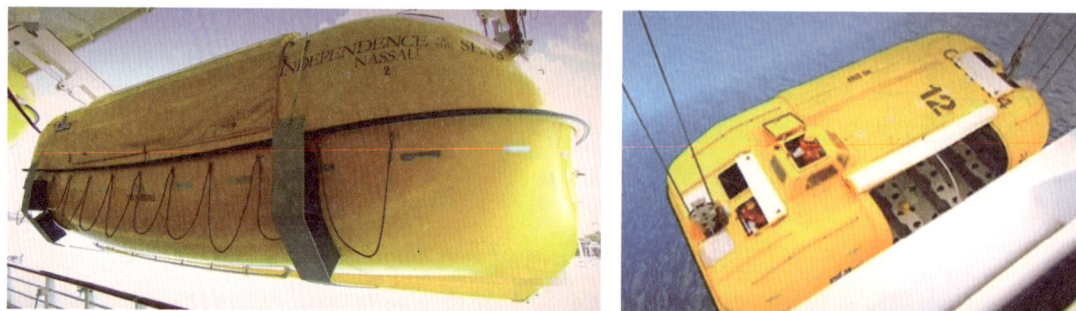

图8.25 豪华邮轮上的全封闭、侧开门救生艇(救助艇)

8.3.2 救生筏

救生筏指从弃船时起能维持遇险人员生命的漂浮筏具。

救生筏在遇难船舶救生方面起着重要作用,它的重要性仅次于救生艇。在某些突发情况下,如船舶突然沉没时救生筏能快速自动充气,自动浮起。此外还具有质量轻,储存体积小,维修保养简便,经济性好等优点。救生筏按结构形式分为气胀式救生筏与刚性救生筏。按下水方式分为抛投式与吊架降落式(即可吊式)。

　　抛投式气胀救生筏平时收放在玻璃钢筒形容器内,并安装在救生筏专用座架(通常为设在甲板舷边的倾斜滑架)上。使用时只要拉动抛投开启装置,救生筏即利用重力自由降落下水。入水后利用充气绳开启筏体内的二氧化碳气瓶,在60 s内即可使筏自动充气膨胀成型,然后人员沿船舷边的登乘(软梯)或其他设施(如撤离滑梯)登入救生筏内(图8.26)。

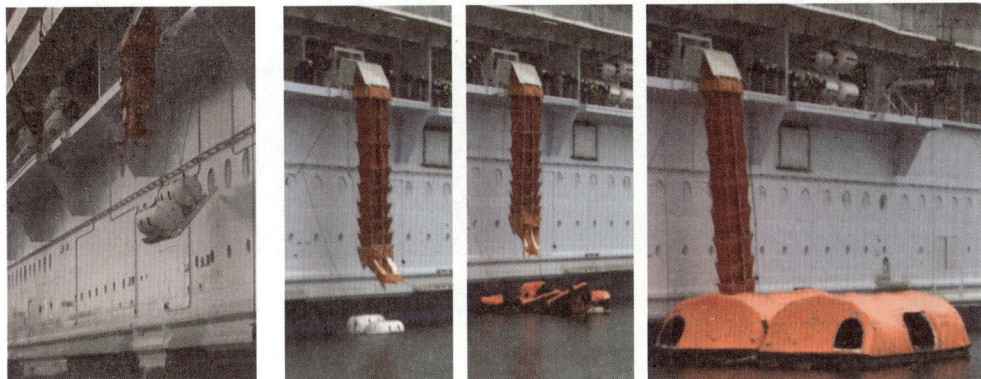

图8.26　豪华邮轮上救生筏和撤离滑梯的释放

　　人员全部登筏后,应立即取出安全小刀割断与即将沉没的船舶连接的绳索,取出划桨迅速划离遇难船舶,以免遇难船舶下沉时将筏拖入水中。万一船舶紧急沉没船员来不及抛投筏,则在船舶沉没入水离水面不超过4 m时,救生筏架上的静水压力释放器可使筏自动脱离存放座架而浮出水面,在水面上自动充气膨胀成型。

　　救生筏应配备维持人员生命的各种属具与用品,如划桨、哨笛、火箭降落伞火焰信号、雷达反射器或雷达应答器、食品饮用水、保温用具等。

　　救生筏的存放、集合、登乘布置、降落与回收装置的基本要求与救生艇相同。此外还应满足下述要求。救生筏的存放应能做到当筏从系固装置上解脱时,能用人工释放。每只救生筏(除货船船首或船尾附加救生筏外)或救生筏组的存放,应设有一符合要求的自由漂浮装置,以使每只救生筏能自由漂浮,且若为气胀式,在船舶下沉时能自动充气。救生筏存放处的上方不应有甲板遮蔽,以避免沉船时影响救生筏的自由漂浮。除非设有某些转移设施,吊筏架降落的救生筏应存放在吊筏钩可到达的范围内,且布置应使全部乘员能迅速登筏。

8.3.3　其他救生设备

　　其他救生设备包括救生圈、救生衣、救生服、抗暴露服、保温用具、抛绳器、无线电救生设备和救生烟火信号等。此处主要介绍最常见的救生圈和救生衣。

　　1. 救生圈(Lifebuoy)

　　救生圈是水上救生设备的一种,根据制造的材料不同,主要有聚苯乙烯包布救生圈、聚氨酯聚乙烯复合救生圈和结皮型聚乙烯救生圈。救生圈按制造工艺可分为整体式救生圈(采用圈体一次整体成型工艺制造的救生圈)和外壳内充式救生圈(采用圈体外壳整体成型、内部填充材料的工艺制造的救生圈)。

　　救生圈架是存放救生圈的座架,有三脚式(图8.27)与整体式,座架材质为钢质或铝质,常用钢质。三脚式救生圈架固定在船舶围壁或舷墙上,整体式救生圈架固定在船舶栏杆上。钢质救生圈架采用电焊固定,铝质救生圈架采用铆钉固定。

图 8.27　豪华邮轮"歌诗达威尼斯"号上的救生圈

国际航行的海船其不少于总数一半的救生圈应设有自亮灯(不应同时装有救生索)。这些设有自亮灯的救生圈中至少有 2 个应设有自发烟雾信号,并能自驾驶室迅速抛投。配置的带自亮灯和自发烟雾信号的救生圈,其质量通常不小于 4 kg,其他救生圈的质量通常不小于 2.5 kg。设有自亮灯和设有自亮灯及自发烟雾信号的救生圈,应等量地分布在船舶两舷。救生圈应存放在船舶两舷容易拿到之处,在可能范围内,存放在所有延伸到船舷露天甲板上,至少有 1 个应放在船艉附近。船舶每舷至少有 1 个救生圈应装有可浮救生索,其长度不少于其存放处在最轻载航行水线以上高度的两倍或 30 m,取较大者。

2. 救生衣(Lifejacket)

救生衣是在水中能提供浮力以承托身体的特制背心,使落水者背部托出水面不低于 120 mm,身体向后倾斜与垂向夹角不小于 20°,以待援救。救生衣按使用人员可分为成人救生衣(简称救生衣)及儿童救生衣,后者为按儿童身材特制的救生衣。

按提供浮力的方式则可分为气胀式救生衣及非气胀式救生衣。

气胀式救生衣用橡胶布制成气胎充气室,穿着时使充气室充气膨胀产生浮力。这种救生衣应同时具有 3 种**充气**方法即:手拉气瓶充气、用口吹充气以及在水中数秒内自动充气。

非气胀式救生衣常用的浮力材料为闭孔型泡沫塑料或木棉,外包以帆布,如图 8.28 所示的背心式救生衣。

图 8.28　豪华邮轮"歌诗达威尼斯"号客房内的非气胀式救生衣

救生衣应符合《国际救生设备规则》或《中华人民共和国船舶和海上设施检验条例》的要求。不符合要求的救生衣,如某些提供给船员工作时穿着的工作救生衣不能取代船用救生衣,也不能计入救生设备的定额。每件救生衣应备有用细索系牢的哨笛。国际航行的海船,每件救生衣还应配备1盏救生衣灯。

救生衣通常存放在船员和游客居住和休息的处所,也可相对集中存放在容易到达的处所,值班人员使用的救生衣应存放在驾驶室、机舱、控制室及其他有人值班的处所,存放位置应有明显的标志。客船上乘客的救生衣如果存放在客房船舱内(图8.29),则按规定这些乘客的附加救生衣应存放在公共处所、集合地点或这两者之间的脱险通道上。豪华邮轮的附加救生衣一般会存放在救生艇(筏)登乘处(图8.30)。

图8.29　存放在邮轮客房衣柜中的救生衣

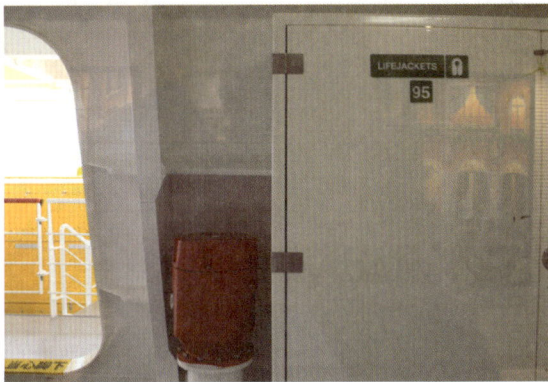

图8.30　豪华邮轮救生艇筏登乘处的救生衣存放柜

8.4　其他设备

豪华邮轮上的系统和设备十分复杂,有着其他船舶都有的消防系统、空调系统、生活用水系统、废水系统、照明系统、船舶导航系统(包括船用罗经系统、船用计程仪系统、船用雷达系统、全球定位系统、船舶自动识别系统等)、船舶无线电通信系统设备(包括GMDSS系统组、船舶中/高频通信系统、卫星通信设备、MSI播发系统等)、船舶信号系统(船舶报警系统、船舶主机遥控系统、船舶航行信号系统、船舶电话及广播对讲系统等)等,以上系统在豪华邮轮上的规模、数量、质量通常都高于普通货船。本书主要介绍豪华邮轮上其他普通货运船舶上没有的那些娱乐和特殊设备。

8.4.1　娱乐设备

1. 游泳池(Swimming Pool)

游泳池是豪华邮轮上最常见的娱乐设备,有的豪华邮轮上游泳池数量超过10座,邮轮游泳池形式多样,从位置上看可以分为室外游泳池(图8.31)和室内游泳池(图8.32)。

图8.31 豪华邮轮上的室外游泳池

图8.32 豪华邮轮上的室内游泳池

从类型上看可以分为儿童游泳池（图8.33）、幼儿戏水池（图8.34）、滑梯游泳池和按摩游泳池（图8.35）等。

图8.33 歌诗达豪华邮轮的儿童游泳池

图8.34 豪华邮轮迪士尼"梦想"号的幼儿戏水池

(a)滑梯游泳池

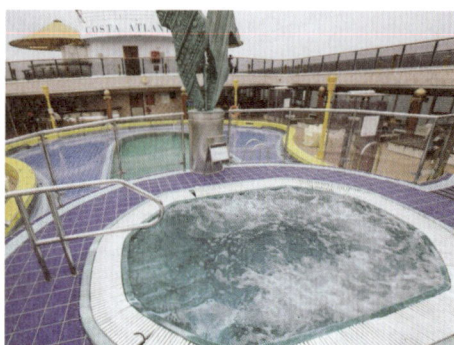

(b)按摩游泳池

图8.35 歌诗达豪华邮轮的滑梯游泳池和按摩游泳池

2. 甲板冲浪（Deck Surfing 或 Flow Rider）

科技的发展,让冲浪运动也不再局限于海洋之中,人工冲浪模拟器的发明在陆地上已经得到了广泛的应用,部分豪华邮轮上也引入了此项设备,由于通常安装在邮轮甲板之上,因此被命名为甲板冲浪(图8.36)。甲板冲浪设备通过人工制造水流及坡度,模拟自然海浪情景,让冲浪者可以不受天气、潮汐、生物、场等自然因素的限制,享受冲浪运动,同时结合先进造浪技术及海滩文化等多种元素,在大大降低了户外运动中受伤的风险同时,可以满足不同年龄层人士运动需求,为豪华邮轮上的乘客提供了无穷欢乐的玩法。

图8.36　豪华邮轮船顶甲板上的甲板冲浪设备

3. 甲板攀岩(Deck Rock Climbing)

攀岩运动有"岩壁芭蕾""峭壁上的艺术体操"等美称,由登山运动衍生而来,富有很强的技巧性、冒险性,是极限运动中的一个重要项目,在世界上十分流行。攀岩的地点主要分为自然岩壁攀登和人工岩壁攀登两大类,由于邮轮上的人工岩壁设备安装在甲板之上,因此将其称为甲板攀岩(图8.37)。

图8.37　豪华邮轮"海洋绿洲"号的甲板攀岩

4. 甲板跳伞(Deck Skydiving 或 Ripcord by iFly)

2005年10月31日,英国"Airkix"公司下属的一家娱乐休闲中心将跳伞带进室内,首次开放第一座垂直式风洞实验舱。该风洞实验舱位于巴克斯的米尔顿·凯恩斯,它的下部有4个250马力的工业鼓风机,向垂直风洞系统不停鼓风,中心的顶部还有栅栏防止体验者"飞"到空中。从此,室内风洞跳伞走入人们的视野,成为一种新型娱乐设施。

今天的一些豪华邮轮上,引入了这种跳伞模拟装置,由于安装在邮轮甲板上,被称为甲板跳伞(图8.38)。通常甲板跳伞设备会安装在甲板的较高处所,专门为不敢跳伞,却又想体验零重力翱翔的游客而设,洞口高速排出的气流会让游客摆脱地心引力,飞驰在半空,宽大的体验空间可以让游客在零重力状态下体验各种动作,翻来滚去,同时在高空俯瞰船舶、欣赏美丽的海景。

图8.38 "海洋量子"号的甲板跳伞设备

5. 北极星(North Star)

2014年首次出现在"海洋量子"号豪华邮轮上的新型娱乐设备,被命名为北极星(图8.39),它实际上是通过一根可以360°旋转的摇臂,将一个宝石形的玻璃舱支撑举高到距海平面近100 m的高空,使游客享受360°壮阔海景,让游客更加全面、近距离地眺望海景,将广阔海景尽收眼底。

图8.39 豪华邮轮"海洋量子"号的北极星

6. 南极球(Sky Pad)

皇家加勒比国际邮轮将"绑好安全带,戴上虚拟头盔,然后高高地冲向天空,在Sky Pad上尽情享受引力的乐趣"作为其最新的邮轮娱乐设施南极球(图8.40)的宣传语。南极球首次于2018年部署在"海洋独立"号豪华邮轮上,这是一款将虚拟现实和蹦床相结合的新型娱乐设备,其主体为一直径为13 m中空橙色球体,灵感来源于自由落体从北极出发,穿越地心最终抵达南极,在地球引力作用下发生的物理加速与减速过程。南极球内设有4个蹦极床,伴之以VR科技创造的视觉历险体验,为游客带来穿越地心之旅、大战外星人、糖果王国大战等不同虚拟体验。

图8.40 "海洋独立"号的南极球

7. 魔毯(Magic Carpet)

Celebrity Eden 的首席设计师 Scott Butler 引入震惊业界的全新理念,让游客与大海更亲密无间,最终成功构建了"魔毯"这一海上工程杰作。2018 年"魔毯"(图8.41)首次出现在"精致爱极"号豪华邮轮上,它是邮轮上一处可滑动的橙色甲板,可在邮轮的 2 层到 16 层之间升降,可以转换成 4 种不同的功能区域:可以是一个交通船登船平台、一个露天寿司餐厅、一间别致的酒吧、一间提供下午茶或主题晚餐的独特餐厅。无论变换成什么,游客都可以乘坐着魔毯在开阔的海面上翱翔。

图8.41 "精致爱极"号上橙色的魔毯

8.4.2 海水淡化设备

众所周知,海水的平均含盐量超过 35 g/L,而豪华邮轮在航行过程中,生活用水、动力装置用水、锅炉补水等均需要使用大量的淡水,而船上对锅炉补给水的水质要求最高,对淡水净化设备所产淡水含盐量的要求皆以锅炉补给水标准为依据,我国船用锅炉给水标准规定补给蒸馏水的含盐量应小于 10 mg/L(NaCl)。一般船用淡水净化设备仅仅依靠船舶淡水舱的储存淡水,很难满足豪华邮轮的淡水使用,豪华邮轮上均设置有大型海水淡化设备。海水淡化常见的办法有蒸馏法、电渗析法、反渗透法等。

(1)蒸馏法。蒸馏法虽然是一种古老的方法,但由于技术不断地改进与发展,至今仍占统治地位。蒸馏淡化过程的实质就是水蒸气的形成过程,其原理如同海水受热蒸发形成云,云在一定条件下遇冷形成雨,而雨是不带咸味的。根据设备蒸馏法可分为:真空蒸馏、蒸汽压缩蒸馏、多级闪蒸馏等。此外,以上方法的组合也日益受到重视。多级闪蒸馏(Multi-stage flash distillation,MSF)是一种海水蒸馏脱盐工艺(图8.42),本质上是在逆流热交换器的多个阶段中将一部分水通过闪蒸变成蒸汽来蒸馏海水。

(2)电渗析法。电渗析法亦称换膜电渗析法,是在外加直流电场作用下,利用离子交换膜对溶液中离子的选择透过性,使溶液中阴、阳离子发生离子迁移,分别通过阴、阳离子交换膜而达到除盐或浓缩的目的。该法的技术关键是新型离子交换膜的研制。电渗析法不仅可以淡化海水,也可以作为水质处理的手段,为污水再利用做出贡献。

(3)反渗透法。反渗透法(图8.43)又称超过滤法。该法是利用只允许溶剂透过、不允许溶质透过的半透膜,将海水与淡水分隔开的。在通常情况下,淡水通过半透膜扩散到海水一侧,从而使海水一侧的液面逐渐升高,直至一定的高度才停止,这个过程即为渗透。此时,海水一侧高出的水柱静压称为渗透压。如果对海水一侧施加一大于海水渗透压的外压,那么海水中的纯水将反渗透到淡水中。反渗透法的最大优点是节能。它的能耗仅为电渗析法的1/2,蒸馏法的1/40。

图8.42　瓦锡兰 MSF 蒸馏海水淡化系统　　图8.43　瓦锡兰反渗透海水淡化系统

8.4.3　洗衣设备

现代豪华邮轮上的乘客动辄超过4 000人,这意味着每天要铺的新床单和对应的干净毛巾、浴巾的数量超过10 000条,这是一个惊人的数字,为了使客人每天能使用到新的床单和毛巾,豪华邮轮必须设置专门的洗衣房(图8.44)并配备能处理如此惊人数量床单和毛巾的大型自动化洗衣设备(见图8.45)。

图8.44　豪华邮轮"史诗"号上的洗衣房和洗衣设备

(a)自动叠单机

(b)自动洗衣机

图8.45 豪华邮轮上的自动叠单机和大型自动洗衣机

8.4.4 安全中心

安全中心一般毗邻邮轮舰桥(图8.46),能快速为船长提供消息和决策参考。安全中心安装的安全管理与控制系统(Safety Management & Control System)是专为邮轮和商船上的危机管理而设计并运行的,支持船上职员在紧急情况各个阶段(从初始警报到事件解决)进行监控、报警、通报、防灾消灾、全船管控与事故处理的综合管理系统。

安全管理与控制系统应是全船安全、协作、控制、监控和通信组件的模块化集合,是船上所有安全子系统的功能集成,该系统包括但不局限于以下子系统:火灾探测报警系统(Fire Detection System)(图8.47)、紧急停车系统(Emergency Shutdown System)、故障保险系统(Fail Safe System)、水密门阀系统(Watertight Doors and Valves System)、决策支持系统(Decision Support System)、闭路电视集成系统(Closed Circuit TV Integration)(图8.48)、船上人员训练系统(On Board Training)等。

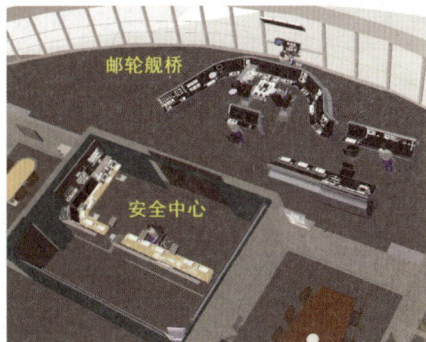

(a)示意图

(b)舰桥及安全中心

图8.46 邮轮舰桥示意图和"海洋魅丽"号舰桥及安全中心

8.4.5 医疗中心

豪华邮轮承载大量游客和船员长期巡游于海上,难免不发生游客或船员生病的情况,为应对疾病和意外伤害,豪华游轮上设置有海上医疗中心(图8.49)或诊所(图8.50)。豪华邮轮上均配备了基本医疗设施,致力于为游客和船员提供紧急救治和基本医护治疗,如超出船上医疗可治愈的范围,邮轮靠岸后会将游客/员工送到岸上医院进行相应治疗。一些邮轮公司已经与部分提供专业医疗咨询的机构建立了稳固的关系,他们可以提供包括网络或卫星电话在内的服务。大部分大型豪华邮轮的医疗设施中的设备是比较全面的,配备有 X 光机(图 8.51)、手术台(图 8.52)、呼吸机等医疗设备,诊室也分不同科室。不过这些医疗设施都要付费的,价格也不便宜。

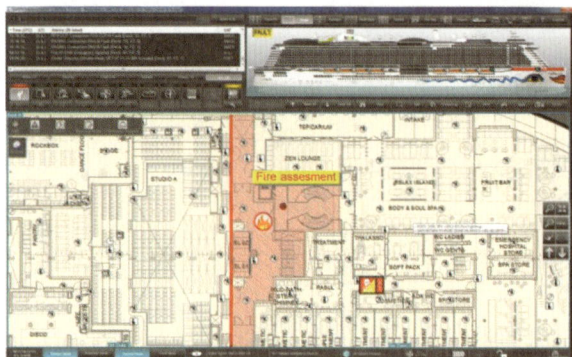

图 8.47　火灾探测报警系统

图 8.48　闭路电视集成系统

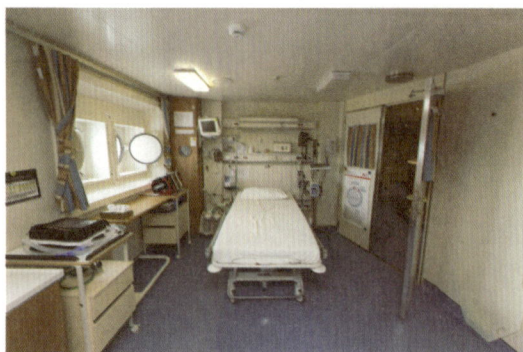

图 8.49　"皇冠公主"号豪华邮轮的医疗中心

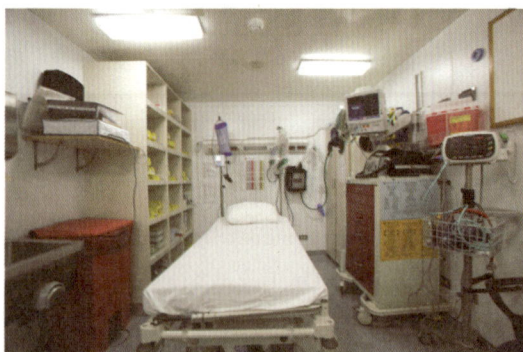

图 8.50　"嘉年华微风"号豪华邮轮的诊所

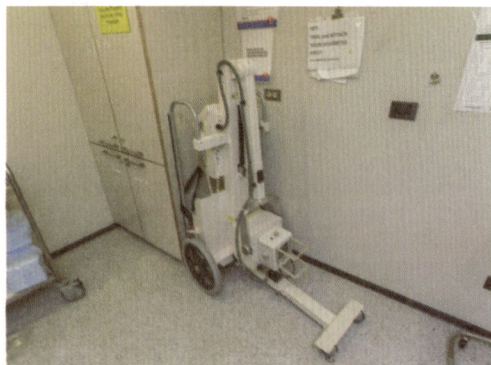

图 8.51　"精致千禧"号上的移动 X 光机

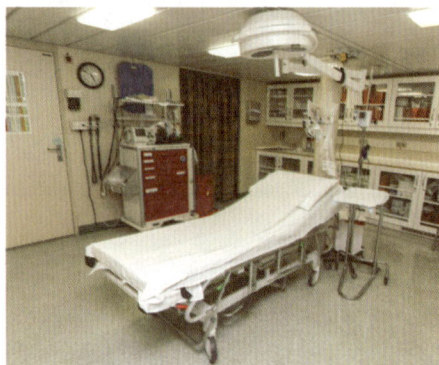

图 8.52　"海洋珠宝"号上的手术台和无影灯

8.4.6 全面废物管理(清洁技术)解决方案

豪华邮轮作为一座海上的漂浮酒店,每天会产生合计数百吨各类干、湿、不可回收垃圾,包括:如厕所废水、厨房洗涤水、洗衣排水、沐浴排水、污油、厨余垃圾、生活垃圾、电子垃圾等。随着环保意识的提升,如今全球已全面禁止邮轮向海洋直接抛洒任何种类的垃圾,因此邮轮上建立全面废物管理解决方案(complete waste management solution)或全面清洁技术解决方案(complete cleantech solution)(图8.53)成为必需,方案必须覆盖豪华邮轮上所有废物的收集和清洁处理设备,包括垃圾粉碎压缩装置、焚烧炉装置、真空收集系统、废水处理系统、污泥处理装置等。

图8.53 部署在云顶"全球梦"号豪华邮轮上部署的 Evac 完全清洁技术解决方案

第9章　豪华邮轮内装

9.1　船舶内装相关学科概述

9.1.1　船舶美学

船舶美学是从科学的船舶美学观出发,综合应用美学、造船学、建筑学等基本理论,研究船舶美的规律的一门学科。它可以指导船舶造型,甲板布置,舱室空间划分,舱室色彩选用等。它与"人体工程学""规范与公约"形成船舶造型与舱室设计的依据,结合船舶具体情况,完成船舶的外部造型与室内设计等工作。其内涵包括以下几个方面。

(1)功能美:科学的发展,船舶基础理论和船舶工艺研究的新成果,要求不断开发新船种类和提高船舶性能。因此,要求设计师及时提供美的形态、美的色彩来进一步体现船舶的功能美。如果形态、色彩与功能不协调,将使游客从心理上丧失愉快感,甚至安全感,即丧失了美感功能。

(2)工艺结构美:不同船舶具有不同的结构形式,造型效果各不相同。力学新成就为船舶形态结构美提供了途径。结构有限元计算能将船舶的各种不受力或应力很小的构件艺术性地削弱,而不影响强度和刚度。另外,数学放样和自动加工工艺的采用,保证了船舶加工精度和外观的光顺和平整,有效地体现了工艺美。

(3)材质美:材料工业的发展是科学技术进步的必然。新型工程材料的品种很多,各种天然材料和人工合成材料的使用,使船舶的外观造型、表面机理和内部环境有了很大的改进。

(4)色彩美:色彩是给人印象最深的造型要素之一。色彩对人的生理和心理影响有时甚至超过船舶形态;色彩造型体现了现代光学的研究成果和新型表面材料的美学效果,是造型设计中最生动、最有效的要素。好的环境色彩不仅能充分体现船舶的功能,创造协调的人机关系,满足人们对色彩的需求,而且能提高船舶的商品价值和美学价值。

9.1.2　人体工程学

人体工程学又称人类工程学、工效学,是在第二次世界大战中,在工程心理学基础上发展起来的一门新兴边缘学科。人体工程学是运用现代科学的测试手段,对人体的尺寸、姿势、动作、运动能力、生理机能和心理效应等进行精密的测定分析,使生产器具、生活用具、工作环境和起居条件等与人体功能相适应的科学。即处理好:人—机—环境的协调关系。

船艇是一个典型的、庞大的、复杂的人—机—环境系统,环绕在人体周围的舱室构件和舱室空间与人一起构成一个系统。随着现代生产、科技和社会生活的发展,现代船艇舱室设计面临高舒适度、高效能的精神需求,对舱室空间设计、家具设计提出更高、更复杂、更精密的要求。室内多维因素系统的复杂性,使设计者单靠直观感觉和定性标准难以适应现代设计的要求。现代人体工程学正是适应这个需要,在船艇内装设计中得以应用和发展。

人体工程学在船艇设计中的应用体现为,在船舶设计过程中,考虑船员能否在船艇狭窄的舱室环境下高效率地工作,实现各项船艇设备的功能;乘客能否较舒适地游戏、学习、生活、娱乐、休息。人体工程学联系到室内(舱室)设计,其含义为:以人为本,运用人体计测,生理、心理计测等手段和方法,研究人体结构功能、心理、力学等方面与室内(舱室)环境之间的合理协调关系,以适应人的身心活动要求,取得最佳的使用效能,其目标是安全、健康、高效能和舒适等。

人体尺度(图9.1)是人体工程学最基本的内容,环境和机具都是为人服务的,也就是必须在各种空间尺度上符合人体的尺度。人体尺度一般是反映人体活动所占有的三维空间,包括人体高度、宽度和胸部前后径,以及各肢体活动所占有的空间大小。充分利用人体工程学对人的关注,可以为舱室空间设计提供科学可靠的原则。

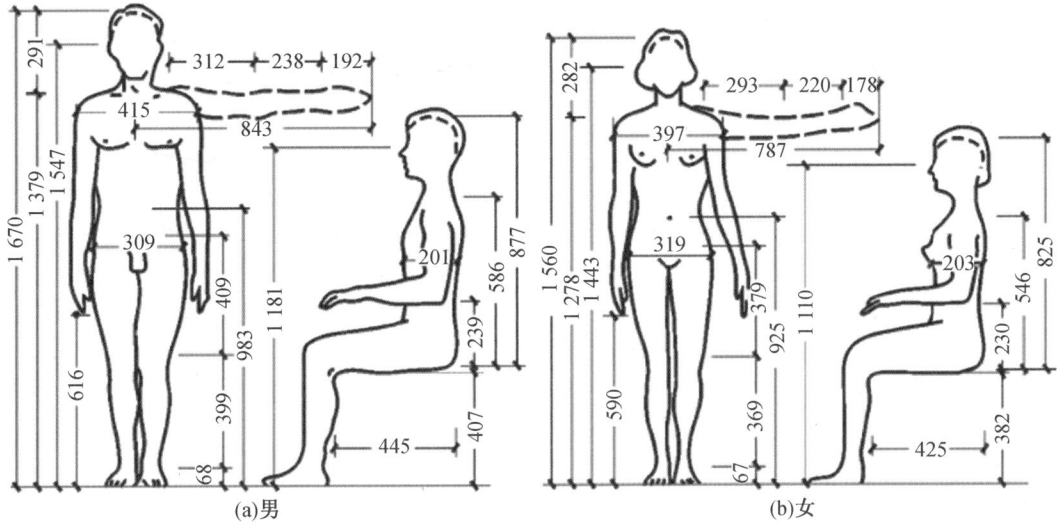

图9.1　常用人体尺寸(mm)

1. 分析人的相对位置,确定舱室尺度

运用人体工程学可以对人所需要的舱室空间作科学分析,例如单人活动空间,应包括个体自身空间、动作域空间和心理空间。两人以上,就存在相对位置问题。相对位置可分为平行、交叉、相反、相对4种关系。再按彼此位置远近,区分为重叠、交接、邻接、分离等几种状态。这样就可以把人在舱室活动行为,按照其呈现的相对位置,确定合理的空间尺度、最小空间和最佳舒适空间。人机学设计基准,是有关部门通过统计分析大量调查资料,综合先进的设计经验,对船舶主要舱室设计尺度推荐的一套数值。人机学设计基准值包括:

①最佳值,即最适合人的各种特性的推荐值;

②最小值,即人能正常进行活动或判断所需的最小值;

③最大值,即人能正常进行活动或判断所需的最大值。

最佳值与最大(小)值之差是依赖于人的特性的容许值。船舶有些建筑尺度由于技术条件及经济条件所限,不能采用最佳值,因而给出最大(小)值。

2. 测定人体的动作域,确定家具设备空间的位置

家具设备是舱室内环境中所占比例较大的物品,它们的选用与布置,对整个空间的分隔,对人的活动及生理、心理上的影响是不可忽略的。例如属于人体家具的椅、床等,要让人坐着舒适、书写方便、睡得香甜、安全可靠;属于贮存家具的柜、架等,要有适合贮存各种衣物的空间,并且便于人们存取;同时,人们为了使用这些家具和设施,其周围必须留有活动和使用的必要空间。这样就要求必须以人体工程学为指导,使家具设计符合人体的基本

尺寸和从事各种活动需要的尺寸(图9.2)。

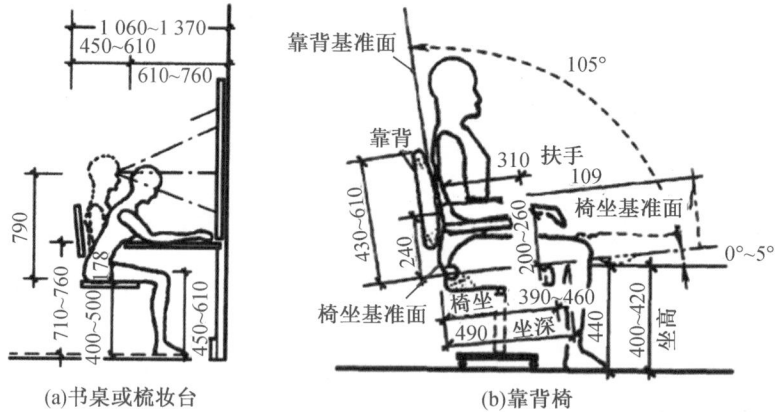

图9.2 利用人体工程学确定家具尺寸

因此,家具设备的布置应遵循人体工程学原理,以便达到安全、实用、方便、舒适、美观的目的。一个家具产品,设计师在设计时将尺寸放在首要考虑范畴,先了解人体的各部分尺寸,根据人体各部分尺寸的测量数据进行设计,这样设计出来的家具,人在使用时才能感觉舒适。人体工程学通过测量人体基本尺寸、头部支点、人体重心、体压分布、肢体活动范围和用力范围等,并推出经验计算公式,这为座椅、沙发、床等家具设计提供了精确的依据。通过人体工程学,人们对各类家具尺寸都取得了最佳范围,如床宽下限 700 mm、书桌高度710 ~ 760 mm、椅子高度 400 ~ 500 mm 等。

9.1.3 船舶环境心理学

1. 船舶环境心理学的概念

环境是围绕着某种主体(人或物),并对主体产生某些影响的外界事物。以人为主体的环境指包围着人并与人有相互作用的一切外界事物的统称。人体工程学与环境心理学都是发展中的新学科,两者在生理环境与心理环境方面有所交叉。人体工程学应多侧重生理环境方面的研究,环境心理学应多侧重心理环境方面的研究。

环境心理学是建筑学、室内设计学、人体工程学、心理学、人类学、生态学、环境美学、社会学、风俗学、人文地理学、城市设计学等综合性的边缘学科,主要以心理学的角度出发,探讨什么样的环境才是符合人们心愿的科学。环境心理学在心理学与生理学的基础上,透过视觉、嗅觉、听觉和触觉器官,全面研究解决环境问题。它一方面研究环境对人的心理影响,另一方面研究人的心理需求,调整改善环境质量。

船上乘客的环境包括舱室处所环境和船员服务,即硬环境和软环境。船舶环境心理学的研究刚刚起步,它是从心理学角度出发,探讨什么样的船舶环境才是满足用户(乘客、船员、船东)心愿的环境科学。

2. 船舶环境系统与评定

船舶是浮动的水上城市。生活在船上的人是处于一个大的环境里,船在海洋中航行,外界环境条件变化很大。进行船舶内装设计必须研究乘客生理和心理需求,首先要满足生理上舒适性的要求。乘客舒适性包括以下方面。

(1)使用舒适性指空间尺度满足使用要求,家具、设备布置合乎行为及活动规律。

(2)视觉舒适性指空间形态和尺度应无压抑且有空旷感,光线应避光炫,色彩协调等。

（3）听觉舒适性指噪声控制,音响位置。

（4）嗅觉舒适性指空气流通,对灰尘、微生物、烟雾、电磁场等的控制。

（5）触觉舒适性指空气应有适当温度、湿度以及界面、家具材质的手感性。

普通客船必须满足乘客的基本舒适性要求,但是对于豪华邮轮显然不能仅仅局限于满足基本的舒适性。1990年在日本横滨召开的国际客船研讨会上,提出了客船环境评价项目,作为世界客船"星级"评定依据(表9.1)。

表9.1 环境评价项目(硬件部分)表

总项	具体项目	总项	具体项目
船舶外观形态	①美的外观、风格、线条、装饰及其形态	家具及装饰	①总体感观和状况
	②船首的伸出部、船尾的形式及烟囱的造型设计		②内装设计和装饰
	③船体及外部涂装情况		③色彩的配合
	④甲板材料的选配安装完工情况		④材质、协调与表面处理
	⑤露天楼梯造型及其布置		⑤窗帘等纺织品的选择、颜色及其状况
	⑥风雨密门的布置		⑥家具的耐用性和实用性
内装处所	①通用的乘客居住空间的大小		⑦地毯的色调和实用性
	②露天甲板、遮阳甲板、日光浴区域、散步场所		⑧地毯的铺装、接头和端部的处理
	③游泳池、甲板上各种备品		⑨顶棚及其安装
	④通道和出入口处		⑩工艺品质量及协调性
	⑤室外观景空间	居住客舱的设施	①舱室空间与出入口处的设计
	⑥公共场所空间		②空间布置与利用
	⑦楼梯、通道		③声音、噪声、振动的隔离程度
	⑧公共卫生间及其设备		④家具设施的质量与布置
	⑨客舱及浴室		⑤床铺的尺寸、样式与舒适度
	⑩全部乘客用公共空间的状况		⑥衣柜及悬挂场所
舒适水平	①室内布置及安装		⑦抽屉及其他贮物设施
	②公共区域的照明、取暖和通风		⑧照明、空调、取暖
	③空调系统(包含舒适区域)		⑨交、直流电源系统及种类
	④舱室通风控制及效率		⑩浴室尺寸、固定性及设施
	⑤甲板的总布置、方向指示的表示和乘客的流向	综合设施	①公共场所及卫生间
	⑥室内噪声和振动程度		②休息室及酒吧
	⑦通风及排烟		③露天甲板及日光浴室
	⑧公共卫生间设备		④健身运动设施
	⑨公共场所处的沙发设计舒适度和利用率		⑤体育运动器具及设施
	⑩乘客空间的比率与密度		⑥娱乐场
音响	①照明、灯具的设计与使用方法		⑦商场、首饰服饰用品店
			⑧美容院及美容服务
	②音响设备及效果		⑨医疗设施
			⑩吸烟及禁烟的规定及措施

9.2　豪华邮轮内装设计

豪华邮轮内装设计包括内装概念设计和内装艺术设计。内装概念设计是豪华邮轮内装设计的前期阶段,是内装设计的创意、总体规划及基础。内装概念设计是在总布置图设计中科学确定舱室区划、机电设计、结构防火、交通路线等内容,以满足豪华邮轮的功能要求。豪华邮轮内装概念设计是在合理、适用、安全、经济、舒适的原则基础上,艺术性很强的创作活动,它要求设计者掌握并拥有领先时代潮流的设计能力,并能深刻理解和贯彻邮轮的使命功能和船主的宗旨。

内装艺术设计则是在内装概念设计的基础上进行舱室的布置设计,包括装潢和装饰设计。从本质上说,"舱室布置""装潢""装饰"各有不同的内容。舱室布置是对区划好的各类舱室在满足功能及规划要求的前提下,应用美学原理、布置原则等进行舱室内部家具、设备和陈设的布置;装潢指窗帘、地毯、壁面装修等内装工程内容;装饰则是一个较为广义的名词,它包括固定的表面装饰(壁面、天花板、门窗等)和可移动的布置(家具、帘坠、地毯和器具等)。

9.2.1　豪华邮轮内装概念设计

1. 舱室区划

舱室区划(图9.3)是各层舱室甲板平面的总布置设计,包括上层建筑和其他甲板平面上的各类舱室的总体划分,必须体现结构防火的划分。

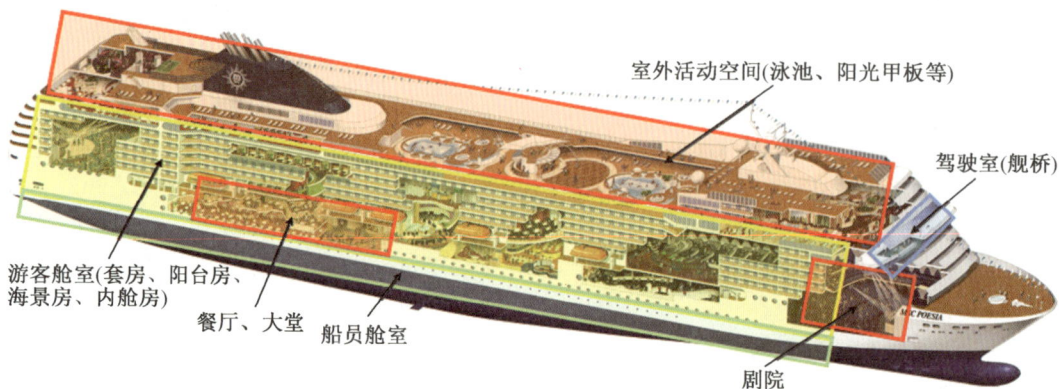

图 9.3　豪华邮轮"MSC POESLA"号的区划

豪华邮轮的区划工作早在邮轮开始建设以前,已经在设计图纸上全部完成。豪华邮轮的设计是一项工程复杂、工作量巨大的系统性工作,通常情况,每艘豪华邮轮在设计阶段花费的时间往往比建造所花费的时间还要漫长。

(1)居住舱室的区划

①船员居住舱室。船上游客与船员的生活舱室尽可能分成各自独立的区域。豪华邮轮的船员可分为船舶驾驶工作人员和邮轮服务工作人员两大类,其居住舱室主要分布在游客舱室之下的更低层甲板中(通常在3或4层甲板以下)。区划时位置应便于船员日常工

作,力求接近工作地点,并有方便的通道;业务性质相近的船员舱室应相邻布置;居住室及休息室尽可能选在较安静舒适的地方,一般靠外侧布置有利于自然采光。习惯上通常把驾驶部船员按职务自上而下地安排在右舷居住,而把轮机部船员则自上而下地安排在左舷居住。

②游客舱室。游客舱室尽可能分级分区的区划,高级客舱布置在上层建筑的上层,再逐级向下安排。每间游客舱室的纵横尺寸,不仅要满足面积的要求,还要结合家具的配置、床铺的安排来考虑。具体设计时,应预先对一些典型舱室加以布置,再划分舱室,游客舱室的分隔不一定要在肋位上。

(2)工作舱室的区划

①驾驶室(舰桥)。普通商船一般都位于上层建筑中的最高层,豪华邮轮的驾驶室通常设置在船首的高层甲板区(图9.4)。驾驶室横向一般不通到两舷,留着的两舷驾驶甲板,用于驾驶员瞭望观测。驾驶室两边设有扶梯通登罗经甲板;为保证驾驶员的视野,驾驶室的窗应尽可能大些,窗框尽可能细些。驾驶室应有通海图室的门和到报务室便捷的通道。

图9.4　"翡翠公主"号驾驶室(a)和"海洋圣歌"号的左舷驾驶甲板(b)

②海图室。海图室一般设在紧邻着驾驶室后的右舷,室内设置海图桌、航海资料文件柜、测位仪表等。面积一般有 $6 \sim 16 \ m^2$ 小型船舶因空间限制,海图室常合并在驾驶室内。

③报务室。一般设在驾驶室后左舷,其面积主要根据设备台数、工作台的大小来决定,从 $5 \ m^2$(小船)到 $11 \sim 20 \ m^2$(大船)大小不等。

④雷达室。雷达室通常设在驾驶室同层、靠近雷达天线下的地方。有些船因受空间限制,不单独设置雷达室,而将雷达装置放在海图室或驾驶室内。豪华邮轮通常不单独设置雷达室,而是将其整合到驾驶室中(图9.5(a))。

⑤应急发电机室和应急蓄电池室。应急发电机室和应急蓄电池室是海损时的应急电源,因此规范要求把它们放在较高和安全的地方,一般多设在艇甲板上,并有直通露天甲板的单独的门,供应急时使用。

⑥交流机室。报务用的交流机,多放在报务室同层的交流机室内,并有通向露天甲板的门。豪华邮轮不单独设置交流机室,而是将其整合到安全中心(图9.5(b))或驾驶室中。

(a)   (b)

图9.5 "海洋珠宝"号驾驶室(a)和"海洋圣歌"号舰桥中的安全中心(b)

⑦各种储藏室。灯间、油漆间、缆索索具间一般都设在艏楼内,灯间和油漆间应用钢隔壁分开,并有通向露天甲板的出口。其他储藏室则根据其不同用途而安置在不宜做生活舱室的合适地方。消防用的灭火剂多储放在上甲板专门的房间内,决不可放在生活舱室区。

⑧厨房和食物仓库。厨房的位置应考虑饭菜输送方便,多个厨房之间要统筹安排、相互配套,同时防止厨房的烟、气影响餐厅和居住舱室;食物仓库位置则应便于厨房取送食物。考虑到厨房的环境和工作情况,最好将它布置在上层建筑底层的后端部,或在机舱棚的一侧。

(3)豪华邮轮娱乐处所和公共处所的区划

豪华邮轮娱乐处所(如剧院)和公共处所(如餐厅)的地位应适中,方便各区的游客来往,但注意不要集中在一处,以免过于拥挤。不同性质的公共处所(如热闹、安静的)应根据它们的特点选择适宜的地位,避免干扰;应注意结合防火区和防火方式、梯道布置等考虑客舱分区;各区应尽可能有独立的卫生设施(详见9.3豪华邮轮内部装潢案例)。

2.舱室防火

船舶作为海上建筑物,在长期的营运过程中难免不发生火灾。为了预防火灾以及在火灾后能有效地阻止火灾的蔓延,在船舶结构上设置一些耐火分隔,对控制火灾和灭火十分必要。例如,某船舶在海上发生起居处所的失火事故,由于机舱棚四周设有复合岩棉板的绝缘层,船员利用此项有利条件,紧密关闭机舱各个开口,防止火势蔓延至机舱,并运用机舱内的消防泵,在邻船的帮助下,持续扑救数小时,终于将火灾扑灭,船舶被抢救脱险。

国际海事组织《1974年海上人命安全公约1981年修正案》在船舶消防方面提出了完整的文本,并将下列各点作为实施船舶防火、探火和灭火达到最充分可行程度的原则:①用耐热与结构性限界面将船舶分为若干主竖区;②用耐热与结构性限界面将起居处所与船舶其他处所隔开;③限制使用可燃材料;④探知火源区域内的任何火灾;⑤抑制和扑灭火源处所内的火灾;⑥保护脱险通道的灭火出入口;⑦灭火设备的即刻可用性;⑧易燃货物的蒸气着火的可能性减至最低限度。现将上述部分原则在船舶中的实现简述如下。

(1)主竖区的划分

船舶因航行安全、防火安全的需要,常分为若干主竖区(Main Fire Zones)(图9.6)。主竖区系指船体、上层建筑和甲板室以"A级分隔"分成的区段,它在任何一层甲板上的平均长度一般不超过 40 m。根据这一规定,视船舶尺度不同,主竖区有一至多个。主竖区的限界面舱壁,既是钢结构又应耐热:钢结构是承受载荷、保证强度的需要,耐热绝缘能增强钢结构在火灾条件下的支撑能力。通常不隔热结构的钢结构(即不耐热的钢结构)在常温下具有较强的支撑能力,但这种钢结构不能承受火灾时火焰和高温的炙烤,经过 5 ~ 10 min 就会严重变形,最终很快失去结构强度;反之,隔热的钢结构,可使火灾条件下的支持时间延长若干倍。由于结构和隔热形式的不同,耐热结构在火灾中有的可坚持 1 ~ 2 h,由此可以看出隔热材料对提高钢结构支撑能力的作用和重要性。主竖区的限界面采用了耐热的钢结构后,就能在一段时间内发挥阻火和隔热的作用,阻止火焰蔓延,这对赢得时间控制和扑救火灾具有很大的作用。

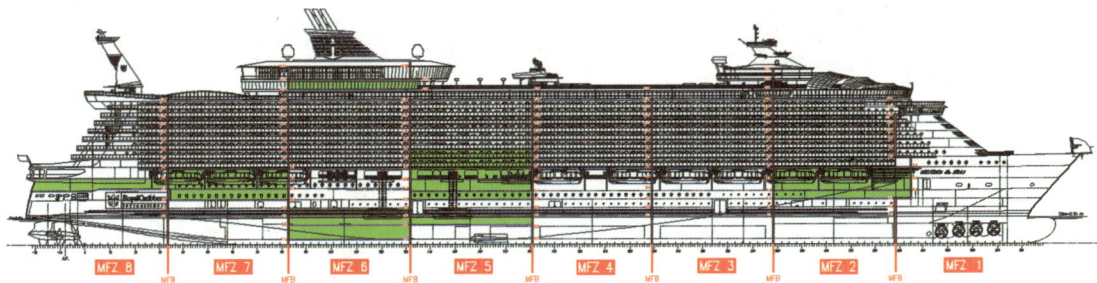

图 9.6 "海洋绿洲"号的主竖区划分(MFZ1 – 8)

36 人以上的国际航行客船,其船体、上层建筑和甲板室应以 A – 60 级分隔,分成若干个主竖区,如在主竖区分隔一侧的处所为开敞甲板、卫生间及类似处所、极少或没有失火危险的舱(柜)、空舱及辅机处所或在主竖区两侧均为燃油舱,则该主竖区限界面可降低为 A – 0 级分隔。

(2)将起居处所与其他处所隔开

船舶处所一般可分为三类,即起居处所、机器处所以及装货处所,三种处所的失火危险程度各不相同。用耐热与结构性限界面,将起居处所与船舶其他处所隔开,能在一定时间内阻止火焰从一个区域向另一个区域蔓延,防止在短时间内酿成全船大火,形成对人员的安全保护:一方面,防止其他处所的火焰蔓延到起居处所对大量人员造成危害;另一方面若在起居处所失火,只要火焰不向机器处所蔓延,那么灭火所需的消防水等供应就能得到保证。

由于豪华邮轮上存在大量贯穿全船的走廊和通道,为保障耐热与结构性限界面的有效性,在邮轮的通道上会安装防火和耐热能力均为 A 级的防火门(图 9.7)。

(3)可燃材料的限制使用

在船舶舱室有隔热、隔声以及表面装饰的需要,例如报务室、雷达室、集控室要求隔音,冷库要求隔热,油柜、机舱等要求防火,这些都需要内装绝缘材料来保证。20 世纪 50 年代采用软木块作为绝缘材料;60 年代用聚氯乙烯和聚苯乙烯泡沫塑料。这些材料的采用,对于舱室的隔热、隔声以及提高舱室的美观无疑是有效的,但后者燃烧时会产生有毒气体(氯化物),前者坚固耐用也极为易燃,都增加了舱室的火灾危险性。在火灾时产生,以上材料产生的高热以及所生成的浓烟及有害气体,对人命安全产生严重威胁。根据美国国家消防协会的统计,死于火灾的人,其中 62% 以上由于烟气中毒,真正被烧死的仅占 26% 左右。可见改革传统的内装材料,严格限制可燃材料,广泛采用不燃材料,对维护人员安全是很重要的。另外,从燃烧的三要素(可燃物质、氧气、热源)看,限制可燃材料本身就能抑制燃烧的发生。现代船用绝缘材料应具有防火、隔热、隔音性能,船舶舱室多由复合岩棉板(图9.8)。

(a)   (b)

图9.7   豪华邮轮居住处所走廊上的防火门(a)和机器处所通道上的防火门(b)

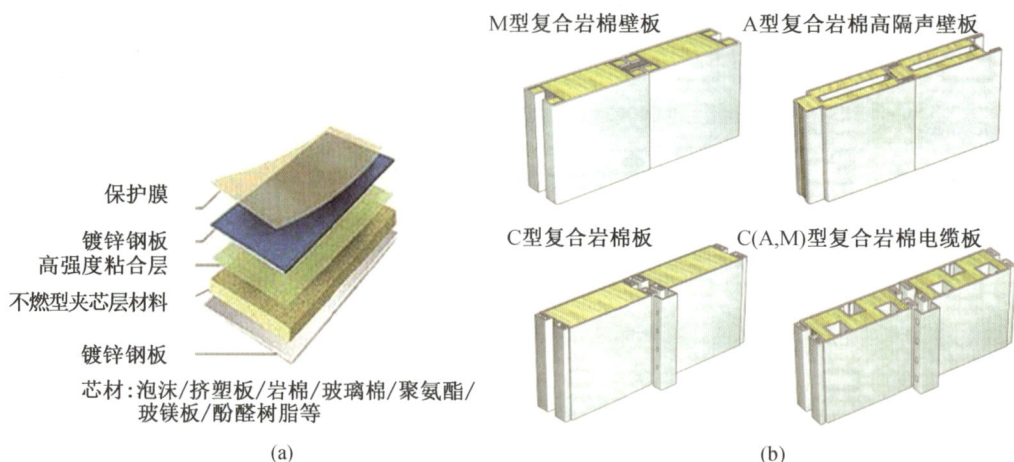

保护膜
镀锌钢板
高强度粘合层
不燃型夹芯层材料
镀锌钢板
芯材:泡沫/挤塑板/岩棉/玻璃棉/聚氨酯/
玻镁板/酚醛树脂等

(a)

M型复合岩棉壁板   A型复合岩棉高隔声壁板

C型复合岩棉板   C(A,M)型复合岩棉电缆板

(b)

图9.8   船用绝缘材料复合岩棉板结构示意图(a)及不同类型的复合岩棉板(b)

(4)探火设备的应用

船舶不可能绝对不发生火灾。一旦发生火灾,如能早发现,对扑救和控制火灾都有利,消防行业的"报警早损失小"就是这个道理。火警刚起,火灾尚处于初始阶段,扑灭容易得多,探火就是采用一种能发现火灾征兆(如烟、热的气流或其他因素)的自动化设备,一旦出现这种征兆,它就能发出警报,以呼唤人员采取施救措施。探火设备应选置得当(主要依据所保护处所内可燃物的特点),并按安全公约的要求进行设计和安装,豪华邮轮的走廊(图9.9)、客房、公共处所等全船各处都应设置探火设备。

(5)灭火设备的即刻使用

一旦出现火情,能否使船舶灭火设备(图9.10)即刻可用是至关重要的。有时一点小火,由于处置不当或灭火设备不能即刻投入使用,导致延误了灭火时机,造成了不应有的损失,这种例子并不少。船上的灭火设备分移动式和固定式两类,无论何种情况,千万不能使灭火设备成为虚设,平时要勤检查保养,要确保即刻可用。

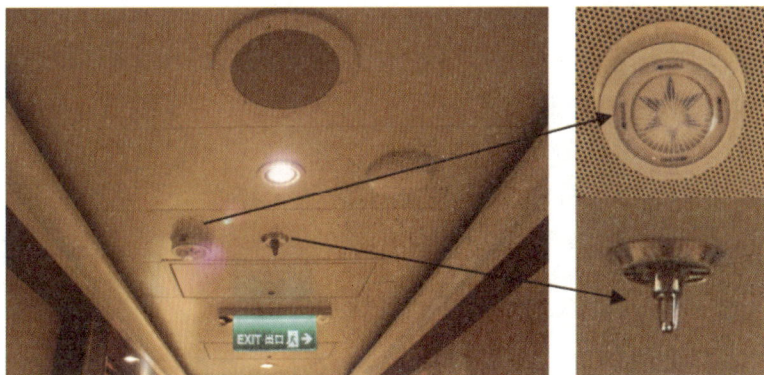

图 9.9　豪华邮轮走廊上的探火设备(右上)和细水雾灭火装置(右下)

图 9.10　豪华邮轮舰桥的移动灭火设备(左)、露天甲板上的灭火设备(中)、工作舱室的灭火设备(右)

(6)通道的保护

船舶通道有两种,一种是平时供人员使用的出入通道,在火灾时用作脱险(疏散)通道(图 9.11);另一种则为专用的消防通道(图 9.12)。前者用于人员的安全撤离,设计成为让逃生者通过最短的距离抵达安全处所,同时在撤离过程中能获得必要的保护;后者主要供从事灭火的人员抵达火场所并在必要时安全撤离,这种通道也应具有不被火灾切断之要求。无论是起居处所、服务处所还是机器处所、特种处所,都应至少有两个脱险通道。作为脱险用的通道,首先应能通向救生艇筏或其他救生撤离系统的登乘地点,同时应具备快速安全地疏散人员的条件。

图 9.11　豪华邮轮上的出入通道

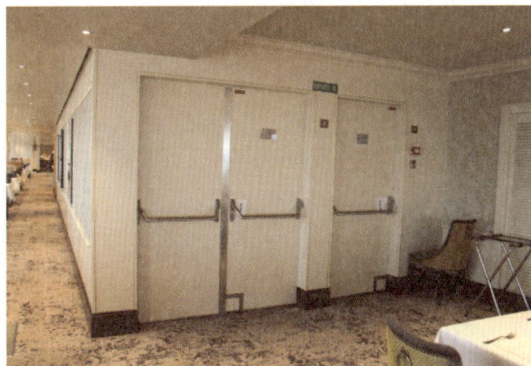

图 9.12　豪华邮轮餐厅中的专用消防通道(常闭防火门)

3. 交通路线的规划

（1）交通路线的规划要求

船上的交通路线主要由进出舱室的通道和上下甲板的梯道组成。规划交通路线时除应注意实用要求外，还应考虑：满足有关规范的规定，如走廊宽度、扶梯数目及最小宽度应符合相关规范的要求；客船的防火主竖区扶梯数目及技术条件则应注意满足《国际海上人命安全公约》的规定。此外，选取扶梯的仰角大小也很重要，仰角通常在 40°～60° 之间。仰角小，行走安全舒适，但梯的进深加大，因而占面积较多；仰角大，则行走不便较危险，对于只少数人用的扶梯可选用大的仰角，甚至可用直梯，以节省地位。

人的正常步距为 570～640 mm，在扶梯上安全行走所需最小踏步宽度为 140～160 mm；建议扶梯的尺寸范围及其极限值按表 9.2 选定；扶梯的斜度及其尺寸如图 9.13 所示。

表 9.2　建议的扶梯尺寸范围及其极限值

扶梯种类		仰角 $\alpha/(°)$	台阶高度 h/mm	台阶宽度 b/mm
游客用	适宜值	30～40	150～210	190～297
	极限值	55	235	147
船员用	适宜值	45～55	190～235	147～210
	极限值	60	245	136
甲板梯	适宜值	30～55	150～235	147～297
	极限值	245	245	136

为了安全，海船的扶梯宜纵向布置。因为横向布置的扶梯在横摇时横摇倾角不利安全。任何扶梯的台阶高度均应在同层内取相同的数值。在起步和终了的最末一个台阶可取半个台阶高度或任何不等值的台阶高度，梯口至客舱的门、走廊应有一定的距离，至少应为梯宽的距离，以避免船舶摇摆时走在走廊上或刚跨出舱门的乘客跌倒。

邮轮内部各处所之间，内部与外部之间的通道要直通，不要迂回曲折。单出口的走廊要短，且不应超过 13 m。各层的扶梯尽可能上下对齐。扶梯的位置应明显易寻。梯道要分主次，主梯道应宽敞。邮轮主梯道（图 9.14）应保证游客上下船、去公共场所、登艇甲板方便，但不宜过分集中。每个大的下层客舱尽可能在两端设扶梯各一部，以便利交通、防止拥挤，从而保证安全。

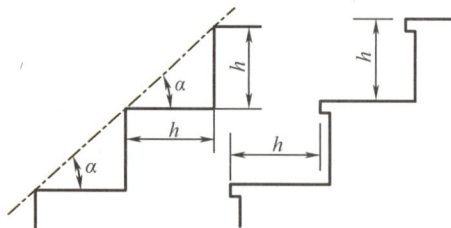

图 9.13　扶梯的斜度及其尺寸

图 9.14　豪华邮轮上的主扶梯

（2）通道的形式

通道的形式有多种,主要取决于船舶的大小、用途和性能。常用的有下列四种形式。

①双列式:图9.15(a)为双列式,当海上风浪较大,横摇比较厉害时,为了提高稳性、减少甲板上浪,海船的下层甲板可不设外走道,而利用机舱围壁两侧空间设计两条平行走道直通甲板端部,也可采用将双列走道与端部横走道组成环形通道的布置形式。

②周边式:船舶主尺度受航道宽度限制时,根据舱室设计基准要求和有限的船宽,不设置内走道的空间,可以采用图9.15(b)所示的周边式通道布置。一般为内河小船使用。

③双列周边式:这种设计形式常为大型远洋船舶所采用,如图9.15(c)所示。由于这些船舶船宽较大,有足够的面积布置多通道。这种形式交通方便,布置宽松工整。

④周边中轴式:图9.15(d)为周边中轴式通道布置图。这种形式对称整齐,交通便利,通风条件很好。考虑乘客观赏风景方便,设外走道,形成一种多循环的平面交通体系。

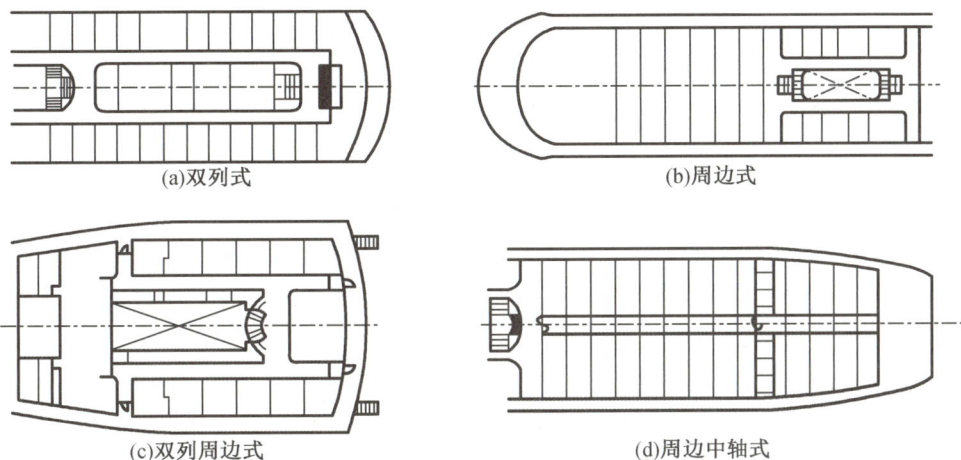

(a)双列式　　(b)周边式

(c)双列周边式　　(d)周边中轴式

图9.15　通道形式

由于豪华邮轮船宽通常超过40 m,有着较宽的设计空间,通常会采用更加多样的通道布置形式(图9.16),但总体来说多采用多列式。

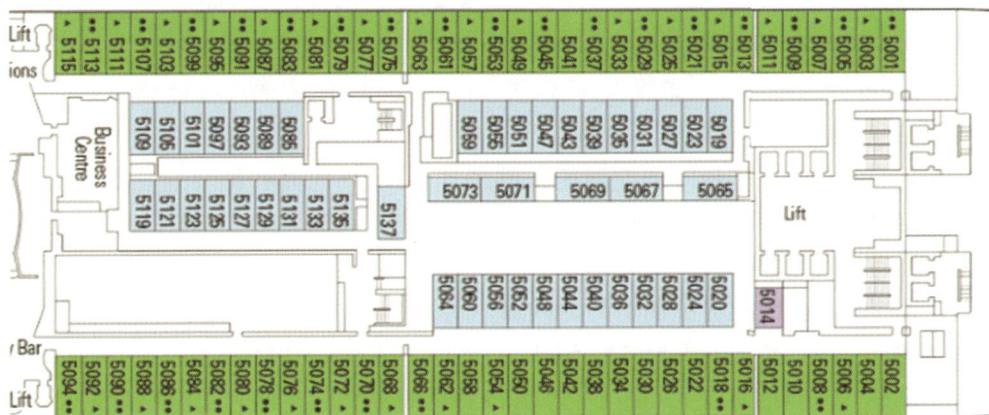

图9.16　豪华邮轮的通道布置形式

9.2.2 豪华邮轮内装艺术设计

1.内装艺术设计概述

内装艺术设计是在内装概念设计的基础上进行舱室的布置设计。与陆上建筑相比,船舶的居住和工作环境是比较差的,因此改善船舶的适居性,提高船上的工作和生活条件,消除航行中的不良影响是一个重要的任务。

就整体而言,豪华邮轮的各类舱室应与全船外形协调、统一,同时又应有其个性和各自不同的特点。在内部具体布置设计中,根据豪华邮轮的定位和客房、公共处所功能的不同,有的要朴实大方、有的要奢华热闹、有的要典雅幽静、有的要明快活泼,即豪华邮轮不同舱室的内部环境设计必须要有明确主题。设计原则包括但不局限于:

①舱室布置要有明快感。家具的安排应相称、适用,高大的家具最好布置在隐蔽的角落里,以免给人有拥挤之感。各种家具的相互位置应符合使用要求,要注意利用自然采光,便于清扫。邮轮要充分注意舱内通道来往的方便性。

②大的公共舱室,如餐厅布置,最好形成小的"区块"(如用屏风加以适当分隔),以免给人以低沉感,并注意内部通道来往的方便性。

③床铺有纵向和横向两种布置方式,船横摇时纵向布置要比横向布置舒适些,但前者所占的舱室面积较大,因此视具体情况二者都可采用。中小型船舶及客船常因占地限制而采用横向布置。非单床的舱室,纵、横结合便于风浪中调换使用。床最好不要沿外壁布置,否则不仅不利于办公桌的布置,且易使人患风湿。

④海船上居住室的门都设在内围壁上且向室内开,门的宽度应不小于0.6m。通向露天走廊的门则向外开。根据建造规范的要求上层建筑的底层要设置水密门,其他层设置一般门。大的公共处所应有两个出口,相距位置应远些。门应向外开或用双扇门,以利安全。

⑤海船各部位的窗的形式应根据建造规范及载重线规范对窗水密性的要求来选取,客船还必须满足抗沉性规范的规定;居住室窗的尺寸应大些,以便危机时逃生,窗的位置应有利于舱室采光,并尽可能位于两根肋骨或扶强材之间。

内装艺术设计在总布置设计阶段进行,它是船舶建筑内部设计中最具有艺术成分的内容,也是与人关系最密切的造型设计,涉及建筑材料、建筑工艺、色彩、灯光、空调等。内装艺术设计内容包括:空间设计、布置设计、色彩设计、陈设设计、光照环境设计等。

2.舱室空间设计

(1)舱室空间概念。构成室内空间的条件是具有顶界、底界和侧界这三个界面。船舶建筑的舱室空间由甲板舱壁、顶棚和栏杆等组成,构成空间顶界的如天棚、天花板,底界的如甲板、地板,侧界的如围壁、栏杆。

(2)空间类型。具有三界面的空间为内部空间;有一个或两个界面的空间为外部空间。例如客房为内部空间,露天甲板为外部空间。

(3)空间感。空间感是指人通过视觉,将自身尺度和实际空间尺度进行比较而产生的舱室空间的大小感。船舱为实体空间,客观存在以下特点:缺乏水平的地平基线,甲板的各向都由曲线构成;船体内部到处都是不规则墙面,并有许多倾斜面;甲板和天花板面积较大,显得舱壁特别矮,因此有较强的封闭感和压抑感。

（4）空间设计。空间设计即是通过各种造型手段变幻空间的视觉形象、分割形式，并通过对家具、设施等的再设计与巧布置，以达到扩大视觉空间、影响乘员的心理和生理感觉、用以满足和弥补实际空间的压抑和狭窄感。

（5）舱室空间设计的常用办法

①进行合理的空间分割（图9.17）。空间分割可以调整空间尺度比例，改变空间形式，改善空间感。船上大面积场所，如俱乐部、餐厅、会议室、观景室等，采用空间的分割创造，比如改变局部地界高度，舞厅、歌厅抬高，或降低舞台、舞池，将原有的空间分割成几部分，以产生对比，可以使局部空间感加大。也可利用家具对空间进行隔断，分成虚拟子空间。常见几种隔断包括：空透式隔断（玻璃、博古架）（图9.18）；移动式隔断（顶屏风、帐幕）；半壁式隔断（半墙、盆景）。

图9.17　豪华邮轮迎客大堂对空间的分割

图9.18　豪华邮轮自助餐厅中的空透式隔断

②改变照明方式。通过顶光照射中心区（图9.19），使被照亮区域亮度大大高于周边，形成一块独立的虚拟空间，加上四周的单元式家具布置，形成一个个小的虚空间，从而改变竖直和水平方向的尺度比，使空间感加大。

③利用错视和色彩分割改变视觉。由于错视，虽然实际尺寸相同，但人们会感觉垂直线段长度比水平线段长度要长。因此，在装饰舱壁时，色条分割、窗帘布的纹路均以竖向线为宜，甚至可将垂线延伸至天花板，以增加视觉高度（图9.20）；墙壁、地毯图案可采用小花纹，通过对比效果使视觉空间放大（图9.21）；镜面效应也能扩大视觉空间感，大幅玻璃镜、大面积壁画（图9.22）和装饰物等均能改善空间感。

图9.19　豪华邮轮客房入口的顶光灯

图9.20　豪华邮轮舱房中竖向纹路的运用

图 9.21　豪华邮轮上地毯使用的小花纹装饰

图 9.22　豪华邮轮餐厅中的大面积壁画

④在豪华邮轮的设计中,客舱是否设置专用阳台(图 9.23)被作为现代高水平设计的一项指标。分析其主要原因,一是通过阳台沟通人与自然的直接联系,满足人们向往自然的欲望;二是营造居家氛围,创造独特的个性特点;三是通过空间变化延伸视觉空间。相比这些,全封闭玻璃围幕或落地窗设计就显得不足。

图 9.23　豪华邮轮上的阳台房

3. 舱室布置设计

以居住舱室布置为例,房间分割和家具陈设是舱室建筑平面构成的基本内容,是影响室内空间感和造型效果的关键。居住舱室布置应参考有关规范的要求和建议,结合船舶性能,综合设计。

各家豪华邮轮公司对邮轮居住舱室的分类各有不同,但总体来说通常分为四类:内舱房、海景房(图 9.24)、阳台房、套房(图 9.25)。

内舱房(Inside):位于船体内部,没有对外的窗户或舷窗,它是邮轮上面积最小,也是最便宜的客舱。

海景房(Oceanview):乘客在舱室内可以看到窗外的大海,依据所处的甲板层及船体内部的位置,可有舷窗、风景窗或落地窗。

阳台房(Balcony):拥有独立阳台的居住舱室,它是现代邮轮中的标准房型。

套房(Suite):邮轮上最高等级的房型,类型从基本的一室一厅到大型、豪华型的多层、多室空间,种类较多,设施豪华,服务周全。

为了避免因剧烈横摇引起的不适,海船船舶居住舱室床铺最好纵向布置。其他家具也应尺度协调,排列有序,并考虑人们活动路线,以保证尽量大的活动面积。部分家具(尤其是公共场所的家具)可在一定条件下根据舱室要求不同进行组合、编排,以获得满意的视觉效果和与使用目的相协调的气氛。

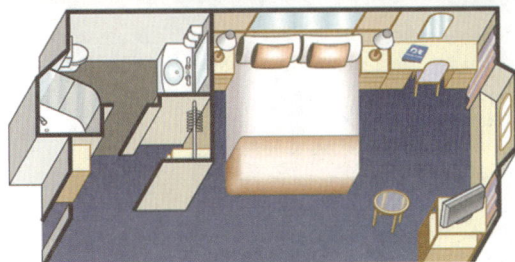

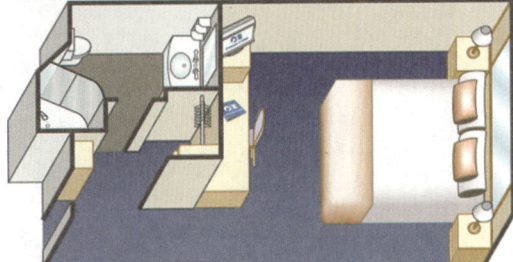

(a)海景房   (b)内舱房

图9.24　豪华邮轮海景房和内舱房的实景和布置设计

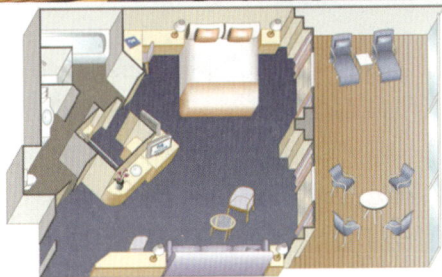

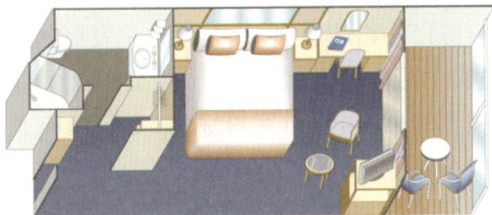

(a)套房   (b)阳台房

图9.25　豪华邮轮套房和阳台房的实景和布置设计

4. 舱室色彩设计

舱室环境空间内部的所有陈设包含了各种类型和颜色的物品和构件(合称物件)。从色彩设计角度来看,可将组成室内色彩的物件归结为以下四类:①室内建筑构件:天花板、立柱、地板、围壁、门窗等;②室内设备:床、桌椅、沙发、灯具等;③室内陈列品:植物、浮雕、文物、书画等;④室内纺织品:床单、窗帘、地毯等。

在室内环境中,哪类物件作为构成色彩的主体需要根据舱室本身的功能和主题思想来决定。整个内部空间的用色,必须根据舱室的使用功能所表达的主题思想、人们的生活习惯和整个的环境气氛等加以选择,而不宜定出统一的规格。

豪华邮轮上,针对不同等级的居住舱室,舱室之间的色彩须作适当调节,选用必须与舱室内部的布置、家具造型的艺术等相互联系起来,相互配合。如图9.26所示,通过不同的颜色搭配,使不同舱室内部空间环境给人的总体印象不同,有的是欢快热烈的喜庆气氛、有的是亲切随和的轻松气氛、有的是深沉宁重的庄严气氛、有的则是高雅清新的文化艺术气氛等。

图 9.26　豪华邮轮上不同客舱的色彩设计

5.舱室陈设设计

陈设艺术的历史,是人类文化发展的缩影。室内空间有不同的风格,如古典风格、现代风格、中国传统风格、乡村风格、朴素大方的风格、豪华富丽的风格等。舱室陈设设计是十分重要的内容,它布置的好坏,不仅影响人们的工作、生活,而且对舱室分隔、组织空间、美化舱室环境、创造舒适宜人的气氛也有作用。室内陈设包括家具、织物和工艺品等。

(1)家具:家具是一种实用工艺品,既有使用功能也具备美学功能。

(2)织物:室内织物包括窗帘、船上用品、沙发蒙面、台布、靠垫、地毯、挂毯等。

(3)工艺品(图9.27):工艺品无论是实用工艺品(塑料制品、艺术灯具、搪瓷制品、竹藤家具)还是装饰工艺品(壁挂、壁画、盆景、刺绣、雕塑、陶瓷)都能美化空间、陶冶情操,是船舶舱室环境设计中不可缺少的一部分。工艺品的选材与船舶整体造型效果密切相关。

豪华邮轮舱室陈设设计是一个复杂的综合设计,考虑的因素多,与结构、性能、功能和工艺都有密切的关系。它不单是美化外表,而是艺术、技术相结合的统一体,基本的原则是变化中求统一。

(a) (b)

图9.27　"歌诗达威尼斯"号上的大型雕塑(a)和陈列工艺品(b)

6. 光照环境设计

人的生活离不开光,无论白天和夜间,舒适的光环境对任何人都是至关重要的。

船舶内部的天然采光是极不理想的。主船体由于有水密要求,只能设置透光面积很小而且数量有限的舷窗,白天舱内光线也昏暗,不得不依靠灯光照明来补充。上层建筑则要好一些,但与陆上建筑相比,采光门窗小、采光效果差,尤其是部分远离舷侧的中部舱室,没有面向外部空间的壁面,无法设窗获得天然光照。从人的视觉特性出发,合理设计光环境,改善船内光环境条件,是改善船舶适居性的重要方面。

舱室内光照环境分为天然采光与人工照明两种。

(1)天然采光

天然采光是在室内借助于窗来实现的(图9.28),主要取决于窗户面积、位置、结构等综合条件,主船体舷窗尺度由规范确定,但上层建筑开窗可满足室内窗户面积不小于全室地坪面积的1/5。自然采光效果还与室内墙壁反射、天花板反射和舱室形状有关:反射率高,室内明亮;舱室进深大,离窗远自然采光就差。窗型和位置排列的设计应注意以下几点:窗户的采光面积及窗户的数目应根据室内光照需求确定;当窗户横向排列时,从船舶结构的功能条件出发,应尽可能少地切断横向肋骨,以免影响船舶局部强度;不同形状的窗户给人以不同的情感气氛。

图9.28　豪华邮轮"探索梦"号的舱室自然采光设计

（2）人工照明

人工照明主要由人工光源、照明灯具和照明装置组成。人工光源主要采用电光源,包括白炽灯、荧光灯、LED 灯、长弧氙灯、金属卤化物灯、高压汞灯和高压钠灯等。照明灯具是指灯与灯罩的组合(图9.29),灯罩的作用除保护灯泡,遮挡光源眩光和用来装饰外,更重要的在于控制配光,提高光通利用率。照明装置是以灯与舱室内结构或家具组合的照明方式,如反光顶棚、反光柱、反光梁等反光式照明装置,以及发光带、反光槽之类的透光照明装置,它们反射或发出的光照度均匀、光线柔和,无眩光和带阴影的光带、光环或光面,并能将光扩散到室内各处,从而改善光环境。

人工照明按功能分为功能性照明和装饰性照明。功能性照明包括明视照明(一般照明、局部照明)和应急照明。装饰性照明则形式、种类多样,均为以创造视觉美感效果为目标的采光设施。

①明视照明。舱室明视照明(图9.30)的任务主要是确保室内工作面有足够的照度,以便清晰地识别对象,了解环境。所谓工作面对卧室、休息室、通道、梯道等处是指地面,对会议室、餐厅、办公室、乒乓室、弹子房等是指桌面。

图9.29　豪华邮轮电梯等待处所的电光源和照明灯具

图9.30　餐厅的明视照明

②艺术照明。艺术照明是利用灯具的选型、光线的强弱光色的调配和光影的变幻使室内形成一种视感特殊的光环境,艺术照明更丰富了装饰效果,给环境增添美感和气氛。设计艺术照明应注意:根据舱室和处所的性质和用途并结合舱室装修特点考虑艺术照明;室内外(四周平面和立面、家具、织物等)用色的基调,光色与物色的协调;选一或两种照明方式为主调(避免繁杂),在具体手法上多下功夫。(图9.31、图9.32)

③应急照明(图9.33)。当船舶发生火灾或其他灾难电源中断时,正常照明的电源失效而启用的照明称为应急照明。应急照明对人员疏散、消防救援工作,船舶的继续运行或必要的操作处置,都有重要的作用。应急照明包括:航行灯、信号灯、通信等;机舱、控制站、消防装备处所的照明;通道、梯道、出入口、公共场所的照明;停放救生艇、救生筏场所,登艇甲板,舷外放艇入水处的照明。因涉及船舶遇难时人员安全逃生问题,应急照明设计要充分考虑逃生路线和登艇场所等。

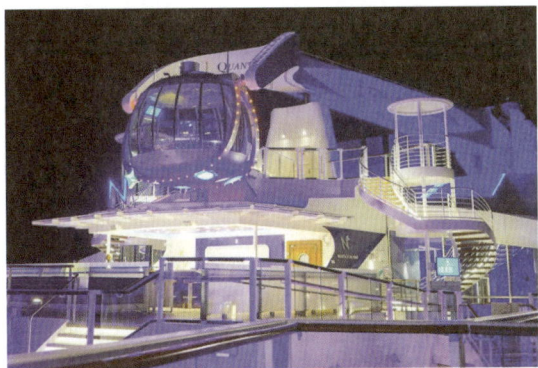

图 9.31　"海洋量子"号北极星的艺术照明

图 9.32　"海洋魅丽"号船尾露天剧场的艺术照明

图 9.33　豪华邮轮"歌诗达威尼斯"号上无处不在的应急照明

9.3　豪华邮轮内装案例

9.3.1　"歌诗达威尼斯"号概述

2019 年 5 月 18 日,歌诗达专为中国量身打造的首艘 Vista 级邮轮"威尼斯"号在上海开启亚洲首航,"威尼斯"号是歌诗达推出的有史以来第一艘以一个城市命名,第一艘以经典名城为灵感,以水城为灵感来源,全面再现威尼斯场景与风情的邮轮"威尼斯"号原汁原味地呈现了威尼斯城市中流转着的文艺与风情,以及圣马可大堂、贡多拉、凤凰大剧院等经典意式元素。"歌诗达威尼斯"号还全面考虑了中国消费者的偏好,提供中式火锅、传统点心等东方美食。首艘 Vista 级邮轮"歌诗达威尼斯"号主要技术参数如下。

①总吨位:13.55 万吨;

②长度:323.6 m;

③宽度:37.2 m;

④甲板层数:18 层;

⑤最高航速:18 kn;

⑥载客量:5 260 人;

⑦总房间数:2 116 间。

下面以豪华邮轮"歌诗达威尼斯"号为例,作为豪华邮轮内装案例进行介绍:该邮轮各类设施合计 50 处(表 9.3);图 9.34 为"歌诗达威尼斯"号全船对应表 9.3 涉及餐饮(红色)、酒吧(橙色)、娱乐(黄色)、运动(蓝色)、购物区(粉色)和公共处所(绿色)设施的各层甲板总布置图。

表 9.3 "歌诗达威尼斯"号设施汇总表

分区	设施在总布置图中的标注编号及设施名称			
娱乐 (黄色)	①尤文图斯博物馆	②青少年多功能室	③弗拉雷 KTV	⑩凤凰大剧院
	⑫幸运女神娱乐场	⑭贵宾包厢	⑮棋牌室	⑯艺术画廊
	⑰假面舞会酒吧	⑩思高俱乐部	㊸拉古那水上乐园	㊺青少年运动场
公共 (绿色)	④岸上观光服务中心	⑤客户服务中心	⑧餐厅服务台	⑬吸烟区
购物 (粉色)	⑪圣马可商店	㉔购物中心	㉖照片廊	
酒吧 (橙色)	⑥圣马可大堂	㉓贝拉饮品吧	㉗贡多拉酒吧	㉘星光酒吧
	㉚丽都阳光酒吧	㉛意式冰激凌	㊲彩色岛池畔酒吧	
餐饮 (红色)	⑦马可波罗餐厅	⑨大运河餐厅	⑱鑪中式火锅	⑲炎日式铁板烧
	⑳卡萨诺瓦餐厅	㉑极海鲜坊	㉒意式牛排馆	㉕烧烤屋
	㉞丽都市集餐厅	㉟意式比萨	㊱海鲜小屋	
运动 (蓝色)	㉙丽都阳光游泳池	㊳彩色岛阳光甲板	㊴日光浴场	㊶户外运动场
	㊷健身中心	㊹水疗中心	㊻高尔夫训练场	㊼慢跑道
	㊽健身花园	㊾绳索攀爬场	㊿威尼斯花园	
其他 (淡黄)	㉜点心工坊	㉝汉堡小站		

9.3.2 "歌诗达威尼斯"号的客舱

"歌诗达威尼斯"号邮轮存在的客舱的甲板包括第 1,2,3,5,6,7,8,9,10,11,12,14 层,其中第 1,2,6,7,8,9 层甲板为纯客舱甲板。在图 9.34 中展示了第 6 层甲板的客房舱室总布置图,图中橙色客舱为内舱房、紫色客舱为海景房、蓝色客舱为阳台房、粉色客舱为套房。

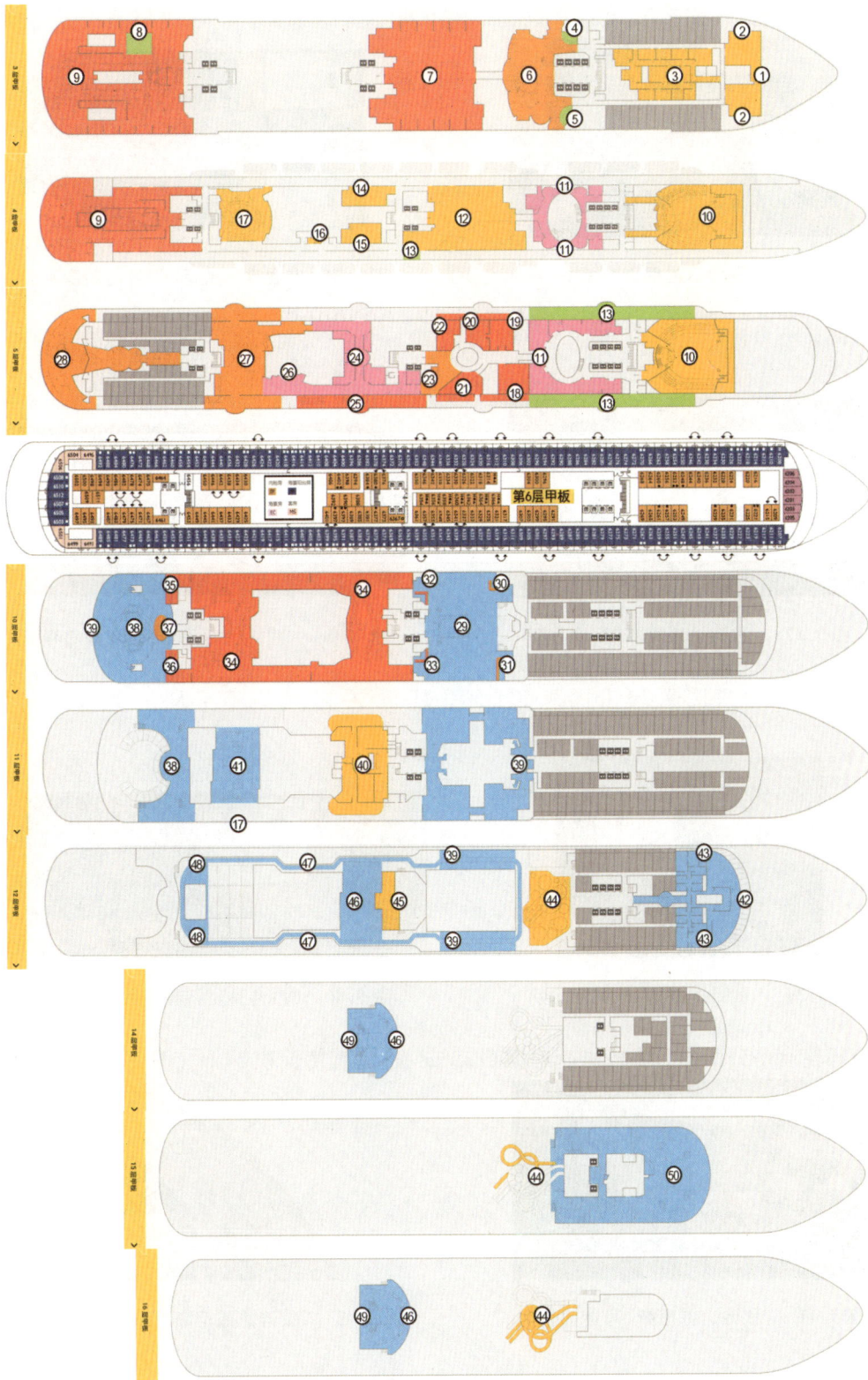

图9.34　"歌诗达威尼斯"号第3,4,5,6,10,11,12,14,15,16层甲板总布置图

该邮轮内舱房（图9.35和图9.36）面积16 m² 左右,可以睡4人(上下铺)。

图9.35 "歌诗达威尼斯"号内舱房

图9.36 "歌诗达威尼斯"号内舱房平面图

该邮轮海景房（图9.37和图9.38）面积20 m² 左右,可以睡4人(一张床、一张沙发床)。

图9.37 "歌诗达威尼斯"号海景房

图9.38 "歌诗达威尼斯"号海景房平面图

该邮轮阳台房（图9.39和图9.40）面积21 m² 左右,可以睡4人(一张床、一张沙发床)。

图9.39 "歌诗达威尼斯"号阳台房

图9.40 "歌诗达威尼斯"号阳台房平面图

该邮轮套房分两类其中标准套房面积32 m²,迷你套房面积24 m²（图9.41和图9.42）。

图9.41 "歌诗达威尼斯"号迷你套房

图9.42 "歌诗达威尼斯"号迷你套房平面图

9.3.3 "歌诗达威尼斯"号的娱乐处所

体量巨大、类型繁多的休闲娱乐活动是豪华邮轮区别于一般客船的主要特点,其产生的初衷是避免游客在长途海上航行过程中的枯燥无聊,如今已经演化为涵盖观演、娱乐、赌博、文化等多样化的功能综合体,成为现代豪华邮轮吸引游客的焦点,也是邮轮设计的主要方面。下面以"歌诗达威尼斯"号的部分娱乐处所为例介绍。

1. 尤文图斯博物馆(图9.43)

尤文图斯博物馆属于参与性娱乐处所,类似的该类处所还有赌场、游戏机房、歌舞厅、碰碰车等。

图9.43　"歌诗达威尼斯"号尤文图斯博物馆(第3层甲板①)

2. 艺术画廊(图9.44)

艺术画廊属于消费类娱乐处所,类似的该类处所还有照片廊、免税商店等。

图9.44　"歌诗达威尼斯"号艺术画廊(第4层甲板⑯)

3. 凤凰大剧院(图9.45)

凤凰大剧院属于观演性娱乐处所,类似的该类处所还有电影院、秀场、露天舞台等。

4. 拉古那水上乐园(图9.46)

拉古那水上乐园属于儿童活动类处所,类似的该类处所还有儿童游戏室,少年活动中心等。

图 9.45 "歌诗达威尼斯"号凤凰大剧院(第 4,5 层甲板⑩)

图 9.46 "歌诗达威尼斯"号拉古那水上乐园(第 12,14,15 层甲板㊹)

9.3.4 "歌诗达威尼斯"号的餐饮处所

豪华邮轮上餐饮处所每天要招待邮轮上数千游客的餐饮需求,高品质的餐饮服务主要体现在三个方面:优质的食物,良好的就餐环境,贴心的服务。其中餐饮处所的设计决定了邮轮是否能提供一个良好的就餐环境,其设计主要内容包括:餐厅的位置、餐厅的功能布局、内部空间、色彩与照明、内部陈设与装饰布置等。

根据邮轮的大小、载客量的不同,游轮餐饮处所的数量也不同,但通常都会存在复数个主餐厅、自助餐厅和特色餐厅。下面以"歌诗达威尼斯"号的部分餐厅为例介绍。

1. 马可·波罗餐厅(图 9.47)

甲板 3 层的马可·波罗餐厅是"威尼斯"号两个主餐厅之一,最多能同时容纳近800人。它以马可·波罗东行之旅源于西方人对东方香料的渴望为线索,将带您在航程中体验一场美食的东、西之旅,享受地道的中西美食。

图9.47　"歌诗达威尼斯"号马可·波罗餐厅(第3层甲板⑦)

2.大运河餐厅(图9.48)

甲板第3,4层的大运河餐厅是"威尼斯"号两个主餐厅之一,最多能同时容纳近1 500人。它是以大运河为灵感的餐厅,餐厅里有大运河、贡多拉、桥廊和威尼斯市徽旗帜的装饰,为乘客提供运河河畔的浪漫晚餐,同时一艘贡多拉停泊在码头,等待开启下一趟旅程。乘客可以在这里拍张照片,或是穿过廊桥漫步。

图9.48　"歌诗达威尼斯"号大运河餐厅(第3,4层甲板⑨)

3.丽都市集餐厅(图9.49)

甲板第10层的丽都市集餐厅,是"威尼斯"号的最大自主餐厅,最多能同时容纳近900人。在这里中西美食完美搭配,各地美味缤纷呈现,多种中式菜肴满足中国乘客的口味,客人们可以和家人朋友一起,在欣赏大海美景的同时尽享美食之旅。

4."鑪"中式火锅(图9.50)

甲板第5层的"鑪"中式火锅,是一家自费特色餐厅。在这里,客人有机会体验有千年历史的亚洲烹饪方式,通过选择自己喜爱的锅底,和家人朋友一起烹饪新鲜食材,包括海鲜、肉和蔬菜等。

图 9.49 "歌诗达威尼斯"号丽都市集餐厅(第 10 层甲板㉞)

图 9.50 "歌诗达威尼斯"号上的"鑪"中式火锅(第 5 层甲板⑱)

9.3.5 "歌诗达威尼斯"号的酒吧处所

酒吧是西方日常生活中重要的休闲和社交场所,在基于西方理念的豪华邮轮上,酒吧自然是必不可少且极为重要的组成部分。下面以"歌诗达威尼斯"号的部分酒吧为例介绍。

1. 贡多拉酒吧

甲板第 5 层的贡多拉酒吧(图 9.51),其灵感来自有 1 000 多年的历史被中国游客视为"水上法拉利"的贡多拉,在贡多拉酒吧中有一艘来自 Squero di San Trovaso 真正的贡多拉!

图 9.51 "歌诗达威尼斯"号贡多拉酒吧(第 5 层甲板㉗)

2. 圣马可大堂(图9.52)

甲板3,4,5层的圣马可大堂被誉为"欧洲最美会客厅",圣马可大堂作为迎接客人的第一站(登船大厅),向来自全世界的乘客致意。这里同时也是一处走廊式酒吧,旋转楼梯通往4层的表演台,这里长期有音乐演出,大堂在不同的时间段还会举办各项精彩活动。

图9.52　"歌诗达威尼斯"号圣马可大堂(第3,4,5层甲板⑥)

3. 星光酒吧(图9.53)

甲板第5层船尾的星光酒吧,是"威尼斯"号上最大的酒吧,能同时容纳超过200人。进入酒吧要通过"星影红毯",迎接你的是国际巨星们的真人蜡像,还有著名的威尼斯金狮。每晚更有精心打造的电影主题Party,和盖茨比举杯畅饮,与杰克船长对弈,同超人来一次舞"斗"。

图9.53　"歌诗达威尼斯"号星光酒吧(第5层甲板㉘)

9.3.6 "歌诗达威尼斯"号的运动和公共处所

邮轮的运动处所是为游客提供各类体育运动的场所,与陆地上的运动活动相比,邮轮上的活动种类和空间受到限制,因此运动向小型化发展,如健身、攀岩、篮球、高尔夫通常采用迷你尺寸,游泳池也不可能是比赛用标准泳池。要尤其注意的是,包括泳池在内的运动处所往往是游客容易发生事故的区域,在设计过程中必须充分考虑安全性要求。

邮轮的公共处所一般指游客服务中心、岸上旅游中心、公共吸烟区等处所。下面以"歌诗达威尼斯"号的部分运动和公共处所为例介绍。

1. 丽都阳光游泳池(图9.54)

第10层甲板船中处的丽都阳光游泳池是"威尼斯"号上最大的游泳池,在天气情况恶劣的情况下,可以关闭该泳池上方的玻璃移动顶棚,使其变成一座室内泳池。该泳池周边配备了丽都阳光酒吧、咖啡吧,和意式冰激凌店,打造极具意大利特色的饮食,陪伴你的海上阳光假期。

图9.54 "歌诗达威尼斯"号丽都阳光游泳池(第10层甲板㉙)

2. 绳索攀爬场(图9.55)

第14,16层甲板的绳索攀爬场,是海上惊险刺激的绳索探险乐园,游客可以在桅杆和绳索上攀爬穿梭,拓展信心和勇气。

图9.55 "歌诗达威尼斯"号绳索攀爬场(第14层甲板㊾)

3. 健身中心(图9.56)

第12层甲板船首的"威尼斯"海上健身中心,让你迎着大海,劈波斩浪,向前奔跑,中心里各种健身器材应有尽有,满足健身爱好者的需求。

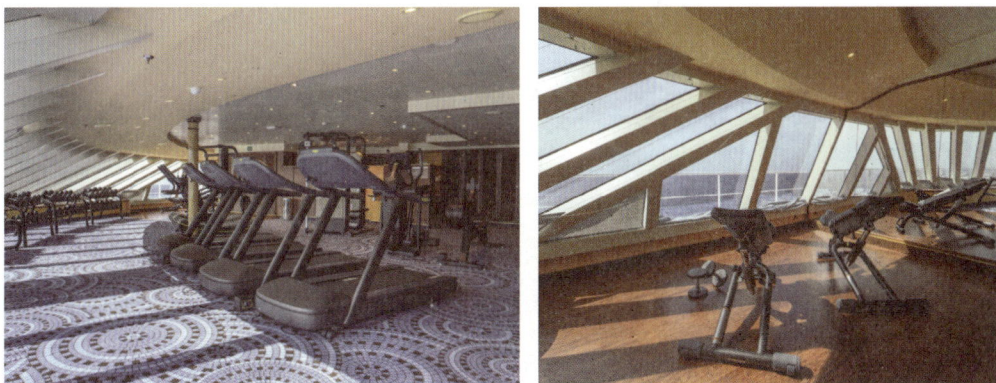

图 9.56　"歌诗达威尼斯"号健身中心（第 12 层甲板㊷）

4. 岸上观光服务中心（图 9.57）

第 4 层甲板的岸上观光服务中心靠近圣马可大堂，位于"威尼斯"号船中左舷，与其对称的右舷则是客户服务中心。和几乎 24 小时都在忙碌的客户服务中心不同，岸上观光服务中心仅在靠岸前后的固定时间段进行营业，主要办理上下船和岸上观光的相关业务。

图 9.57　"歌诗达威尼斯"号岸上观光服务中心（第 4 层甲板④）

第 10 章　豪华邮轮的建造

10.1　现代造船技术概述

20 世纪 60 年代以后,在世界造船行业不断研究和实践下,逐渐形成了以分段建造法为主的现代造船法,一直沿用至今。所谓分段建造法即将零件、预装好的部件在胎架上组合焊接成分段或总段,然后在船台装配成整船的建造方法,是当前各种类型大、中型船舶建造技术、模式、方法和技艺的统称。

进入 21 世纪以来,世界经济稳定增长,航运业持续发展,世界造船市场呈现兴旺势头。科学技术也在飞速发展,许多先进的制造技术在造船领域得到应用,现代造船技术正朝着高度机械化、自动化、集成化、模块化、计算机化的方向发展。现代造船企业已使用部分自动化设备来代替人操纵各种机械,广泛运用了数控切割技术,美国、英国、芬兰等许多国家在船舶建造中都相继不同程度地采用了自动化装备和机器人。此外,自动焊接技术、成组制造技术和柔性制造技术等都在广泛应用。同时在计算机技术快速发展的今天,CAD(计算机辅助设计)/CAM(计算机辅助制造)技术得到广泛的应用,目前世界上许多重要的造船企业都在加快 CIMS(计算机集成制造系统)技术的开发和应用,世界上几乎所有重要的企业都在不同程度地推进本企业内部的网络化建设。

下面分别就一些基于分段建造法的现代造船新模式、技术和系统进行介绍。

1. 精度造船技术

精度造船控制管理技术是现代造船方法中的一项重要内容。精度造船控制管理,就是通过运用先进的工艺技术手段和严密的科学管理方法,对造船的全过程实施尺寸的精度分析和控制,从而最大限度地减少施工过程中的修整工作量,这对于提高造船生产效率和建造质量具有十分重要的意义。

2. 现代造船模式

现代造船模式,即以统筹优化原理为指导,应用成组技术原理;以中间产品为导向,按区域组织生产;壳、舾、涂作业在空间上分道、时间上有序;设计、生产、管理一体化,均衡、连续地总装造船。现代造船模式是现代造船企业缩短造船周期、提高生产效率和降低造船成本的必由之路。精益造船生产是指从造船合同签约开始到船舶完工交付使用的生产全过程,包括与船舶设计、生产和管理相关的一切生产活动。目前,现代造船模式的关键所在是做好信息化工作。

3. 模块化造船技术

模块化造船技术的基本思想就是充分应用成组技术、分道技术、集成技术、信息技术、预舾装技术、精度造船技术、壳舾涂一体化技术、区域化管理和总装化的思想,实施以中间产品为导向组织生产的方式,把整条船视作由百余个船体分段模块(充分预舾装和涂装/安装型的)和几十个设备装置模块(安装型的、功能型的)以及生活中心模块(功能型的、安装型的)最后进行总装而成。

4. 船体分道建造技术

船体分道建造技术是指在造船全过程中,将构成船舶的中间产品的制造不按船舶最终产品和船舶系统分类,而是按特征的相似性分类成组,即按平面分段、曲面分段、上层建筑等各自独立的多通道并行展开,实现空间分道、时间有序、责任明确、相互协调的作业优化排序。同时,与此相配合的船舶设计、生产、管理和采购等各部门的任务和计划及相互关系,都围绕着各个通道形式的中间产品的制造予以明确规定,使得船厂的一切工作相互协调,极富节奏。船体分道建造技术是建立现代造船模式的重要手段和基础技术之一。

5. 高效焊接技术

焊接技术是造船业的主导技术,它的先进和高效在很大程度上决定了产品制造质量可靠和效率可控。高效焊接方法有单面焊、两面成型自动焊(FCB)、埋弧自动焊、垂直自动焊、二氧化碳焊、熔化焊和机器人焊接等,这些焊接方法已经在先进造船企业普遍采用。焊接技术的发展动向最令人瞩目的是,自动化信息和信息技术近年来在造船焊接领域的应用进展迅速。

6. 其他前沿技术

(1)造船虚拟企业。造船虚拟企业是把全世界或某国家、某地区的有关造船业的船厂、分包企业、供应商、设计研究单位、舰船检验机构和舰船使用部门的职能,集成为一个一体化的组织。这个组织以船厂为盟主,根据造船任务的要求,把船厂和其他企业的各种优势力量集成为一个单一的造船实体,开展船舶产品的投标、设计和制造,一旦所承接的产品完成,这个实体即虚拟企业立即解体,各类人员立即转入其他产品。

(2)虚拟造船技术。虚拟造船技术是以舰船及其建造系统的全局最优化为目标,以计算机支持的仿真技术为前提,对船舶产品及其建造过程进行统一的建模,在船舶设计阶段,模拟船舶未来建造的全过程及其对舰船产品设计的影响,预测舰船性能、造船成本、可制造性,从而更敏捷地组织造船生产,使船厂和车间的资源得到更合理的配置,以达到舰船产品的研制周期和成本最小化、舰船性能最优化和建造效率最高化。

(3)造船并行工程。造船并行工程是集成地、并行地设计舰船产品及其相关的各种过程(包括造船和支持过程)的系统方法,这种方法要求舰船产品开发者在设计一开始就考虑舰船全寿命期(即从概念形成到舰船退役处理)的所有因素,包括质量、成本、进度计划和用船者的要求。不能把"边设计、边生产"误认为是并行工程。相反,它必须在造船开工之前,在舰船设计时间时进行舰船及其相关过程的设计,包括舰船的建造工艺、生产计划、配套协作、质量保证和交船后服务的设计。

(4)设计制造一体化。设计制造一体化是并行设计产品及其相关过程实现集成的系统方法,在可共享的产品全寿命期的信息资源的基础上,把先期的产品设计与后续的制造工艺等工程设计过程作为一个整体,由传统的顺序设计变革为并行设计,使产品开发一开始就考虑到产品全寿命期的所有因素,包括产品的性能、质量、成本、工艺、结构、服务和报废等,以实现缩短产品开发周期、提高产品质量和减少研制费用的目标。

(5)舰船敏捷制造。舰船敏捷制造是通过建立舰船制造各方的共同基础结构,把企业内外的相关生产过程迅速集成为一个系统的组织方法,以对舰船的需求做出快速响应,并获取企业的长期经济效益。

在舰船敏捷制造体系中,不管它属于哪个部门,都需要建立一个共同的基础结构,把不同企业的生产过程联结为一个系统。

(6)舰船柔性制造系统。舰船柔性制造系统是由数控加工设备、物料运储装置和计算机控制系统等组成的舰船组件的自动化制造系统,它能根据制造任务和生产环境的变化迅速调整,适用于多型舰船的单艘或批量生产。柔性制造系统自动地生产某一零件族的任何零件,它的物料运输、储存也应是自动的,能实现多机联动。

(7)智能控制系统。智能控制系统是对一个问题的输入能够产生合适的决策和控制的系统。除了对各被控量实现定值调节外,还要求能实现整个系统的自动启停、故障的自动诊断和紧急情况的自动处理等。针对控制对象和装置所处的环境,由传感器(包括触觉、滑觉、视觉传感器)处理感知信息,并将之输入"认知"部分。该部分接收和储存知识、经验和数据,并对它们做出分析、推理和决策,再由"规划和控制"部分,根据给定的任务与系统中各模块的信息,进行自动搜索、推理决策和动作规划,指挥"执行器"控制对象。

(8)绿色制造技术。绿色制造技术是力求产品制造对环境影响最小、对资源利用效率最高的生产技术。其目标是使产品从设计、制造、包装运输、使用到报废处理的全寿命期中,废弃物和有害排放物最少,以减小对空气、水和土地的污染。绿色制造要求使用绿色材料,应使用再生纸张,要限制不可降解的塑料的应用。它还要求采用水力、风力和太阳能发电为能源。制造过程使用节约资源和对环境及用户友好的生产设备,限制使用以有毒性的有机溶剂为基体的材料和会产生有害排放物的工艺过程。

10.2 豪华邮轮造船模式与生产准备

豪华邮轮是典型的高附加值船型,其研发设计和建造难度极大。大型邮轮和航母,被并称为造船业"皇冠上的明珠",豪华邮轮相比航母来说,设计规范标准有过之而无不及。

大型豪华邮轮像是一座游弋在"海中的城市、流动的岛屿"。以绿洲级"海洋和悦"号为例,其上层建筑共有16层甲板,拥有2 700个客舱,最多可搭载6 360名游客和2 100名船员。船上拥有容纳1 400人的剧院,拥有公园、高尔夫球场、23个游泳池、发电厂、自来水厂、甚至酿酒厂……,还拥有跨越十层楼的超大型滑梯、可伸缩以便通过海峡桥梁的烟囱。这艘造价高达十数亿美元的邮轮诞生,让人惊讶于人类的想象力、创造力永无止境,更是船舶设计和建造领域的集大成之作。

10.2.1 豪华邮轮造船模式

随着邮轮从最开始的运送邮件转变为供游客休闲游玩的移动场所,邮轮的性能、结构、功能等都发生了巨大变化,邮轮设计与造船模式随之也发生了很大的变化。20世纪80年代以前,邮轮建造的所有工程项目都由船厂负责,包括设计、建造、安装等。但随着现代邮轮越来越巨型化,需要提供的功能越来越多,设计与建造工程也越来越复杂,邮轮上配套的公共服务设施和娱乐设施也更加多样,船上配有购物商场、高尔夫球场、图书馆等,可谓应有尽有,仅靠一家船厂已经无法独立完成一艘豪华邮轮的设计与建造。

和其他所有船舶工程一样,邮轮设计先于邮轮建造,属于船舶工业分支领域。邮轮的设计过程包括大量复杂的研究和测试,邮轮设计公司为了达到各类公约、规范及船舶工业制造技术的要求,通常要进行大量分析并提出解决方案,递交基本和详细的设计图纸、船上附属设备设计图和生产设计图给船厂。邮轮设计公司使用最新的计算机辅助工程技术提供分析、模拟、诊断、制造、维修和其他数据服务。通常建造一条全新的豪华邮轮需要2~3年的时间,而设计往往在邮轮开始建造前3~4年就已经开始。

今天,豪华邮轮主要采用基于分段建造法的模块化造船模式。该技术最早应用于军用船只的建造,第二次世界大战期间,美国大量建造军用船只,模块化技术逐渐引起重视。其他国家也陆续开展模块化技术研究和应用。在民用船舶建造方面,模块化技术已得到广泛应用,如机舱模块、卫生单元模块和部分上层建筑模块等。邮轮建造也实行模块化建造,将邮轮建造各功能模块分包给不同的分包商、供应商。船厂只需完成船体建造和总装,其他的功能模块都由分包商完成。

豪华邮轮从船体结构来看,分为主体部分和上层建筑部分。主体部分是指主甲板以下的部分,用于布置动力装置、装载货物、安置船员、储存燃油和淡水,以及布置其他功能舱室等。邮轮除了主体部分的以外,更重要的是上层建筑部分,邮轮主甲板以上的可见区域全部属于上层建筑,包括客房、酒吧、餐厅、赌场、歌剧院等数千个大小不同、用途各异的舱室,每个舱室模块都提前铺设管系和电缆,建造时要求预舾装率超过90%。

豪华邮轮建造工程浩大,每艘邮轮的建造均需要消耗数万吨高强度、高弹性的优质钢材,其分段建造流程简化示意图如图10.1所示:①通过规模惊人的生产线和自动化设备,将钢材切割成数以万计的独立部件,包括钢片(零件)、钢梁和较小构件等。②将零件、钢梁和较小构件焊接起来形成船体基本框架,再装焊成舱壁、立柱和甲板,形成含有多个舱室单元空间的分段模块,一般分段模块只有一层甲板的高度。③建造分段的模块时,国际各大造船厂都采用预制模块建造的方式对分段模块进行处理,即在分段模块阶段提前铺设电路系统和管道系统,预留出尺寸、形状相同的接口以方便舾装,完成舾装设备的安装之后,将各分段叠加起来,焊接成一个总段,并进行总段涂装。

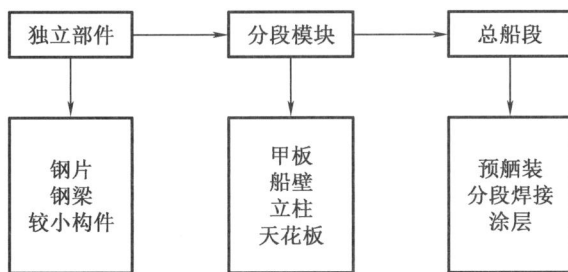

图10.1　豪华邮轮分段建造流程简化示意图

以"海洋和悦"号邮轮的建造为例,该邮轮被划分为90多个总段,其中最大的一个总段有5层甲板的高度,包含10个分段,用类似搭建积木的原理(即分段建造法),将各分段、总段拼接起来,逐渐形成一个完整的邮轮船体建筑。现代造船厂一般都将豪华邮轮的船体和舱室建造分开进行,其中舱室建造和舱室内装由专业化的配套厂商完成,最后整体吊装上船完成组装。综上所述,豪华邮轮建造的复杂程度和精度要求远超其他船舶,只有对现有包括模块化技术、精度造船技术、高效焊接技术在内的各项现代化造船技术进行更加深入的研究和创新,才能够在邮轮建造领域有所突破。

模块化技术不仅仅是一种建造技术,更是设计技术和管理技术的综合体现。我国在20世纪80年代中期引入模块化造船概念,在20世纪90年代开始将模块化技术运用到军用船只建造上。当前我国已经广泛运用模块化技术,但对模块化技术的掌握和应用程度,在面对类似"绿洲级"这类超大型豪华邮轮建造的时候,并不足以支撑自主完成豪华邮轮的设计和建造。对于目前国内邮轮制造现状来说,形成高效的系统集成网络是运用模块化技术的前提和保障。系统集成的本质就是最优化的综合统筹布局,整合各项资源,使各个独立模块单元连接在一起后不但能工作,而且整个系统的成本最低、效率最高。

10.2.2 豪华邮轮生产准备

豪华邮轮是典型的高技术、高附加值船舶,其建造涉及设计、技术、工艺、材料及供应量、进度、质量、安全以及人力等多种因素,作业界面的数量级远多于传统船型,因此针对豪华邮轮建造的特点,做好生产准备工作十分重要。

1. 材料和设备的准备

豪华邮轮建造工程浩大,每艘"绿洲级"邮轮光是设计图纸和资料,就有15万页,2.2 t重,建造需要数万吨高强度、高弹性的优质钢材,并通过规模惊人的生产线和自动化设备,将这些钢材切割成超过2 500万个独立部件,包括零件、钢梁和较小构件等。波音公司和空中客车公司生产的大型飞机,零部件200多万个,一艘邮轮零件数量是大型飞机的10倍之多。而豪华邮轮所使用的大型柴油发电机、螺旋桨等设备,往往需要在船舶开始建造前的3个月甚至更久订货,才能在安装阶段按期交付安装。这些建造豪华邮轮的材料和设备都需要合理安排材料、设备采购,并有备选采购应急采购方案,避免工期延误。

2. 建造场地准备

以"海洋和悦"号豪华邮轮建造为例,全船被划分为23个区域,将每个分区划分为2~8个总段;全船共有90个总段,一个总段包含有4~6个单元,有的总段跨越2~5层甲板,重量200~1 200 t之间,最大总段尺寸长度近50 m;全船合计近400个单元,1个单元包含1~8个分段;全船包含700多个分段。为了满足众多的分段建造,造船厂必须进行合理规划、提前准备尺寸满足建造要求的分段堆放场地、加工设备、起重设备、船坞和船台。

3. 高素质人员准备

邮轮外观的造型和内部装饰风格涉及建筑、造型、文化和艺术等问题,这使豪华邮轮的设计不仅需要船体结构设计人员,还需要艺术家和专门进行艺术设计的人员参与其中。和相同尺度的普通船舶相比,豪华邮轮的设计周期要多出数倍。

以"海洋和悦"号豪华邮轮建造为例,需要对数千万个的零件切割下料,700多个分段的建造装配,需要3 000位以上训练有素的造船技术工人,花费超过1 000万个工时完成。而为减轻上层建筑的重量,豪华邮轮应用了大量的薄板,造船企业必须掌握薄板焊接变形控制技术,需要培养大量高素质、高技术工人,以一种精益求精、一丝不苟的工作态度开展豪华邮轮的建造施工。

4. 造船技术和计划准备

豪华邮轮船厂的工期十分紧张，往往一条邮轮在下水后的第二天，另一条邮轮的分段就会进入空出的船坞，再加上豪华邮轮工程本身的复杂性，造船技术和计划准备显得尤为重要，不当的造船技术和糟糕的造船计划往往会带来十分严重的后果。

（1）提高造船自动化水平。造船企业的建造自动化水平是逐渐提升的，通常首先实现钢材预处理和切割自动化，然后实现焊接自动化，接下来还可以逐步实现涂装自动化、装配自动化、舾装自动化。通过自动化水平的提升，可以大幅提高造船效率。

（2）控制提高进坞前分段的完整性。要求所有的分段进坞前完成所有的舾装、涂装、电缆和所有绝缘的安装，预舾装率越高越好。

（3）严格控制分段质量，降低搭载阶段的修整率。分段的所有问题应在组成总段之前解决；采用新工艺提升分段建造质量，如德国迈尔船厂应用激光焊接技术提高建造精度。

（4）实施全程精度控制。包括薄板加工焊接、分段总段精度控制、舾装精度控制等。

（5）制订负荷计划，确保船厂资源管理有序高效。保证船厂在设备和工序上的资源投入有详细的方案，以降低船舶建造周期；采用计算机辅助系统进行物资管理，用条码跟踪物资和船舶零部件，使其按时按期交付，防止积压和延误。

（6）制订日程计划，保障造船进度与合同一致。日程计划包括船厂建造计画线表、综合日程表、主日程表和月度计划表等。豪华邮轮与主流商船的项目建造模式差异较大，决定要更加严格、精细的制订建造日程（网络）计划，并须严格控制、管理和实施。

5. 风险防范准备

豪华邮轮的建造要有充分的风险防范意识，由于豪华邮轮建造工程的复杂性、工作界面的多样性，必须重点防范施工安全隐患。

图10.2 三菱船厂遭受火灾的"钻石公主"号豪华邮轮

2000年三菱重工开始建造"钻石公主"号邮轮，历时两年邮轮下水进行码头舾装，2002年10月1日由于内部舾装焊接疏忽，导致在建船舶发生严重火灾（图10.2），火灾持续了36 h，70%船体烧毁，1 000多名现场工人面临危险。该船在经历火灾后交付时间比预计推迟近7个月，三菱重工因此在该项目中亏损达2.5亿美金（129亿日元）。

法国大西洋船厂建造的"玛丽皇后2"号豪华邮轮，重15万总吨，是当时世界上最大的豪华邮轮。按计划这艘邮轮将于2003年12月下旬出坞。2003年11月15日，该船在船坞中进行最后装修，为了显示船厂的成就，大西洋船厂组织员工家属参观这艘船。当参观人群（包括几名准备上船做清洁工作的工人）聚集在登船跳板上等候上船时，跳板突然断裂

（图 10.3），48 人从离坞底 20 米高的跳板上坠落，导致 15 人死亡，33 人受伤，其中不少是妇女和儿童。

图 10.3　大西洋船厂"玛丽皇后 2"号高空坠落事故现场

除安全事故外，在建造豪华邮轮过程中，若遇到前期设计不当或法规改变，也会发生建造工程意外变更从而导致建造进度拖延，甚至给整个建造项目带来不可预估的风险。

10.3　豪华邮轮建造关键技术

10.3.1　豪华邮轮建造特点

豪华邮轮与主流商船的建造项目模式差异较大，其主要特点反映在邮轮设计比传统船舶更复杂、船舶建造工艺要求更高、项目界面管理难度更大。

1. 邮轮设计复杂

豪华邮轮是一种具有多层甲板结构的复杂船型，其上层甲板建筑使豪华邮轮的设计难度激增，远超普通船型。首先，大型豪华邮轮具有的十多层甲板结构，相比传统船型，邮轮甲板和舱壁上有更多的开孔、开门，使设计过程中需要进行更多结构强度计算；其次，大型邮轮上数千客舱、通道、各类娱乐场所和设备，对应的电气、消防和特殊设备需要在设计过程中一一进行规划，涉及的设计内容极多且复杂；此外，海上大型载客船舶的安全性是设计过程中最大的挑战，需满足一系列公约、规范要求；最后，新建大型豪华邮轮的船东，往往希望新建造的新邮轮有着过去任何一艘邮轮所没有的亮点，例如"海洋量子"号上的"北极星"（图 8.39），这进一步导致设计难度的增加。因此，豪华邮轮设计过程的计算量大、耗时长且难度高，一套完整的邮轮设计图纸需要船东、船厂和设计公司多方共同付出两、三年甚至更长的时间。

2. 建造工艺要求高

豪华邮轮的船体、甲板及上层建筑的制造工艺比传统船舶更加复杂、精度要求更高，对造船企业的制造能力和装备水平要求很高。豪华邮轮的舱室甲板大多为薄板结构，而薄板焊接工作量大，且不允许通过火工矫正，这对传统焊接技术是巨大挑战。豪华邮轮对客舱的舒适度有极高要求，客舱最大噪声不能超过 49 dB，对动力装置等设备的生产和安装有较多限制，对舱室隔音的工艺处理也有极高的要求。其他方面，例如豪华邮轮中的剧场、空中走廊、主餐厅、厨房、游泳池、娱乐设备等各种处所的建造工艺都难以从传统船舶建造经验中进行复制和借鉴,如何保证豪华邮轮建造的质量与进度是一项难题。

3.界面管理难度大

豪华邮轮的建造过程中存在多个界面,如何整合界面信息做好项目界面管理,对豪华邮轮的建造至关重要。一般而言,豪华邮轮在建造过程中,涉及设计、技术工艺、材料及供应量、进度、质量、安全以及人力等多种因素,界面的数量级远远多于传统船型。为确保项目各参与方能够根据不同界面信息在同一项目背景下进行有效协同,管理者需要运用信息技术等方法搭建工作界面平台,整合各部门之间的多维度信息,确保各参与方能够及时获取界面信息,以便于进行统一管理,从而推动豪华邮轮建造整体项目的顺利进行。

除以上三点外,豪华邮轮的建造还有装饰考究、建造费时、规范严苛、船东挑剔、造价昂贵、全生命周期质量和安全的风险更难控制等特点。

10.3.2 豪华邮轮建造难点

豪华邮轮在船型和船内设施设备上的特点,对邮轮快速性、安全性、舒适性和个性化配置提出了巨大挑战。豪华邮轮在动力系统、转向与可操控性、保持船体稳定等方面比一般船舶建造要求更加严格和精细,需要船厂集中技术力量解决,并且能够不断在这些方面寻求技术创新和突破。在建造时豪华邮轮采用总段化、模块化建造模式,建造工程管理复杂,造船企业要认真分析豪华邮轮建造的特点,进而梳理出其关键工艺技术逐个加以突破。

1.强劲的动力系统

豪华邮轮体量大、吨位大的特点,要求船载动力系统能够提供强大的推进力,以克服邮轮起航或航行时受到的巨大阻力。此外,邮轮的交通工具属性,要求整个航程必须按期完成,这就要求邮轮动力系统能在维持一定较高航速的同时具有足够续航能力,还能够在特殊情况下调整航速,完成预期航程。

2.优秀的转向与可操控性

在豪华邮轮大型化趋势下,为了能够停靠更多的港口,邮轮的吃水深度往往增加较少,而船长和船宽逐渐增大,一些传统港口的入港航道对于这样的庞然大物来说显得过于狭窄,一丝一毫的航向偏差都有可能造成入港事故。豪华邮轮体型越大,在微调航向和速度方面越难以操控。为了能够让船舶安全顺利地入港靠岸,必须配备精准灵活的转向操纵系统加强离靠港能力。

3.良好的船舶稳性

邮轮的交通工具属性与旅游属性要求建造邮轮时必须要考虑到邮轮的安全性和舒适性。邮轮的高度较高,实际航行时遭遇到恶劣海况时,由于受风面积较大,更容易造成船体颠簸,且邮轮本身包含复杂的装备、设施,即使在风浪较小的海况下,也会产生自摇。国际海事组织对客船稳定性提出的严格要求和乘客对美好舒适旅程的需求,决定了保持船体良好的稳定性是建造邮轮十分重要、必须解决的问题。

4.熟练运用模块化造船技术

建造邮轮是一项耗时又耗力的庞大工程。邮轮内部布局的复杂性及邮轮建造的高成本,要求造船企业在建造邮轮之前必须制订完善的建造计划。为了简化邮轮的建造过程,缩短船坞使用周期,降低建造成本,目前国际各大造船厂一般都采用模块化建造技术,即将整艘邮轮具有相同功能的部分作为模块单元,将不同的模块单元承包给对应的专业配套厂商同时完成,以提高建造效率。

5.满足绿色发展要求

过去邮轮在锚泊、停靠或移动时会产生并对外排放大量的废水、废气和固体废弃物,从而对海洋和大气环境造成影响。现在为了降低邮轮活动产生的上述影响,符合环境保护相关的公约和规范,促进邮轮旅游业的可持续发展,邮轮建造时必须充分考虑环保性要求,应用先进的废物处理技术,优化废物处理系统。此外,大量含硫燃料油的消耗是邮轮造成大气污染的主要原因,未来更倾向于开发清洁能源为邮轮提供动力。

6.加强风险防范

当前,包括邮轮建造在内的船舶行业普遍采取船东支付首付款,然后由船厂垫资完成船舶建造,完工交船后船东再支付尾款的商业模式。对于邮轮建造行业的造船企业来说,一艘"绿洲级"邮轮平均造价达到13亿美元,这使得船厂需要垫付更多的资金,对船厂流动资金的需求量更大;同时,大型豪华邮轮标准高、建造技术要求高,建造企业承担风险极大。对于邮轮运营企业而言,豪华邮轮后期管理运营的风险性及效益的不确定性,也使得许多企业和风险投资者望而却步。造船企业想要突破豪华邮轮自主建造投资少、融资难的问题,必须首先从根本上解决邮轮建造技术上难题、提高自主建造邮轮按期交付的成功性,并预防各类法规、安全、金融等风险。

10.3.3 邮轮建造关键技术

相较于普通船舶的建造,豪华邮轮从直观的感受来说,最大的特点就是"大"和"复杂",因此也给邮轮设计、建造和管理方面都提出了全新的要求和挑战。面对豪华邮轮在船型、船舶性能和船内设施设备上和普通船舶不同的特点,船厂需要集中精力解决各种技术、工艺难题,并能够不断在建造工程领域实现技术创新和突破。工程师们可以通过采用计算机模拟分析,建造模型、对比实验等方法和手段,减少大量时间和精力的耗费,集中解决动力、转向、稳定、模块建造等关键技术问题。以下将对这四个方面的技术进行具体分析。

1.动力推进技术

豪华邮轮排水量大,需要强大的引擎提供强劲可持续的推动力。以"绿洲级"豪华邮轮为例,目前采用的是电力推进系统,其工作原理是将原动机产生的机械能量转变为电能、并以电机驱动推进器的一种推进方式(图10.4)。"绿洲级"邮轮采用的是ABB吊舱式电力推进系统,包括3台ABBAzipod推进装置、3台ACS6000中压变频器、6台主发电机、11千伏主配电板、6台推进变压器、4台推进器电机、配电和推进力磁变压器以及变电站开关设备。

电力推进系统的原动机是整个推进系统的动力来源,通常采用柴油机或燃气轮机,"绿洲级"邮轮的原动力来自6个中速发电机组(主发电机),其原动力的总输出约97 020 kW(130 110英制马力),远高于非"绿洲级"邮轮,这些能量被转换为电力,除了为船上的电力设施提供电力供应外,最重要的是驱动3套Azipod吊舱推进器(图10.5)工作。同时"绿洲级"邮轮在发动机上应用了涡轮增压技术,涡轮增压器能提高柴油机功率,改善经济性能,比普通发动机提供更强的动力。2017年皇家加勒比国际游轮公司可持续报告披露,该公司已为8艘邮轮配备了燃烧清洁燃料并能减少大气污染的燃气涡轮发动机。

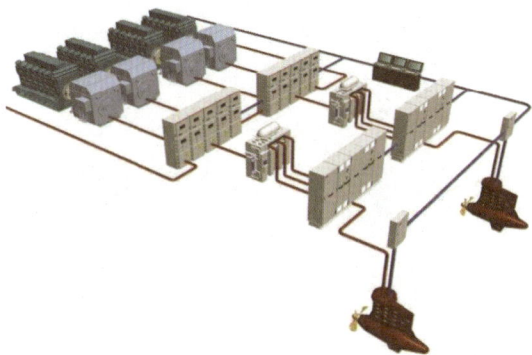

图 10.4 吊舱式电力推进系统

图 10.5 ABBAzipod 推进装置

与传统的轴线推进器相比,Azipod 吊舱推进器使船舶不需要轴系和舵系统,在节省空间的同时提供推进力和转向力;Azipod 吊舱推进器拥有卓越的操纵性(全方位全推力),巡航速度平稳,噪声和振动难以察觉。

综上所述,"绿洲级"豪华邮轮的吊舱式电力推进系统,使得豪华邮轮拥有无与伦比的燃油效率、船舶操纵性和乘客舒适度,能够使用更少的能量以更高的速度运输更多的有效负载,使得燃料消耗和废气排放大幅度减少,既节约了能源成本又满足了环保的需要。

2. 转向控制技术

对于豪华邮轮来说,吊舱式推进器不仅是邮轮的推动装置,其拥有的可以 360°水平旋转并全方向产生助推力的优势还可帮助邮轮改变航向,满足邮轮日常海上航行时调整方向的需要。但是在进出旅游目的地港口时,由于港口地理条件限制,对邮轮停靠码头的精准度要求高,仅依靠船艉的吊舱推进器豪华邮轮无法实现精准的独立停泊,还需依靠大型的拖轮提供侧推动力实现靠泊和离泊时的转向控制。尤其对于"绿洲级"这种巨型邮轮来说,其超乎寻常的体量加大操纵难度,而邮轮靠离港口时船速越慢,邮轮操纵难度越大,只用吊舱推进器作为转向设备,难以实现在狭小港口的停泊(图 7.45)。为满 20 多万吨的"绿洲级"邮轮在海上转向和进出狭窄航道与入港的转向机动性,配备额外的转向操控装置极其重要。

目前"绿洲级"邮轮除依靠吊舱式推进器之外,主要借助船首侧推器完成转向控制。侧推器(图 7.47)是设于邮轮艏部横向管道内,由电动机带动的螺旋桨。这种灵活的螺旋桨能将一舷的水排向另一舷,借助海水的反作用力助推船转变方向。和一般只有 1～2 个船首侧推器、没有 DP 定位系统(即动力定位系统,一般由动力系统、推力器系统和动力定位控制系统组成)的传统船舶不同,邮轮进港的频度不仅较高,而且游客的安全性、舒适性的要求更高,停泊的港口也较小,邮轮的转向控制技术就显得非常关键。目前"绿洲级"豪华邮轮在船首底部设计和安装了 4 个芬兰瓦锡兰公司生产的 5.5 kW 侧推器(图 10.6)。吊舱式电力推进系统加上这些位于船首的侧推器,使得"绿洲级"豪华邮轮这种海上"巨无霸"拥有了邮轮动力史上最强推进力和无与伦比的转向控制力,使其能在没有拖船帮助的情况下,轻松停靠在各类港口码头。

图 10.6 "绿洲级"豪华邮轮的船首侧推器

3. 船身稳定技术

豪华邮轮行驶时的受风剖面较大,恶劣海况、随机波浪及船上各种活动、加速度都会对船身的稳性产生较大影响,不仅会降低游客的舒适满意度,甚至会影响船舶安全,因此在邮轮上安装稳定装置显得尤为重要。"绿洲级"邮轮上主要应用减摇鳍装置(图 7.31)来保持船身稳定,其原理是邮轮在风浪中航行而发生横摇的运动,减摇鳍在控制系统作用下,依据海浪的扰动规律做出对应转动,利用鳍在行进过程中产生的升力力矩去抵消船舶横摇力矩,达到减小船身横摇、抵抗海浪等因素对船只产生的干扰。

减摇鳍装置的组成如图 10.7 所示,由控制分系统、液压分系统及机械分系统(执行机构)构成。控制分系统信号源采用先进的压电晶体陀螺,体积小、重量轻,性能稳定可靠;信号处理和放大采用微处理器和运算放大器,显示、检测方便;程序控制用 PLC 可编程控制器,调试操作、维护方便。液压分系统为高度集成化系统,它几乎将系统中所有的液压元件都集中在一个机座上,液压系统常见有泵控制系统和阀控制系统两种控制方式。机械分系统(执行机构)负责将鳍产生的升力传给船体,是承力构件,要求结构紧凑、合理,拥有转鳍、锁零、鳍角发送、超鳍角保护、收放鳍以及鳍的锁定等功能。

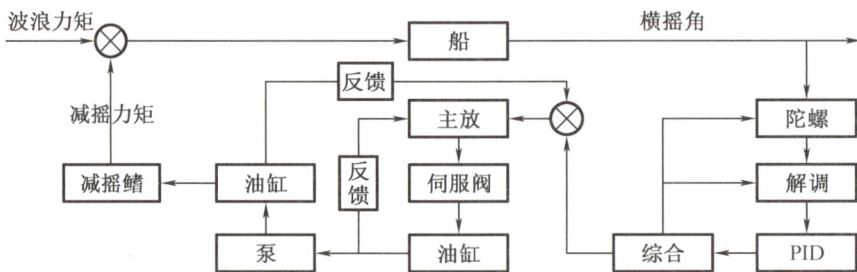

图 10.7 减摇鳍装置的组成

邮轮不同于其他任何舰船,其因客运属性及旅游属性,对船舶航行过程中的安全性及舒适性要求极高,邮轮必须能在复杂海况环境下有效保持航行稳定,为邮轮航行提供安全性保证、为游客提供高质量的游玩体验。在这种情况下,必须根据邮轮具体参数设计和建造减摇鳍装置,安装多对可伸缩式大型减摇鳍,在最大化控制横摇的同时,通过可伸缩性避免过大的减摇鳍对邮轮行航行产生强大阻力。

4. 模块化造船技术

模块化造船技术是指将船舶结构、设备和系统按功能或层次体系分解成若干有接口关系的相对独立单元,再按照标准化、通用化、系列化、组合化的设计和生产原则以不同的方式排列和组合成完整艘船舶的造船方法。由于模块具有标准化、通用化和相互独立的特点,便于形成船舶中间产品,有利于专业化大生产。

模块化造船有利于组织更加高效的生产,建造中表现为船舶被分解为各种模块。这些模块可以是功能性或综合性的舾装小模块,而更多的是综合性的壳舾涂一体化的大模块。当全船的模块达到一定的数量时,特别是机舱内形成标准化模块时,才能称得上是模块化造船。模块化造船的中心思想是最大限度地提高中间产品的成品化程度。这里的中间产品是指综合性的壳舾涂一体化的大模块,包括分段、分段组合体、预舾装件(或舾装小模块)和涂装工程。发展模块化造船应该具备两个基础条件,即软件和硬件。软件指设计、生产、管理方式都要向现代造船模式转变;硬件则指要有一定规模的现代造船设施作保证,两者缺一不可。

造船模块大致可分为船体结构模块、船舶舾装模块、船舶电气模块、船舶设备模块等,特点是简化产品的系统结构,从而简化设计、制造和管理。一般说来,造船模块具有标准尺寸和标准构造,标准件和可选部件,以及可预制和可组装性等特点:

(1)模块应具有标准尺寸和标准构造。造船采用模块化的目的之一,就是要缩短设计与制造周期,而标准化是简化设计、便于制造的有效措施。根据原材料和配套设备的标准化状况,可以确定船体构件和舾装单元的标准尺寸和标准构造,以减少尺寸种类和构造类型,从而可以加快设计进程,方便施工建造。

(2)模块应具有标准件和可选部件的特点。造船是属订货型的装配工业部门,订货型设计必须满足客户的合同要求,而要完成装配性生产却必须依赖外部配套工业提供各种标准器材和定型设备。标准件的可选性是定制设计的一种特色,可以用模块内所含设备的可调换性来满足船东的特定要求。

(3)模块是预制件,具有组装性。造船竞争力的标志之一是建造周期。采用平行作业、预制预装是加快造船进度的有力措施。船体模块就是船体的分段或小分段,是船体结构的预制件;舾装模块通常是预舾装单元,也可以是船上的一个区域。这些模块与船体的组装就是船体总装或分段舾装和船上舾装,也可称为中间产品规范化生产的区域导向型造船法。

根据上述三个要素,造船模块也可以定义为:具有标准尺寸、标准构造和标准件,且主要部件具有可选性,能进行组装的预制单元。这种预制单元可以是结构功能单元或系统功能单元。由于模块中含有可选部件,因此可作局部修改,以满足船东的使用要求。例如,船上的卫生单元就是一个模块:卫生单元具有标准尺寸和标准构造,内部装有标准的卫生设备,并设有电、水、污水等系统;其中便器有蹲式和坐式两种可供选用,而浴缸也可以调换成淋浴器;由此可派生出多种样式的卫生单元方案,供船东选择。这种卫生单元可进行专业化生产,上船安装时仅作结构固定和系统连接后就可使用,施工十分方便。

目前豪华邮轮建造一直被意大利、德国和法国高度垄断,企业代表分别是意大利芬坎蒂尼集团、德国迈尔造船厂和法国大西洋造船厂,这三家企业也是全球顶尖的邮轮造船企业,其邮轮订单占全球邮轮订单的80%以上。除了掌握上述关键技术外,为了提高邮轮建造质量、打造高品质邮轮,这些先进的邮轮制造企业还会确保造船厂拥有精良的造船设备、先进的管理系统、领先的建造理念以及高效可靠的转包链条,同时在邮轮建造过程中实施全程精度管理,来提高企业的市场竞争力。

10.4 豪华邮轮建造工艺

10.4.1 项目概况

皇家加勒比国际游轮公司的绿洲级"海洋和悦"号邮轮(图10.8(a))是目前为止世界上吨位第二大的邮轮,其共有18层甲板,是迄今为止最长最宽的邮轮之一(与"海洋交响"号长宽相同),比历史上著名的"泰坦尼克"号还要长100 m。"海洋和悦"号是全世界第一艘载有一整个水上公园(23个游泳池)的邮轮,船上拥有2 700多间房间,数十间餐厅、娱乐室、酒吧娱乐设施,任何时候都能容纳近9 000人,拥有能容纳1 400人的剧院、公园、高尔夫球场……,是一座名副其实的"海上城市"。这艘巨轮还设计了可伸缩的烟囱(图10.9)以便通过海峡桥梁。"海洋和悦"号属于"绿洲级"豪华邮轮,该级别的邮轮公共处所被分为8个社区:中央公园、皇家大道、木板道、游泳池运动区、活力区(水疗和健身)、娱乐场所和青年区、百达汇(图10.10),置身其中恍若身处一座移动的海上城邦,名副其实的魅力无限。该船主要参数如下:

船名:"海洋和悦"号(Harmony Of The Seas)

类别和类型:"绿洲级"邮轮

合同签订:2012年12月27日　　　　　　造价:13.5亿美元

制造商:STX France SA法国大西洋船厂

焊缝:2 500 km　　　　　　　　　　　喷漆面积:850 000 m²

油漆:630 000 L　　　　　　　　　　　电缆:5 000 kN

自动化传感器:30 000个　　　　　　　管道(>25 mm):250 km

地毯面积:90 000 m²　　　　　　　　　窗户面积:8 000 m²

艺术品:7 000件　　　　　　　　　　　泳池水:2 300 t

产生的淡水:4 100 t/d　　　　　　　　产生的冰块:50 t/d

钢材切割仪式(Steel Cutting Ceremony):　　2013年9月23日

硬币(铺设)仪式(Coin Ceremony):　　　　2014年5月9日

下水仪式(Ceremonial ship launching):　　2015年6月19日

交船(换旗)仪式(Delivery Ceremony):　　2016年5月13日

处女航(Maiden Voyage):　　　　　　　2016年5月29日

船舶命名仪式(Naming Ceremony):　　　2016年11月10日

母港:佛罗里达州卡纳维拉尔港　　　　注册港口:巴哈马拿骚

呼叫编号:C6BX8　　　　　　　　　　IMO编号:9682875

MMSI编号:311000396　　　　　　　　DNV ID:33249

吨位:226 963 GT;257 566 NT;20 236 DWT

船长:362.12 m(1 188.1 ft)　　　　　　　　吃水:9.322 m(30.6 ft)

船宽:47.42 m(155.6 ft)(吃水处);66 m(217 ft)(最大处)

型深:12.65 m(41.5 ft)　　　　　　　　　　船高:72 m (236 ft)

甲板层数:18 层(16 个旅客甲板)

容量:5 479 名(双人旅客);最大 6 314 名

房间数:2 745 间　　　　　　　　　　　　　船员:2 394 名

装机功率:4 × 14 400 kW(19 300 hp)瓦锡兰 12V46F

　　　　　2 × 19 200 kW(25 700 hp)瓦锡兰 16V46F

推进力:3 × 20 133 kW(27 000 hp)ABB Azipod 吊舱式推进器

最高航速:25 kn(46 km/h;29 mph)

巡航速度:22 kn(41 km/h;25 mph)

图 10.8　绿洲级"海洋和悦"号邮轮(左)和"海洋自由"号邮轮(右)对比

　　　　　　(a)　　　　　　　　　　　　　　　　(b)

图 10.9　可以伸缩的烟囱升起状态(a)和收缩降低状态(b)

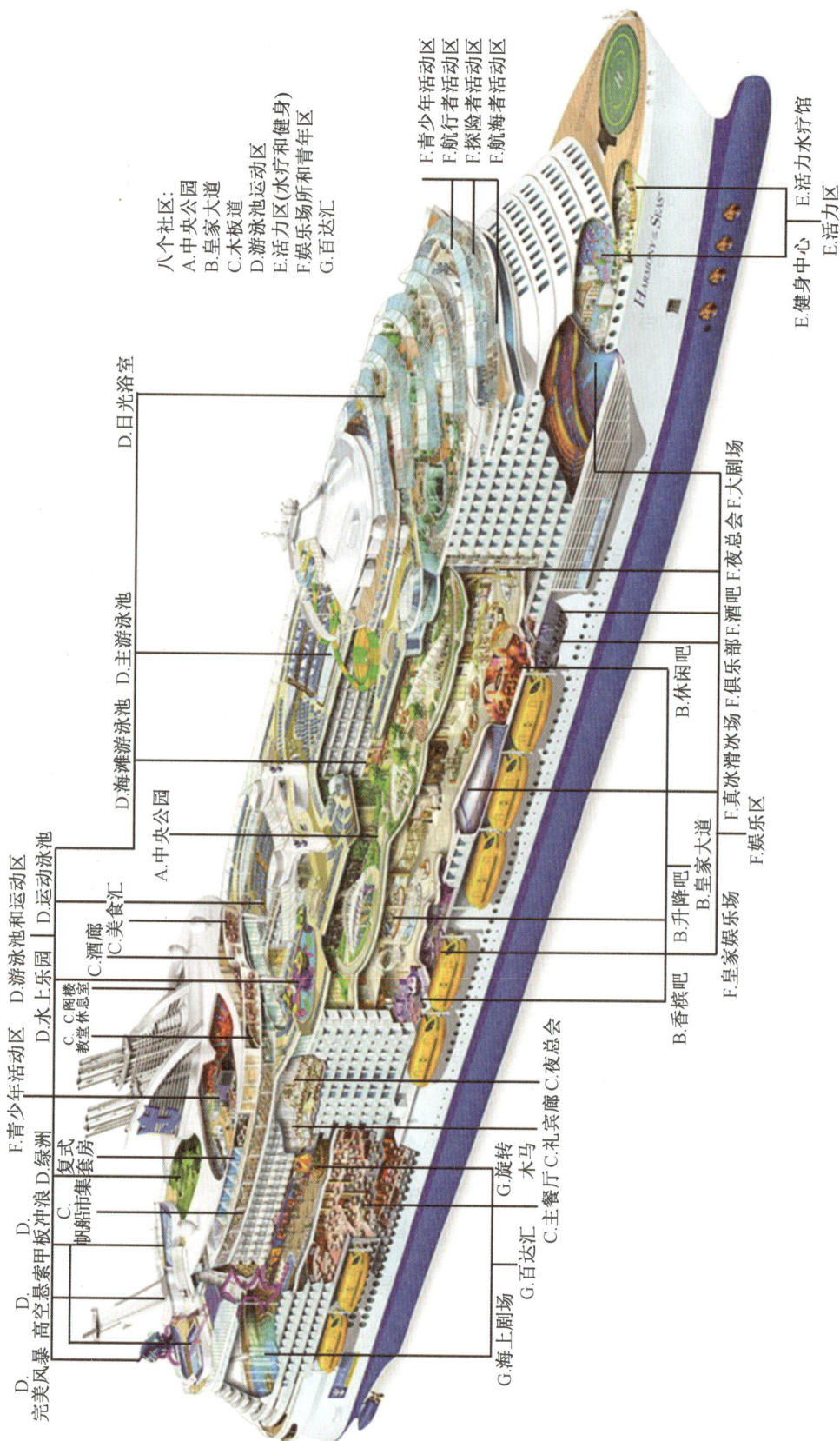

图10.10 "海洋和悦"号豪华邮轮剖面

八个社区:
A.中央公园
B.皇家大道
C.木板道
D.游泳池运动区
E.活力区(水疗和健身)
F.娱乐场所和青年区
G.百达汇

10.4.2 项目主要参数及区域划分

1. 全船结构及区域划分

"海洋和悦"号邮轮的设计建造过程中邮轮结构划分为 3 个层级,规模由大到小依次为区域(Zone)、总段(Section)、分段(Block)。

(1)区域划分

邮轮结构按照位置和功能的不同划分为 25 个分区,区域以英文字母命名,每个区域内包含 2~8 个总段。

(2)总段划分(图 10.11)

对结构区域进行细化,将每个区域划分为 2~8 个总段,全船共划分为 90 个总段。总段号由区域号+数字命名。有的总段跨越 2~5 层甲板,重量 200~1 200 吨之间,最大尺寸长度近 50 m。一个总段包含有 4~6 个单元,所谓单元指为提高出图效率及质量,将结构相似、位置相连的数个分段划作为一个单元。全船含近 400 个单元,一个单元包含 1~8 个分段。

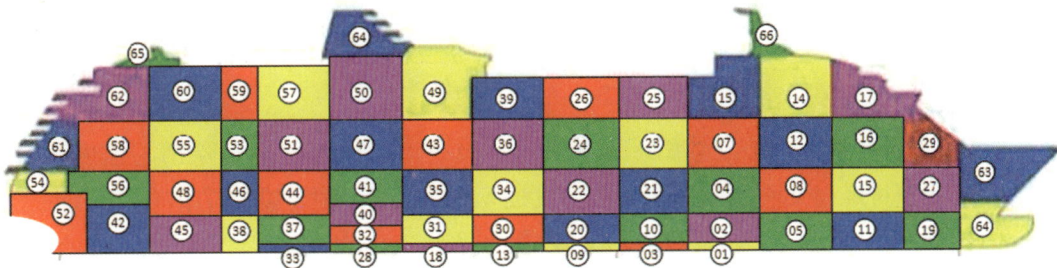

图 10.11 豪华邮轮总段的模拟划分图

(3)分段划分

在分区划分和总段划分的基础上,按照各分区和总段结构特点的不同,结合船厂的建造工艺流程,根据分段的结构特点和建造方式不同,全船划分为 700 多个分段,是最小搭载单位。分段类型包括:平面分段、曲面分段、薄板分段、基座、舷墙等。其中薄板分段主要位于上层建筑,约占所有分段的 60%。

"海洋和悦"号建造需要 5 万吨钢材,其建造流程可简述为:钢材预处理→下料、自动化系统切割加工成零件→部件→组立(件)→分段(预舾装)→总段→龙门吊吊进干船坞→搭载、总装→下水→码头舾装→试航,详细建造工艺流程见图 10.12 所示。

1. 钢材预处理

(1)钢材矫正与分级

①钢板在进喷丸除锈机前,应保证其平整性,当钢板在自然状态下,不能有曲折变形,否则应先送矫平机矫平后再进行抛丸除锈工作。

②每批钢材在进行抛丸除锈前,应对其表面的锈蚀程度进行鉴别,以确定抛丸除锈的速度,钢材表面锈蚀程度共分为三级。

A 级:钢板表面完全为轧制氧化皮所覆盖,呈淡红色或淡青黑色,有极少的表面锈蚀。

B 级:钢板表面已锈蚀 30~50%,氧化皮形成鱼鳞状 30%~50%。

C级:钢板表面全部锈蚀,大部分氧化皮翘起或脱落,锈蚀程度90%。

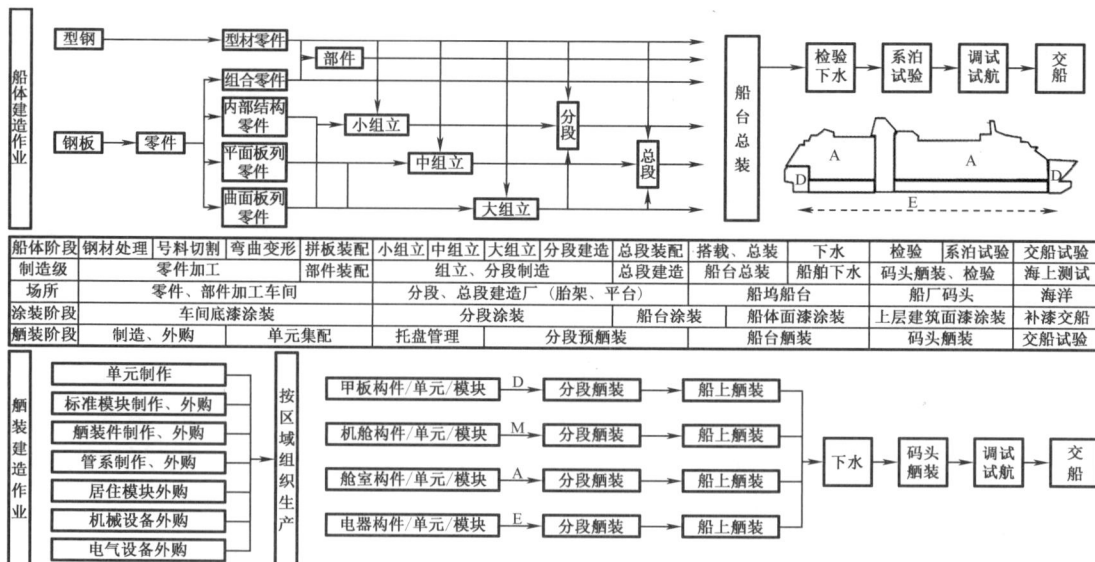

船体阶段	钢材处理	号料切割	弯曲变形	拼板装配	小组立	中组立	大组立	分段建造	总段装配	搭载、总装	下水	检验	系泊试验	交船试验
制造级	零件加工			部件装配	组立、分段制造				总段建造	船台总装	船舶下水	码头舾装、检验		海上测试
场所	零件、部件加工车间				分段、总段建造厂(胎架、平台)					船坞船台		船厂码头		海洋
涂装阶段	车间底漆涂装				分段涂装				船台涂装		船体面漆涂装	上层建筑面漆涂装		补漆交船
舾装阶段	制造、外购	单元集配			托盘管理		分段预舾装			船台舾装		码头舾装		交船试验

图 10.12　豪华邮轮建造工艺流程图

（2）钢材表面除锈

①根据钢材的特征（型材或板材,板材厚度）及表面锈蚀程度确定除锈的速度及抛丸量;要求所有钢材经抛丸除锈后其表面清洁度达 Sa2.5 级,粗糙度 40~75 μm。

②预处理流水线对板材除锈速度为:A 级:≤3 m/min;B 级:1.9~2.6 m/min;C 级:1.3~1.9 m/min。

③对型材的除锈速度为:≤2 m/min

④对薄板,除锈时应注意调节抛丸量和速度,以尽可能减少板材变形。

（3）车间底漆的喷涂

应先将油漆的基料用气动搅拌机搅拌均匀,然后在一边搅拌的情况下,逐步加入配料（如固化剂）,充分搅拌后,用孔径 80~120 目的钢丝网过滤并测定黏度。喷漆时控制漆膜干膜厚度在 15~25 μm,漆膜应均匀。若发现漆膜不均匀,起粉、露底、干裂等,应及时手工补喷。每班次应进行二次以上漆膜厚度的测量。

（4）钢材的标识

经预处理后的钢板,在吊离流水线之前必须在原钢印标记部位,书写好该钢板的规格,材质、炉批号等。豪华邮轮的钢材标识通常采用打二维码方式,以实现对每块钢板都进行计算机跟踪管理。

2.零件下料切割和加工

零件按照单元为单位进行套料和切割。套料按分道进行,大致分为曲形外板、薄板线主板、型材加工、部件零件等。

通常可以将第一块钢板的切割视为一艘豪华邮轮正式开建,船厂和船东通常会举办一场"首块钢板切割仪式"（Steel Cutting Ceremony）。

（1）板材与型材的切割

4~50 mm 厚度钢板用量超 7 000 张,各类型材超 20 000 根。

①板厚 $\delta \leqslant 6$ mm 的壁板、甲板,在钢材预处理前,先进行单边或双边铣边处理。

②板厚 $\delta \leqslant 7$ mm 的薄板零件,其边缘切割一律由数控等离子或半自动等离子切割机处理(图 10.13)。

③有坡口要求的零件(外板)一般由三轴数控切割机进行边缘切割。

④板厚 $\delta \geqslant 25$ mm 板材只能用三轴数控切割机进行边缘切割。

⑤型材加工采用逆直线数据方式;曲形外板加工按照活络样板数据或样箱进行冷压或水火弯曲。

（2）切割、加工后零件达到的状态

①切割边无氧化皮和割渣,满足切割边光洁度要求。

②所有自由边经打磨,满足无毛刺、光顺的要求,并补涂车间底漆。

③所有零件应有清晰的标记,包括名称、上下、前后等安装信息。

④所有平直的薄板零件均已经矫平机矫平。

⑤自由边主要构件的锯齿深度标准是 $d \leqslant 0.5$ mm,如图 10.14 所示。

图 10.13　数控等离子切割机

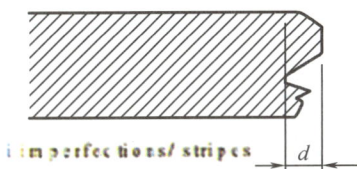

图 10.14　自由边主要构件的锯齿深度

3. 拼板及部件装配

（1）场地

用于拼板或部件装焊的平台可以是钢板式蜂巢平台、钢板平台或格式平台,如图 10.15 所示。一般不采用混凝土平台,薄板结构禁止在混凝土平台、格式平台上拼板装焊。

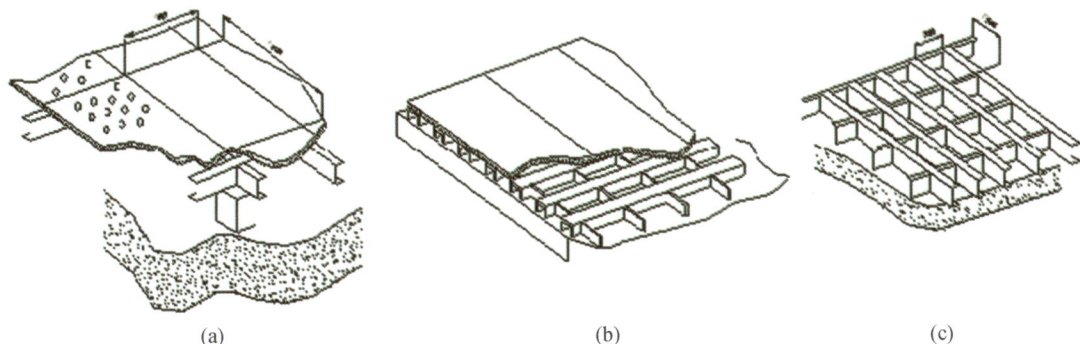

(a)　　　　　　　　　　(b)　　　　　　　　　　(c)

图 10.15　钢板式蜂巢平台(a)、钢板平台(b)或格子平台(c)

①各种钢制平台要求平整,不能有明显的凹凸状况;钢板表面的"马脚"在每次清场时,

应清理干净;平台表面不得有尖状毛刺。

②对薄板结构拼板,装焊的钢板平台要求整个平台的平整度在 ±8 mm 以内,每次清场应将各种"马脚"清除干净。

(2)拼板

①拼板时,要求板与板对齐,其高低差 a 应满足以下要求:一般板材,$a \leq 1.5$ mm;薄板结构,$a \leq 0.5$ mm。

②拼板时,要求控制其平整度,具体要求如下:一般板材平整度 ≤ 2.5 mm;薄板结构平整度 ≤ 1.0 mm。对于薄板拼板,在拼焊时不能出现"T"字缝;如生产设计中排板无法避免出现"T"字缝时,则施工中必须采取分步拼接的方法进行施工,如图 10.16 所示。

③采用 FAB(埋弧自动焊)、FCB(两面成型自动焊)自动焊拼板时,必须在焊缝两端加装引弧板。引弧板尺寸为 150 mm × 150 mm,引弧板的安装须与所拼板平齐,不能有上、下翘曲现象;如板材之间出现台阶时,必须按图 10.17(a)方式处理,以保证引弧长度不少于50 mm。

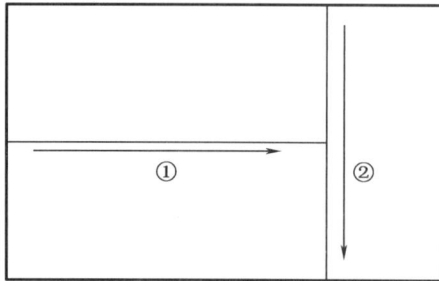

图 10.16 "T"字缝拼板顺序

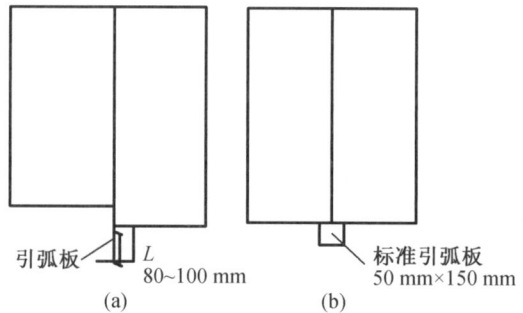

图 10.17 非标准引弧板(a)和标准引弧板(b)

④对薄板拼焊,为减少其波浪变形,在施焊前应采取一些工艺措施(如放置重物、压铁或用槽钢等)约束其变形。

⑤对拼板过程中的焊接缺陷应及时处理。

⑥对拼焊中出现的变形应进行必要的火工矫正。

⑦对薄板结构中的外板或上建外围壁板,无装饰的内围壁板,其拼板宽度应限制在3.5 m 以内,经拼焊后应采用矫平机矫平处理。

⑧薄板经拼焊后,只能采用磁吊或组合磁吊进行搬运。对 3.5 m × 6.0 m 以下的板可采用四组磁吸盘的矩形吊架;更大的则采用 2 m × 4 m 组吸盘、4 m × 6 m 的矩形框架进行搬运。

⑨薄板拼焊的翻身的吊码尽可能装焊在板的余量范围内(图 10.18(a))。

(3)部件装配

①"T"型组件装配时,应看清腹板上的面板安装位置及面板与腹板的安装角度,通常面板与腹板是 90° 时,钢板下料时可不作标注。

②当腹板高度 $h \geq 250$ mm 时,应加装防倾材(图 10.18(b))。

③当"T"型件的长度 $L \geq 2$ 倍肋距,或 $L \geq 2.0$ m 时,其装焊后,应拉线检查其直线度(下料时或电焊前应在腹板上画出检查线)。

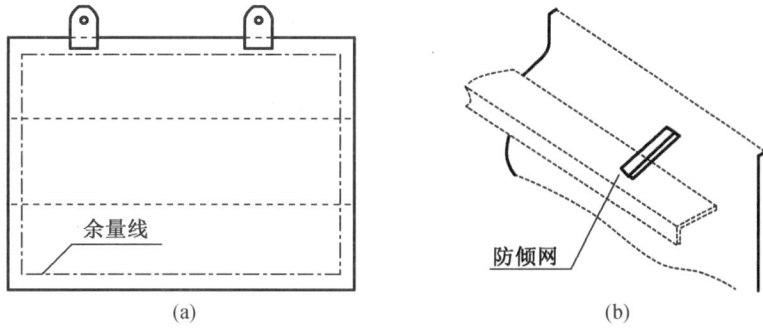

图 10.18 薄板拼焊的翻身吊码装焊(a)和"T"型组件防倾材(b)

④肋板组件安装其各种扶材或端肘板时,特别应注意其安装理论线。

⑤对重心较高的零件组装时,应采取必要的工艺措施,保证其与底板的垂直度(图10.19),安装点焊后,应复检其垂直度,并加装防倾材。

⑥对薄板结构的部件,拼板、画线后,其各种开孔及余量必须采用等离子切割机进行切割,各种门的开口必须在壁板部件装焊完毕后,才能切割;同时,在进行门开口时,壁板下端应留 $h \geqslant 400$ mm 暂不割,留总段组合时,再割除。

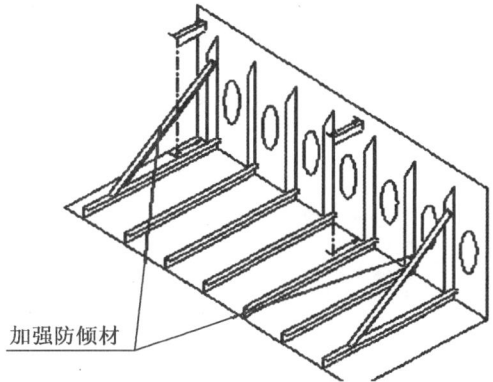

图 10.19 重心较高零件组装加装加强防倾材

⑦各种部件如需加装临时性的搬运,而装吊码时,其吊码眼板必须装焊在结构面的结构上,不能与壁板焊接,以减少变形。对装吊码眼板的结构或扶材,应保证其电焊完整,结构端的电焊包头等细节,以保证施工安全。

⑧各种部件装焊完毕后,应对焊缝及时进行清理,去除焊渣、药皮,同时,及时补涂车间底漆。

4.分段建造

(1)分段建造流程概述

分段建造流程按照零件及部件→小组立→中组立→大组立→分段→总段进行。结构建造组立和分段类型分为 8 种,见表 10.1。

表 10.1 结构建造组立类型

组立代码	A	B	C	D	E	F	G	H
说明	基本组立	组合组立	曲面拼板	平面拼板	平面板架组立	曲面板架组立	分段	总段

①小组立。又称基本组立,为最简单的组立单位,由板、加强筋、肘板等组成。

②中组立。又称组合组立,为稍大型的组立,通常由一个或多个基本组立组成。

③大组立。C 型组立为曲面板架的拼板焊接和骨材装焊阶段;F 型组立为曲面板架组立,由 C 型组立加上对应的其他小组立组成,C 型组立和 F 型组立都需要在专门的曲形胎架上完成;D 型组立为平面板架的拼板焊接和骨材装焊阶段;E 型组立为平面板架组立,由 D 型组立加上对应的其他小组立组成,D 型组立和 E 型组立通常可以在分段流水线上完成。

④分段 G。大组立阶段将中组立和其他小组立以及散装零件等合龙成分段。

（2）分段建造概述

分段的建造按装配基面不同可分三种方法:

①正造法。分段建造时的位置与其在实船上的位置一致。

②反造法。分段建造时的位置与其在实船上的位置相反。

③侧造法。分段建造时的位置与其在实船上的位置成一角度。

船舶双层底的建造,通常用反造法,其建造流程（图 10.20）为:平台准备→内底吊装→画线→装配纵横骨架→焊接→分段舾装→吊装外板→焊接→分段翻身→装配舭部肘板→焊接→矫正变形→检验。

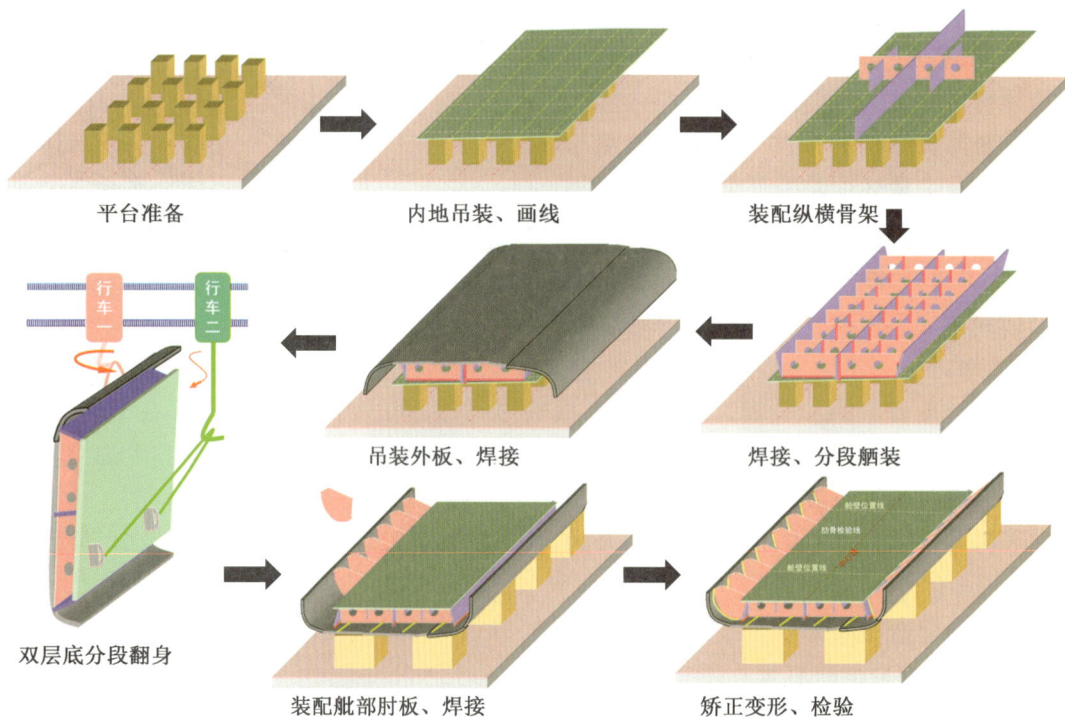

图 10.20　船舶双层底反造工艺流程

豪华邮轮上层建筑典型的薄板分段,通常也为反造法,其建造流程为:甲板拼板→甲板定尺→纵骨装焊→甲板梁装焊→围壁装焊。

分段的建造按构件安装顺序可分四种方法:①分离法:先装配布置较密的主向构件并进行焊接,再安装交叉构件并进行焊接。②放射法:按照从中央向四周的放射状方向,依此交替地装配纵、横构件并焊接。③插入法:先安装间断的纵向构件,再插入横向构件,最后将连续的纵向构件插入横向构件中,然后进行焊接。④框架法:先将纵、横构件组装成箱形框架,再与板列组装在一起形成分段。

（3）分段建造关键工艺

分段建造是船舶建造的关键中间环节，船舶建造的大量关键工艺在该阶段都有体现，其中典型工艺包括画线作业、装配作业、焊接作业等工艺。

①画线作业。在分段建造的不同阶段，均有画线作业，包括面板画线、拼板画线、结构画线、分段画线、分段余量画线等。下面介绍部分画线作业时的工艺要点：

a. 平直的板材经拼焊上胎架后，在自然状态下，板面应平直，没有明显凹凸不平现象。

b. 一般厚度的板，要求其与胎架离空的距离不得大于 10 mm，对薄板则要求其与胎架离空的距离不得大于 5 mm。

c. 曲面状的板材上胎架后，或上架胎拼板后，其板面应光顺，特别是在胎架上所拼焊缝的区域不得出现反弯的现象，以保证外板的光顺性；曲面板在自然状态下，其与胎架离空的距离不得大于 20 mm。

d. 画线时，除一般的结构线外，特别应注意船体中心线、分段对合线、水线、余量检查线等的勘画。其中：中心线：应划在各平台、甲板的上表面或外底的下表面；同时结构面也应有中心线作舾装基准。水线（对合线）：一般应勘画于分段前后端的结构面上，具体尺寸按工艺要求提供画线数据。距中纵剖线（对合线）：其勘画要求同中心线。余量检查线：统一规定为距分段余量切剖线 100 mm 进行勘画，平台、甲板必须勘画到其上表面，见图

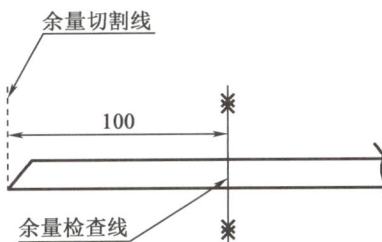

图 10.21　余量检查线

10.21。画线完毕后，应进行检查，特别是进行对角尺寸的检查，满足相关标准对公差的要求。

②装配作业。装配就是将加工合格的船体零件组合部件、分段、总段，直至船体的工艺过程。船体装配分为船体结构预装焊和和船台装焊，其中船体结构预装焊又分为部件装焊、分段装焊和总组装装焊三道工序，所使用的设备有起重、电焊、气割和压缩空气设备，以及管道、平台和胎架，其中平台和胎架试主要工艺设备。豪华邮轮的船体分段以上层建筑分段居多，大多都是平直分段，因此平台是邮轮装配作业的主要场所。平台一般是由水泥基础和型钢、钢板等组成的具有一定水平度的工作台，分为固定式和传送带式两大类。豪华邮轮企业自动化程度较高，均采用传送带式平台（图 10.22）。

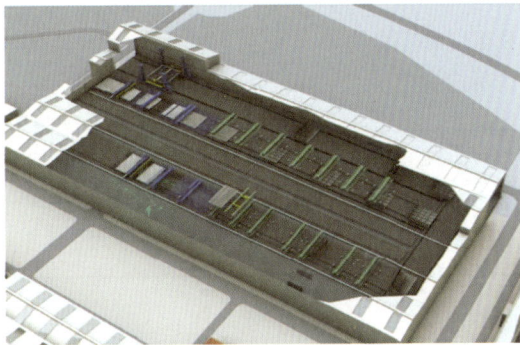

(a)　　　　　　　　　　　　　(b)

图 10.22　豪华邮轮制造企业分段装配传送带式平台（a）和分段制造车间（b）

以上层建筑甲板肋骨和纵桁结构组立的装配作业为例,其装配步骤为:检查零件件号及尺寸是否与图纸要求相符→拼装桁材板,画线(安装线、检验线)→对接缝两端加焊引、熄弧板,焊接→翻身、对接缝清根,焊接→反面画线、装焊构件→火工矫正→加设临时支撑(大于 6 m 的要用槽钢加强)→完工标记、完工测量、报检→做好清洁修正及油漆跟踪工作。下面介绍部分装配作业时的工艺要点。

a. 结构画线后,对结构跨拼焊缝的情况,应在装配结构前,先将该处的焊缝增量磨掉或用气刨刨掉,去掉焊缝增量的长度一般为 30 mm,特别注意不要损伤母材。

b. 对采用分离式装配法的结构,在骨材装配时,应根据焊接方式决定是否放反变形。如采用单面焊,则应按 1/100 放反变形;如采用双面同时焊,则不用放反变形。

c. 在装配过程中,如结构与板离空较大时,应先查明原因后,再作处理,不得简单地用装配马进行强制装配,特别是薄板结构或腹板尺寸小于 100 mm 的骨材,以减少结构的内应力,保证结构平整。

③焊接作业 焊接作业是船舶制造过程中最常见的作业形式,"绿洲级"豪华邮轮的焊缝长度超过 2 500 km,目前邮轮制造企业尽量推行焊接自动化,部件、平直分段的部分位置已经采用了焊接机器人,但依然有大量的焊接作业要依靠人工完成。下面介绍焊接作业中焊前预热、焊接方法、焊接顺序的部分工艺要点。

a. 焊前预热。邮轮要求以钢板的化学成分、接头设计、焊接方法及焊材类型四个方面综合考虑选取不同的预热温度。SWS 标准要求:以钢板板厚为基准确定预热温度,钢板组合厚度 t_{comb} 计算公式见表 10.2。

表 10.2 不同接头类型的组合厚度 t_{comb} 计算公式

接头类型	示例 1	示例 2	t_{comb} 计算公式
对接焊			$d_1 + d_2$
T 型连接角接焊（单边焊）			$d_1 + d_2 + d_3$
T 型连接角接焊（双边焊）			$\frac{1}{2}(d_1 + d_2 + d_3)$

当环境温度高于 0 ℃时,预热温度见表 10.3。

表 10.3 焊接不同材质在不同 t_{comb} 下的预热温度 单位:℃

Steel quality and grade 材质和等级	$t_{comb} \leqslant 50$ mm	50 mm $< t_{comb} \leqslant$ 70 mm	$t_{comb} >$ 70 mm
A,B,D,E	–	–	50
AH32,DH32,EH32,FH32	–	–	50
AH36,DH36,EH36,FH36	–	50	80
AH40,DH40,EH40,FH40	–	50	80

高热输入焊接方法预热温度可以减少 50 ℃。焊接修补时预热温度增加 25 ℃。

b. 常见焊接方法,见表 10.4。

表 10.4 不同结构部位的焊接方法

种类		应用范围
手工电弧焊		部分结构对接和角焊缝,型材对接焊
埋弧焊	单面埋弧焊(FCB 法)	板厚≥10 mm 平面分段平直部分拼板
	双面埋弧焊	板厚>5 mm 除单面埋弧焊外的所有拼板
CO_2 自动焊 + 埋弧焊		板厚<5 mm 板拼板
CO_2 半自动焊		结构角焊及外板、甲板、平台板、舱壁、型材单面焊
CO_2 自动焊		平角焊及围壁对接缝焊
垂直气电焊		平行舯体船台合龙
CO_2 实芯焊丝下行焊		围壁间立角焊缝

c. 选择正确的焊接顺序:

● 先焊纵向对接焊缝,后焊横向对接缝。

● 焊接板列时,先焊端接缝,后焊边接缝。若施工条件有限,不能做到上述原则,应在焊缝交叉处左右各留 300 mm 最后焊接,板列焊接顺序图 10.23 所示。

● 结构与板缝相交时,先焊好板缝,再焊结构间对接缝,最后焊结构间的角焊缝和结构与板的角焊缝。

● 对较长的焊缝(>2 m)应采用逐步退焊法或分中逐步退焊法(除自动焊外),每段长度 600 ~ 800 mm。

● 圆孔及椭圆形孔的焊接顺序如图 10.24。

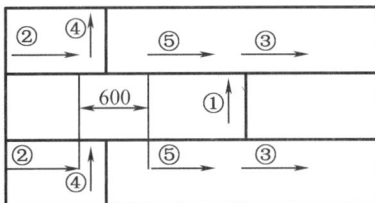

图 10.23 板列的焊接顺序

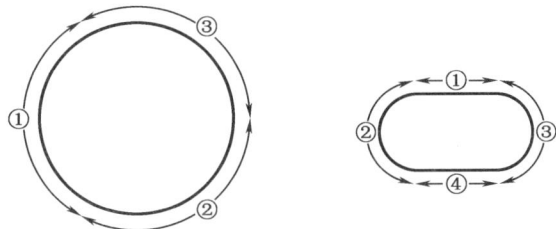

图 10.24 圆孔及椭圆形孔的焊接顺序

- 环形分段大接缝焊接顺序如图 10.25。
- 带甲板的傍板分段大接缝焊接顺序如图 10.26。

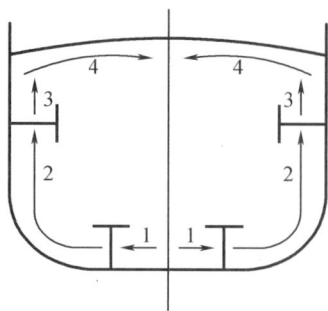

图 10.25　环形分段大接缝焊接顺序　　图 10.26　带甲板的傍板分段大接缝焊接顺序

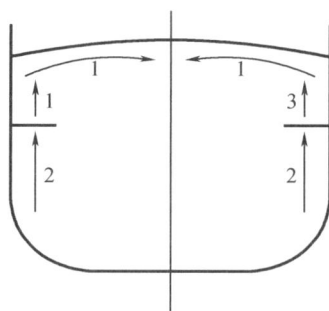

d. 分段焊接作业工艺要点：

- 傍板、甲板、底板分段采用分离装配法，先装焊纵向结构（采用 CO_2 自动角焊机），再装焊横向结构。
- 严格控制装配精度。结构装配少用火烧矫正，尽量采用顶、压、拉等方式解决定位问题。薄板对接缝装配使用专用"马板"（图 10.27），无须定位焊。

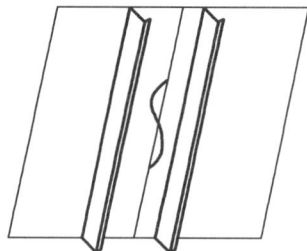

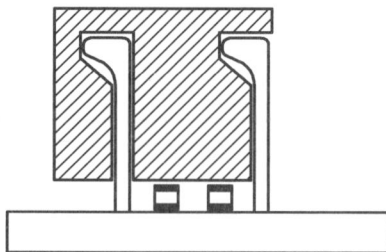

图 10.27　薄板对接缝装配使用专用"马板"

- 分段制作对接接头采用 CO_2 焊（含衬垫单面焊），围壁对接缝采用 CO_2 自动焊。
- 结构角焊缝采用 CO_2 焊和手工焊，围壁间立角焊缝采用 CO_2 下行焊，间断角焊要用样尺标出焊接位置，注意选择合理的焊接顺序。
- 重要构件的接缝应用砂轮、钢丝轮或钢丝刷进行清理。
- 多层多道焊时，要将层与层、道与道之间的药皮、飞溅物等清理干净，只有当上层或上道的药皮、飞溅等清理干净才允许继续施焊。

（4）焊后检验及焊缝修补

所有焊缝在全长范围内进行外观检查，不得有裂纹、未熔合、表面气孔、未填满弧坑和焊瘤等缺陷，并应符合表 10.5 等标准的规定。焊缝修补应遵守下列要求：

①板件焊接后，两端的引弧板和熄弧板须用气割切掉，并磨平切口，不得损伤板件。

②焊脚尺寸、焊喉或余高等超出表 10.5 的规定的上限值的焊缝，以及小于 1 mm 且超差的咬边必须用砂轮机修磨匀顺。

表10.5　焊缝检验标准(部分)

项目		标准范围	允许极限	备注
焊缝余高 h /mm		—	≤3.0	磨掉
侧面角 θ /(°)		≤60°	≤90°	加焊
咬边/mm			$e \leq 1$	1. 如有尖锐咬边,即使咬边角度大于90°也要修整 2. 角焊缝包头如有尖锐要修整
			$e \leq 1$	

③焊缝外观尺寸超出规定的焊缝返修按下列规定进行。

a. 修补焊接材料:手工焊焊条采用 CHE58 – 1(ϕ2.5 mm、ϕ3.2 mm)。

b. 焊缝咬边超过 1 mm 或焊脚尺寸不足时,可采用手工电弧焊进行补焊,然后磨顺。

c. 在采用碳弧气刨或其他机械方法清除焊接缺陷,在清除焊接缺陷时应刨出利于返修的坡口,并用砂轮磨掉坡口表面的氧化皮,露出金属光泽。

d. 薄板尽可能少用碳弧气刨,如必须要采用,应选择小直径碳棒(直径≤6 mm),并分段进行。

e. 焊接裂纹的清除长度应由裂纹两端各延伸 50 mm。

f. 用埋弧焊返修焊缝时,必须将焊缝清除部位的两端刨出 1:5 的斜坡。

g. 焊缝返修后应按原焊缝质量要求检验。

(5)分段交验及重点关注项目

①主要检测项目:吊马检验、结构完整性检验、预舾装检验、密性试验。

吊马、结构完整性、密性试验,按照船体建造标准,由组立部门在分段建造过程中全程控制质量,提交质量报告和记录。预舾装检验,按照舾装标准,由船装结合舾装件分段安装部门在分段建造过程中全程控制质量,提交质量报告和记录。

②重点关注项目:

a. 施工过程需要重点关注薄板的焊接,薄板激光焊接初期的返修率高,根据技术规格书要求以及出于外板和甲板美观要求,船体建造过程中的临时固定工装(马板等)应布置在可见外板内侧。

b. 考虑到整体的美观,项目上不得随意开设临时孔,如需开设必须提交船东认可并需得到批准。

c. 在引用邮轮的建造标准过程中要格外当心,若船东认为国际标准如 IACS 的标准等也应遵守,而邮轮企业的部分标准与国际标准存在一定的出入,应与船东及时沟通,应将替代标准发给船东进行认可。

d. 注意结构完工精度,比如地板水平度,否则未保证水平度会使用过多的甲板敷料填充,会造成空船质量的增加。

e.考虑质量控制整体策略,对于现场施工应严格按照图纸和工艺进行,不可用"随意增加或加强"来缓解变形。

在豪华邮轮建造过程中,当完成首个分段(通常是某一双层底分段)的建造时,船厂和船东会在这一天举办"硬币仪式"(coin ceremony),是将一枚被祝福的硬币(有时是数枚)焊接到船上以求好运的仪式。

5. 船台总装

大型豪华邮轮尺寸巨大,要求船厂拥有较大的船坞(图10.28),在邮轮船体进行船台总装时,需要吊装的分段、总段数量比普通商用船舶多,且邮轮结构包含大量房舱区域,针对该区域结构板厚薄、构件尺寸小、结构强度弱的特点,为保证总段在建造和吊装过程中有足够的刚度,尽可能减少结构变形,因而总段主尺度普遍较大,甲板层数较多。

图 10.28　建造"绿洲级"豪华邮轮的大西洋船厂船坞

船体总装阶段关键工艺包括分段吊装、定位分段、分段合龙装配、船台舾装等。

第一个分段进入船台是船舶建造过程中非常重要的标志性时刻,在这一天被称为"龙骨铺设"(keel laying),豪华邮轮建造时龙骨铺设和硬币仪式会通常会合并举行。

(1)分段吊装和定位作业

豪华邮轮的船台分段吊装定位应采用较为先进的三维精密测定技术,该技术核心是三维测定系统(图10.29),其测量器是由全站仪、旋转标和测定夹具所组成的测定系统,通过测量测定系统、测量区域及测定点之间的距离获取分段三维信息,之后再将三维数据和CAD数据比较得出最终测定结果。大西洋船厂的三维测量方法导入了GPS测量概念,在船坞或测定场所周围设置多个精度信号天线使其成为基准线,获取测量仪和基准线的绝对位置,所有测量点和精度信号天线会有一个相对位置,这样就不需要再设置基准线,大幅提高测量效率。测量所得数据可直接导入船厂开发的分段搭载仿真软件和单一分段精度评价软件中进行再利用。新的测量工艺可以使原来工期大幅缩短,极大提高了船台和船坞的利用率。

①分段吊装前要检查清楚标识:分段名称、中心线和分段制作和报验数据的情况,根据分段实际数据,合理进行现场定位操作。

②施工操作中,画线线条的位置偏差:中心线、理论线、对合线、检查线、要装位置线。标准范围2 mm,允许极限3 mm。

③十字接头的部位:主要结构标准范围$\leq \frac{1}{4}t$,允许极限$\frac{1}{3}t$,超差应修正。

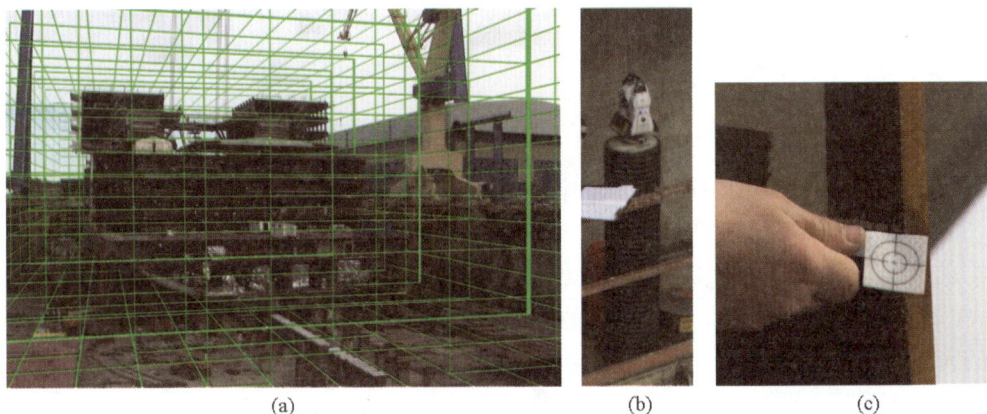

(a)　　　　　　　　　　(b)　　　　　(c)

图 10.29　大西洋船厂三维测定系统的虚拟基准线(a)、全站仪(b)、测定夹具(c)

④板缝对接不平度标准范围≤0.1 t 且≤3 mm,超过范围重新装配。

⑤装配间隙要符合工艺标准,一般控制在 2 mm 以内,允许极限 4 mm。

⑥分段吊到船台相应位置后,按拟定高度进行分段定位作业。

⑦分段基本到位后,用水平管测量数据,用千斤顶调较分段水平,纵向水平控制在 ±3 mm,横向水平控制在 ±5 mm。

⑧用激光经纬仪或吊垂测量中心,用拉条镙丝调校中心。使分段中心与船台中心线一致,定位段中心尽量达到不偏左右。同时用激光测量分段断口角尺线,如果角尺不理想可适当调整船体中心线,但中心线偏差必须控制在 3 mm 内。以上几个数据要不断反复调整,直至达到工艺要求。

⑨分段定位后要把木墩全部均匀打紧,使分段受力平衡。要检查木墩是否支承在分段结构位置,否则立即更正。

(2)上层建筑吊装(图 10.30)

图 10.30　"绿洲级"豪华邮轮上层建筑的吊装

①吊装前在甲板面划出上建围壁安装线,围壁安装位置的甲板要提前进行火工矫正。

②上建定位标准中心左右偏 3 mm 内,水平 ±10 mm,层高 $^{+10}_{-5}$ mm,但一般正常情况下,上层建筑不要负公差。

③骨架与骨架间的甲板凹凸不平,此时不能按照甲板形状画线,而应在骨架间拉一直线来决定余量划法。

④上层建筑装焊,一般先外围壁,后内围壁,再定内部结构,最后装散件,先从转圆或十字板位置开始,后到直板位置。

⑤上层建筑围壁如出现与下脚安装线相差较大时,不能简单用顶正结构施点焊的方法,会令板材变弯,后期再火工矫正效果不佳。应采用先把整壁移动的方法后再施点焊,必要时可以拆掉肘板等结构待调正后再装回。

(3)总段及船台合龙工艺要求

①总段及船台合龙(图10.31)要确保装配精度,经装配、清理后的接缝,如果未能及时焊接,在焊接前应重新清理。焊前应做好有效的防风、防雨及安全防护措施,方可焊接。在潮湿的天气下进行焊接或接缝周围有水,焊前要将对接缝吹干后再进行焊接。

(a)   (b)

图10.31　大西洋船坞中在建(船台总装)的"绿洲级"豪华邮轮(a)和其中的某在建总段(b)

②甲板、内底板、平台板对接焊采用 CO_2 衬垫单面焊,平行舯体外板(板厚≥7 mm)采用垂直气电焊,上建壁板对接采用 CO_2 自动焊,型材对接尽可能采用 CO_2 衬垫单面焊。

③注意采用合理焊接顺序,并控制薄板焊脚尺寸,以减少焊接变形。

④所有分段的大合龙装配工作都必须以保证全船的主尺度及船体装配精度满足质量标准为前提进行。由于分段制作精度超标或分段变形,造成大合龙装配无法对齐结构时,必须在保证船体主尺度及线型(对客船及上建要保证甲板层高)的前提下进行工艺处理。

⑤分段吊装定位前,必须先检查分段大接头的余量和补偿量是否符合要求,然后进行定位装配。

⑥由于分段精度超标引起装配间隙超大时,严禁对焊缝间隙用废铁填塞。

⑦分段吊装布墩时,必须把墩位布置在分段的强力结构处,以免引起船体受压变形。

⑧在大合龙过程中,严禁在船上随意大批量的集中堆放钢材、管子及设备以免引起船体结构的变形,尤其是薄板结构。

⑨对于层高精度要求较高的船舶,分段吊装时必须采取措施保证甲板层高,分段装配后要求检查层高。

⑩分段大合龙装配时,应采取措施保证外板的线型,甲板的水平和壁板的平直度。

⑪大合龙阶段割除分段吊码、加强材时,必须离开母材 3～5 mm 切割,然后打磨或批去所剩的根,以免伤及母材。

⑫大合龙装配过程中,前后分段结构错位大于 8 mm 时,应先把结构与板分离割开,然后调整好结构对齐,最后调整板的对齐。

⑬分段装配时,装配马尽可能地装在板的内表面或结构上,以免马脚影响船体的外观。

⑭分段大合龙装配时,尽可能采取减少装配马的方式来进行结构的对齐。

⑮当分段为保持线型加有加强时,必须在大合龙装配完后,才能拆除加强材。

⑯对于薄板分段的甲板、平台等,因分段变形引起前后高低错位时,要尽可能用压铁的压力来矫正分段的变形。

（4）临时部件的处理

在分段和总段装配过程中,会要在船体结构上安装一些如眼板、把手、工艺板或扶强材等小的临时构件,同时注意尽量使用吊装式或装配式的脚手架,以使在高空区域作业时尽可能不设临时构件。

①脚手架眼板和吊装眼板处理要求见表10.6。

表10.6　脚手架眼板和吊装眼板处理要求

项目		要求	备注
脚手架眼板	油水舱内	允许全部留下	（1）影响外观和通行的吊装眼板,切除后应修补到与母材表面一样平 （2）其他处可用气割,允许留有根部,切割表面打磨光滑,但对强度特别重要的部位切除后补焊光顺
	机舱内	只切除平台或花地板上2 m范围内影响外观和通行的眼板,允许留根10 mm拆除	
	外板、甲板等外侧部位	全部切除	
	衬板、绝缘层后面	允许留根10 mm拆除	
吊装眼板	油水舱内	允许留根10 mm拆除	
	外板、甲板等外侧部位	全部切除	固定眼板除外
	衬板、绝缘层后面	允许留根10 mm拆除	

②工艺板处理要求见表10.7。

表10.7　工艺板处理要求

项目	要求	备注
需要良好外观处	外板、甲板和上层建筑外侧应全部批平、光顺。工艺板咬边允许深度0.5 mm,超过者应焊补磨光	舷顶列板、强力甲板的角隅板、工艺板应少设或不设,其咬边应全部焊补磨光
不需要良好外观处	舱内部等只需批掉特别显眼部位的工艺板。工艺板咬边允许深度0.5～1 mm,超过者应补焊和修整,但可不批磨	

6. 船舶下水

船舶下水是将船舶从建造区域移向水域的工艺过程,通常有重力式、漂浮式、牵引式和衬垫式等下水方式（表10.8）。豪华邮轮由于结构复杂、建造难度高,且船舶尺度大、重量大,因此其建造基本上在干船坞中并采用漂浮式下水。

表 10.8　船舶常见的下水方式

下水方式	船台类型	下水方向	下水设施
重力式	倾斜	纵向	涂油滑道
			钢球滑道
		横向	涂油滑道
			橡木垫块坠落
漂浮式	船坞	干坞	垂直漂浮
		浮船坞	
牵引式	水平	纵向	船排、斜船架
		横向	高低轨、梳式滑道
		垂向	升船机
衬垫式	气囊	纵向	浅坡

漂浮式下水是一种将水注入建造船舶场所,使船舶自然浮起的下水方法。造船坞是用来建造船舶和船舶下水的水工建筑物,由坞底、坞墙和水泵站等组成。船舶下水时,首先将水注入坞室,船舶依靠水的浮力浮起,当坞内水面与坞外水位平齐时,即可打开坞门,将船舶拖曳出坞。漂浮式特点是操作简单、安全;下水重量可以控制,几乎不受限制。

豪华邮轮在下水的当天,通常会举办隆重的下水仪式(Ceremonial ship launching),像所有其他仪式一样,这是造船过程中的重要组成部分,在此过程中,经常会邀请客人在船坞进水之前在船底下走动参观。

7.邮轮舾装

船体以外的建造工作可以统称船舶舾装。其特点是内容多、材料品种多、工种多。船舶舾装可分为机舱舾装、电气舾装、船体舾装(包括甲板舾装即外装和舱室舾装即内装)。船舶舾装工艺阶段可分为预舾装(包括单元舾装、分段舾装、总段舾装)和船内舾装(包括船台舾装和码头舾装)(图 10.32)。

(a)正在进行码头舾装　　　　　　　(b)舾装码头上堆放的各类舾装件

图 10.32　"海洋和悦"号豪华邮轮

邮轮的舾装工作主要有以下主要特点和要求：

（1）提高下水前舾装率

邮轮的舾装工程尽量采用单元舾装、分段舾装、总段舾装，然后是船台（船坞）舾装，以提高下水前舾装率。为提高预舾装率，大量的舾装和涂装作业前移，壳、舾、涂三种作业不同的工作内容要在同一固定的区域内完成。邮轮设计要能够反映这一变化，打破船、机、电不同专业之间及不同系统之间的界限，强化各设计区域的综合布置和总体协调功能，最大限度地做到壳、舾、涂一体化。

（2）采用舱室模块化建造和安装

豪华邮轮在建造时，采用模块化建造模式，使豪华邮轮建造工程中工作量巨大的船舱室内装修，尤其是大量的邮轮客舱的内装作业实现了标准化设计与建造、模块化采购和安装。该模式分两个阶段：

①模块单元设计与建造阶段。首先在邮轮设计阶段，完成所有邮轮客舱的模块化设计；其次将所有客舱模块的建造交给具有资质的专业化配套商（第三方）负责建造（图10.33）。当一个客舱模块在配套商处完成时，除可以拆卸移动的桌椅、窗帘等物品外，房间内部的所有家具、卫浴、管线等已全部安装完毕。

图10.33 豪华邮轮客舱模块专业配套商的建造厂（a）及完工客舱模块单元堆放在仓库（b）

②模块单元安装阶段。首先将建造好的客舱模块（形状类似集装箱）运送到船厂；其次通过吊车运送到指定甲板（在船台舾装或码头舾装阶段），并通过工艺开口进入船体；然后由工人利用小巧的专用千斤顶小车将客舱模块运送到指定位置；接着将客舱模块和船体进行焊接，完成结构安装；最后进行该客舱各类管线和船上对应管线的对接、完成客舱模块的整体安装调试，并接受检验（图10.34）。

（3）需要一支高素质船舶舾装员工队伍

要充分认识到人在豪华邮轮舾装工程中的核心地位和关键作用。船厂需按豪华邮轮生产对人才的要求，调动各类人员的积极性和创造性，进行多层次、多形式的培训，培养有综合技能、能独立处理问题、善于与他人协作的人作为管理者，培养适应复合工种的多面手做一线工人，从而造就一支符合豪华邮轮建造要求的员工队伍。唯有如此，船厂在面对豪华邮轮上极富创造性、独特性、艺术性的各种舾装工程（图10.35和图10.36）时，才能打破常规、克服难题、发挥创造性、完成豪华邮轮舾装工作。

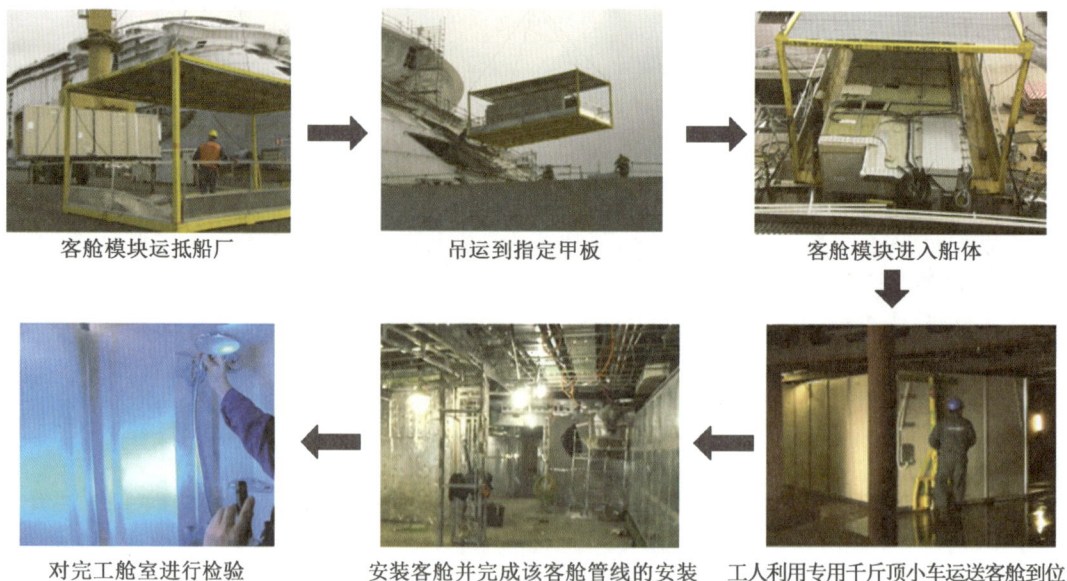

客舱模块运抵船厂	吊运到指定甲板	客舱模块进入船体
对完工舱室进行检验	安装客舱并完成该客舱管线的安装	工人利用专用千斤顶小车运送客舱到位

图 10.34　豪华邮轮舱室模块化安装

(a)舾装中　　　　　　　　　　　　　(b)完工后

图 10.35　"海洋和悦"号豪华邮轮上的"皇家大道"舾装中及完工后

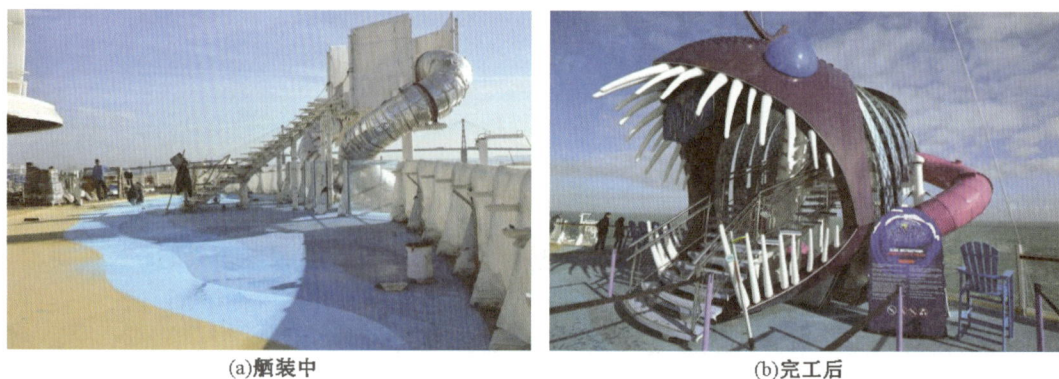

(a)舾装中　　　　　　　　　　　　　(b)完工后

图 10.36　"海洋和悦"号豪华邮轮上的"完美风暴"滑梯舾装中和完工后

8. 交船试验

豪华邮轮建造基本竣工后,就要开始进行交船试验。交船试验包括系泊试验和航行试验(图10.37)。系泊试验是为了检查船舶各种机械装置及设备的工作状况;航行试验(又称为海上测试)是全面检查船舶的设计、建造完工后各项性能指标是否满足设计要求,以及检查各种设备的工作是否可靠、稳定等。邮轮航行试验完成后,将存在的各种缺陷返修后,并完成全部的内部装修后即可交船。

邮轮由拖船拖离船坞　　　进行操作性试验　　　进行快速性试验

对轮机设备进行试验　　对航电及控制设备进行试验　　对救生设备进行试验　　对锚泊设备进行试验

图10.37　"海洋和悦"号航行试验

9. 交船、首航和船舶命名仪式

当船舶完成交船试验,船舶各项性能通过了船东、船级社和相关政府机构等各方的检验,则船舶满足了交船条件。

船厂和船东将择期举办交船仪式(delivery ceremony)(图10.38),在豪华邮轮的交船仪式上,大部分船员、邮轮公司高管和船厂高管都会到场,见证交船。同时,在交船仪式上将举行换旗仪式,通常是将船厂所在国的临时船旗换为正式船旗。

进行完交船仪式后,船厂员工和邮轮船员进行最后的交接工作,在所有船员熟悉了船舶的性能和使用技巧后,船舶将择期开展首次航行,也被称为处女航(maiden voyage)。

部分豪华邮轮会在交船仪式上同时举办命名仪式(naming ceremony),但大部分豪华邮轮会将船舶开回母港后再择期并邀请重磅嘉宾另行举办命名仪式。在船舶命名仪式上,通常会安排一瓶超大的特制香槟,从高空滑索上滑下,撞到豪华邮轮上的钢制船名铭牌上,作为豪华邮轮命名仪式的高潮(图10.39)。

图10.38　2016年5月12日"海洋和悦"号举办交船仪式

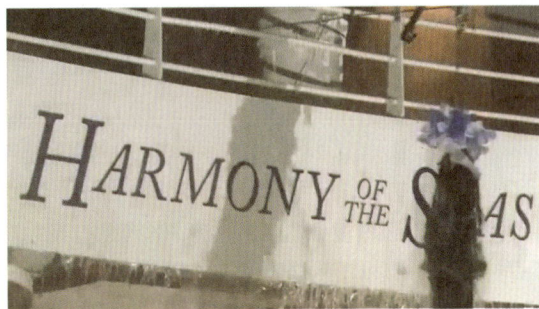

图10.39　2016年11月10日"海洋和悦"号举办命名仪式

第 11 章 邮 轮 经 济

11.1 邮轮产业与经济概述

11.1.1 邮轮产业的概念

从市场的角度来说,邮轮业是指以邮轮为载体,以海洋巡游为方式,为乘客提供观光、餐饮、住宿、休闲、娱乐、探险、远足等综合服务的海上观光与休闲业。邮轮业是一种边缘产业,由运输业、旅游业和休闲娱乐业三个产业交叉构成的,如图 11.1 所示。

从产业的角度来看,邮轮产业既可以看作一个以产业集群为基础,由邮轮制造群落、邮轮经营群落、邮轮消费群落和邮轮服务群落组成的经济系统,又可以看作一个由不同产业中的利益相关者组成的产业价值链。邮轮产业的

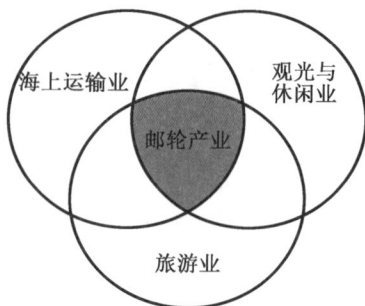

图 11.1 邮轮产业构成

发展同时带动船舶制造、维修保养、机械电子、信息服务、教育培训、政府服务、物流运输、专业服务、产品贸易、地产租赁、观光旅游、休闲娱乐、港口/旅游代理、金融保险、食品加工、商务咨询以及教育培训等相关行业的发展(图 11.2)。从这个意义上来说,邮轮产业是指以邮轮为核心,以海上/岸上观光旅游为具体内容,由交通运输、船舶制造维护、休闲娱乐购物、港口服务、旅游观光、餐饮住宿、银行保险等行业组合而成的复合型产业。

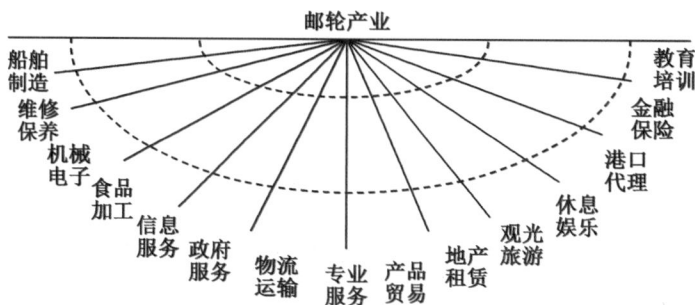

图 11.2 邮轮产业经济系统

从全球价值链角度来看,世界邮轮产业价值链的地理分布呈大区域离散,小地域集聚的特点。邮轮产业链上的制造、运营、消费和服务等各环节企业和组织以垂直分工的方式分布于世界各地,但又在较小区域上形成了以邮轮港口为中心的产业聚集,邮轮经济具有天生的"集聚性"。

11.1.2 邮轮经济概念

邮轮经济(Cruise Economy)的含义有狭义和广义之分。

狭义的邮轮经济主要体现在邮轮接待(特别是邮轮港口接待)方面的经济效益,包括邮轮码头所在地区相关产业的效益,具体体现在邮轮抵达与起航服务、引航停泊服务、安全检查、舷梯服务、行李处理、登船服务、物资补充、加油服务、废物处理和旅游服务等方面。我国目前正处在发展和深化狭义邮轮经济的阶段。即以邮轮港口和邮轮目的地为依托的邮轮接待经济。

广义的邮轮经济是以海上巡游的豪华邮轮为明显识别特征,依托邮轮母港与停靠港及其所在城市的各类旅游资源,以邮轮巡游为核心产品并向上下游领域延伸而构成的跨区域、跨行业、多领域、多渠道的一种经济现象。游客作为邮轮产业发展最主要的外部动力,通过游客流的大小(流量)、强度(流速)以及作用方式(流质)和途径(流向),对邮轮产业结构的形成和演化产生重要影响。

现在的国际邮轮的游客数量动辄数千,以一艘豪华邮轮搭载超过3 000名游客为例,不难得到这样的结果:一艘载3 000名游客的邮轮,假设平均每位乘客花费800美元,一趟行程所带来的收入是240万美元,这艘邮轮即使是一年只有10个月、一个月只有1次的航行,一艘邮轮一年的收入就是2 400万美元;据实际了解,上海吴淞口出发的邮轮,每艘邮轮每个月至少跑4次航程,那么其一年收入将超过1亿美元。除了直接的邮轮旅游收入,游客还对城市及区域经济有直接影响,主要是通过游客量、游客人均消费和接待游客总收入等指标来衡量;游客对区域经济的间接影响,主要涉及交通、邮政、电信、商业、餐饮业和社会服务业;此外,邮轮经济还体现在船舶制造和维修、面向邮轮和邮轮企业本身的产品和服务,以及邮轮员工的旅游花费等方面。

据国际邮轮协会(CLIA)统计数据,2018年全球邮轮游客量达到2 850万人次,同比增长7%,高于国际邮轮协会(CLIA)最初预测的2 820万人次,增长速度超出预期。国际邮轮协会(CLIA)对邮轮旅游市场的发展前景持乐观态度,预测2019年全球邮轮游客量将达到3 000万人次,并在2025年将达到3 760万人次,表明国际邮轮市场具有良好的发展前景和市场潜力。全球邮轮市场主要集聚在加勒比海、亚太地区、地中海、北欧及西欧、澳大利亚、阿拉斯加等区域,这六大区域占据全球85%的份额(图11.3)。加勒比海依然是全球邮轮市场最集聚的区域,游客量占据全球近40%的市场份额,亚太地区经济发展水平不断提升,为邮轮旅游在亚太地区的发展提供了很好的客源基础,具备较大的增长空间,其游客量占据全球邮轮市场的份额从2013年的8%增长到2018年的15.1%,成为全球仅次于加勒比海的第二大邮轮市场。

随着世界邮轮旅游市场的持续向好,以全球四大邮轮运营集团为代表,邮轮旅游企业盈利能力持续向好。2018年,占有全球邮轮市场份额44.0%的最大邮轮运营商嘉年华集团的财报数据显示,全年总收入达到188.8亿美元,同比增长7.83%;净利润达到31.52亿美元,同比增长21%。其中,邮轮运营收入达到186.09亿美元,同比增长7.7%;船票收入达到139.3亿美元,占到邮轮运营收入的75%,同比增长7.6%;每床每晚净收入达到183.3美元,同比增长5.3%,每床每晚运营总成本为158.96美元。占有全球邮轮市场份额

29.6%的皇家加勒比游轮集团的财报数据显示,2018年全年收入达到94.94亿美元,同比增长8.2%。其中,船票收入达到67.93亿美元,同比增长7.6%;净利润达到18.16亿美元,同比增长11.7%;每床每晚净收入达到195.7美元,同比增长4.4%。占有全球邮轮市场份额15.2%的诺唯真游轮集团,2018年全年总收入达到60.55亿美元,同比增长12.2%。其中,船票收入达到46.4亿美元,同比增长13.6%;净利润达到9.55亿美元,同比增长25.7%;每床每晚净收入达到249.8美元,同比增长3.7%(表11.1)。

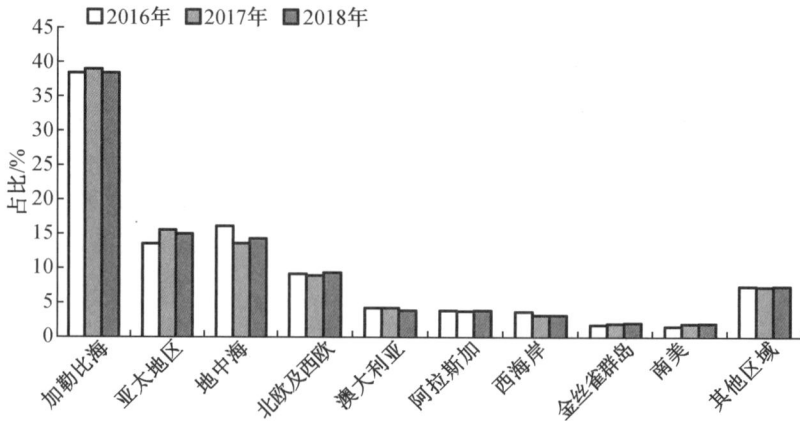

图11.3 全球邮轮游客分布情况

表11.1 2018年全球四大邮轮运营集团财务状况

邮轮公司	财务指标	数额/亿美元	同比增长/%
嘉年华集团	总收入	188.8	7.83
	船票收入	139.3	7.6
	净利润	31.52	21.0
	每床每晚净收入	183.3×10^{-8}	5.3
皇家加勒比游轮集团	总收入	94.94	8.2
	船票收入	67.93	7.6
	净利润	18.16	11.7
	每床每晚净收入	195.7×10^{-8}	4.4
诺唯真游轮集团	总收入	60.55	12.2
	船票收入	46.4	13.6
	净利润	9.55	25.7
	每床每晚净收入	249.8×10^{-8}	3.7
地中海邮轮集团	总收入	39.61	21.5
	船票收入	29.67	21.5
	净利润	5.0	11.9
	每床每晚净收入	152.2×10^{-8}	-0.8

11.1.3　中国邮轮经济现状

1. 邮轮接待现状

中国邮轮经济在 2006—2011 年为萌芽阶段,年平均增长率为 36.74%;2012—2016 年为快速成长期,年平均增长率为 72.84%,随着部分国际邮轮公司进行全球战略布局调整,中国邮轮市场自 2017 年起首次出现增速放缓。中国邮轮旅游市场在经历了十多年的高速迅猛发展后,2018 年进入由"高速度增长"转向"高质量、高品位发展"的战略调整期。2018年中国邮轮港口接待邮轮 976 艘次,同比下降 17.3%,接待出入境游客量为 488.67 万人次,同比下降 1.2%。其中,接待母港邮轮 898 艘次,同比下降 15.84%;接待母港出入境游客量为 471.42 万人次,同比下降 0.58%。依据接待出入境游客量排名,中国十大邮轮港口分别为上海吴淞口国际邮轮港、天津国际邮轮母港、广州港国际邮轮母港、深圳招商蛇口邮轮母港、厦门国际邮轮中心、青岛邮轮母港、大连国际邮轮中心、海口秀英港、上海港国际客运中心、三亚凤凰岛国际邮轮港等(表 11.2)。

表 11.2　2018 年全国邮轮港口邮轮接待情况

排名	港口	接待总量		接待母港邮轮		接待访问邮轮	
		邮轮数 /艘次	游客量 /万人次	邮轮数 /艘次	游客量 /万人次	邮轮数 /艘次	游客量 /万人次
1	上海吴淞口国际邮轮港	375	271.56	365	267.22	10	4.33
2	天津国际邮轮母港	116	68.3	99	64.4	17	3.9
3	广州港国际邮轮母港	94	48.12	94	48.12	0	0
4	深圳招商蛇口邮轮母港	89	36.46	89	36.46	0	0
5	厦门国际邮轮中心	96	32.48	85	29.52	11	2.96
6	青岛邮轮母港	44	10.82	40	10.08	4	0.74
7	大连国际邮轮中心	37	8.44	32	7.24	5	1.2
8	海口秀英港	51	4.75	47	4.28	4	0.47
9	上海港国际客运中心	28	3.01	9	0.65	19	2.36
10	三亚凤凰岛国际邮轮港	20	2	13	0.68	7	1.32
11	温州国际邮轮港	5	1.4	5	1.4	0	0
12	连云港国际客运中心	20	1.3	20	1.3	0	0
13	舟山群岛国际邮轮港	1	0.035	0	0	1	0.035
总计		976	488.67	898	471.35	78	17.32

邮轮市场客源呈现高度集聚特征,前五大邮轮港口共接待 770 艘次,占全国比重为78.9%,接待出入境游客量达到 456.92 万人次,占全国比重为 93.5%。其中,上海吴淞口国际邮轮港依然占据全国半壁江山,接待邮轮 375 艘次,同比下降 19.5%,占全国比重为38.4%;接待出入境游客量为 271.56 万人次,同比下降 6.8%,占全国比重为 55.6%,以绝

对优势保持全国第一大邮轮母港地位。

由招商局集团参与的邮轮港口城市中,天津、青岛、上海、厦门、深圳等五个城市接待邮轮游客量约为 422.6 万人次,约占我国 2018 年全国总接待邮轮游客量的 86.5%。华东、华北市场增速放缓,华南市场增长显著,前五大邮轮港中,上海、天津邮轮港口游客接待量呈现一定下降趋势,上海吴淞口国际邮轮港游客接待量下降 6.84%,天津国际邮轮母港游客接待量下降 27.49%,华南市场呈现显著增长态势,广州、深圳、厦门接待游客量分别增长 20%、92.91%、100.74%(表 11.3)。

表 11.3 2018 年中国港口接待总量变化情况

排名	港口	接待邮轮			接待邮轮游客		
		数量/艘次	占比/%	增长率/%	数量/万人次	占比/%	增长率/%
1	上海吴淞口国际邮轮港	375	38.42	−19.53	271.56	55.57	−6.84
2	天津国际邮轮母港	116	11.89	−33.71	68.30	13.9	−27.49
3	广州港国际邮轮母港	94	9.63	−22.95	48.12	9.85	20.00
4	深圳招商蛇口邮轮母港	89	9.12	−18.35	36.46	7.46	92.91
5	厦门国际邮轮中心	96	9.84	24.68	32.48	6.65	100.74
6	青岛邮轮母港	44	4.51	−30.16	10.82	2.21	−1.10
7	大连国际邮轮中心	37	3.79	19.35	8.44	1.73	22.32
8	海口秀英港	51	5.23	54.55	4.75	0.97	85.55
9	上海港国际客运中心	28	2.87	−39.13	3.01	0.62	−52.22
10	三亚凤凰岛国际邮轮港	20	2.05	66.67	2.00	0.41	−50.00
11	温州国际邮轮港	5	0.51	—	1.40	0.29	—
12	连云港国际客运中心	20	2.05	—	1.30	0.27	—
13	舟山群岛国际邮轮港	1	0.10	−93.33	0.035	0.01	−99.02

2. 邮轮投放现状

从中国市场运营的母港邮轮看,2015 年为 12 艘,2016 年、2017 年均为 18 艘,2018 年为 16 艘,2019 年预计为 14 艘(表 11.4),数量虽然呈减少趋势,但一个重要原因是国际邮轮正在更新换代,一些相对老旧的邮轮陆续退出,一些新型、大型邮轮仍在建造中,即将陆续投放市场。从全球邮轮建造订单来看,大型邮轮占 70% 以上,将更加凸显邮轮经济规模效应,提供更多产品服务,提升邮轮品牌效应,增加邮轮经济效益空间。2019 年以来,上海吴淞口国际邮轮港的母港邮轮靠泊量略有下降,但游客量仍然在上升,主要原因就是大型国际邮轮投放,邮轮平均载客量增大。

表11.4　中国市场母港邮轮变化情况

2015 年	2016 年	2017 年	2018 年	2019 年
"海洋量子"号	"海洋量子"号	"海洋量子"号	"海洋量子"号	"海洋量子"号
"海洋水手"号	"海洋赞礼"号	"海洋赞礼"号	"海洋赞礼"号	"海洋光谱"号
"海洋航行者"号	"海洋航行者"号	"海洋航行者"号	"海洋航行者"号	"海洋航行者"号
"海洋神话"号	"海洋神话"号	"海洋水手"号	"辉煌"号	"赛琳娜"号
"维多利亚"号	"海洋水手"号	"赛琳娜"号	"赛琳娜"号	"大西洋"号
"赛琳娜"号	"赛琳娜"号	"大西洋"号	"大西洋"号	"威尼斯"号
"大西洋"号	"大西洋"号	"维多利亚"号	"幸运"号	"辉煌"号
"蓝宝石公主"号	"维多利亚"号	"幸运"号	"处女星"号	"盛世公主"号
"天秤星"号	"幸运"号	"抒情"号	"双子星"号	"喜悦"号
"新世纪"号	"抒情"号	"新世纪"号	"宝瓶星"号	"世界梦"号
"海娜"号	"新世纪"号	"钻石辉煌"号	"新世纪"号	"探索梦"号
"中华泰山"号	"钻石辉煌"号	"中华泰山"号	"喜悦"号	"宝瓶星"号
	"中华泰山"号	"蓝宝石公主"号	"盛世公主"号	"钻石辉煌"号
	"蓝宝石公主"号	"盛世公主"号	"钻石辉煌"号	"中华泰山"号
	"黄金公主"号	"处女星"号	"中华泰山"号	
	"天秤星"号	"云顶梦"号	"世界梦"号	
	"处女星"号	"喜悦"号		
	"云顶梦"号	"银影"号		

随着中国消费升级,未来将有更多的巨型豪华邮轮选择在中国开启首航,包括:

(1)皇家加勒比国际游轮。2019 年 4 月,绿洲系列第五艘游轮正式启动建造,代表着建造工程正式开启的新船钢板切割仪式在法国圣纳泽尔的大西洋船厂顺利举办,计划将于2021 年交付,这艘 23 万吨级的"绿洲 V"号系列将布局上海母港。

(2)歌诗达邮轮。"歌诗达威尼斯"号的姐妹船"佛罗伦萨"号将途经阿布扎比、科伦坡、新加坡等多地,穿越地中海、中东、东南亚和东亚,于 2020 年 12 月布局中国市场,这也是一艘专为中国市场量身打造的新船,与"歌诗达威尼斯"号秉持相同的理念,从概念构思到产品设计都将以中国消费者的喜好与需求为重心。

(3)地中海邮轮。地中海"荣耀"号是地中海传奇系列的第二艘邮轮,总登记吨位 17 万吨,最大载客量 5 714 人,"荣耀"号邮轮内部设计继续采用了地中海邮轮欧洲奢华尊贵的风格、时尚、创新、高端、大气,计划在 2020 年春季进驻中国。

(4)云顶邮轮。专为亚洲邮轮市场量身打造的 20 万吨级、最大载客量达到 9 500 人的"环球级"邮轮龙骨铺设仪式于 2018 年 9 月 1 日在德国造船集团举行,标志着德国造船史上最大邮轮的建造工程全面启动,计划于 2021 年布局上海母港。

11.2 邮轮制造业概述

11.2.1 世界邮轮制造业

2018 年中国、韩国和日本的船舶建造总吨位占世界船舶建造市场的 80% 以上,但建造的船舶主要集中于标准化船舶,如集装箱船、油轮、散货船等,在豪华邮轮这一类高附加值船舶制造方面的市场份额极小。

借助领先的设计和造船技术,欧洲船舶制造企业将业务集中于高价值和高附加值的邮轮行业,如今已成为全球独占鳌头的邮轮设计和生产者,每年豪华邮轮建造能力达到 12～15 艘。欧洲邮轮委员会(European Cruise Council,ECC)的报告显示,从 2010 年到 2014 年,全球 31 个远洋邮轮(Ocean - going cruise vessels)订单中的 29 个、总造价 140 亿欧元的99.5% 被具有先进船舶制造技术和丰富船舶制造经验的欧洲五国(意大利、德国、芬兰、法国和西班牙)垄断,各国的订单情况见表 11.5。整个亚洲只有日本的三菱重工(Mitsubishi Heavy Industries)具有建造豪华邮轮船舶的经验。

表 11.5　世界远洋邮轮制造订单格局(2010—2014 年)

项目	订单数	总吨位/万吨	载客量/万人	造价/百万欧元	份额/%
意大利	16	137.23	3.41	6 779	48.0
德国	8	82.30	2.01	4 330	30.6
法国	3	38.26	1.03	1 851	13.1
芬兰	1	22.53	0.54	1 023	7.2
西班牙	1	0.50	0.014	78	0.6
以上共计	29	280.82	7.004	14 061	99.5
其他国家	2	1.27	0.032	67	0.5
总计	31	282.09	7.036	14 128	100

根据不完全统计,2019 年全球船厂共交付邮轮 22 艘,总吨位达到 163 万载重吨,包括10 万吨以上豪华邮轮 9 艘(表 11.6)。其中中国招商局集团打破国际垄断,交付极地探险邮轮"极光探险"号,成为中国成功建造并交付国际邮轮的第一家企业。

表 11.6　2019 年全球市场交付新邮轮情况

序号	邮轮公司	船名	建造船厂	总吨位/t	客位量/人
1	歌诗达邮轮	"Costa Smeralda"	德国迈尔船厂	180 000	5 000
2	地中海邮轮集团	"地中海鸿图"号	法国大西洋船厂	177 000	4 900
3	皇家加勒比游轮集团	"海洋光谱"号	德国迈尔船厂	168 600	4 180
4	诺唯真游轮集团	"诺唯真永恒"号	德国迈尔船厂	167 800	4 200

表 11.6(续)

序号	邮轮公司	船名	建造船厂	总吨位/t	客位量/人
5	地中海邮轮集团	"地中海荣耀"号	法国大西洋船厂	167 600	4 500
6	公主邮轮	"星空公主"号	意大利芬坎蒂尼集团	143 700	3 560
7	歌诗达邮轮	"威尼斯"号	意大利芬坎蒂尼集团	135 500	4 200
8	嘉年华集团	"嘉年华全景"号	意大利芬坎蒂尼集团	133 500	3 954
9	途易邮轮	"迈希夫2"号	德国迈尔船厂	111 500	2 894
10	传奇邮轮	"Spirit of Discovery"	德国迈尔船厂	55 900	972
11	维京邮轮	"Viking Jupiter"	意大利芬坎蒂尼集团	47 800	930
12	丽思卡尔顿集团	"Ritz – Carlton Evrima"	西班牙 Astillero Hijos de J. Barreras 船厂	24 000	298
13	海达路德邮轮	"MS Roald Amundsen"	挪威 Kleven Verft 船厂	20 889	530
14	海达路德邮轮	"Fridtjof Nansen"	挪威 Kleven Verft 船厂	20 889	530
15	赫伯罗特邮轮	"Hanseatic Nature"	意大利芬坎蒂尼集团	16 100	230
16	赫伯罗特邮轮	"Hanseatic Inspiration"	意大利芬坎蒂尼集团	16 100	230
17	庞洛邮轮	"Le Bougainville"	意大利芬坎蒂尼集团	10 000	184
18	庞洛邮轮	"Le Dumont d'Urville"	意大利芬坎蒂尼集团	10 000	184
19	极光探险邮轮	"Greg Mortimer"	招商局集团	8 000	180
20	精致邮轮	"Celebrity Flora"	荷兰 De Hoop 船厂	5 739	100
21	南北极游轮	"Hondius"	克罗地亚 BrodoSplit 船厂	5 590	180
22	珊瑚探险邮轮	"珊瑚探险家"号	意大利芬坎蒂尼集团	5 000	120
			合计	1 631 207	42 056

11.2.2 国际邮轮集团建造计划

1. 嘉年华集团

全球邮轮建造订单已经排到 2027 年。2019 年全球最大邮轮运营商嘉年华集团拥有邮轮 105 艘,预计到 2027 年计划拥有 118 艘邮轮,届时该集团邮轮床位数达到 31.69 万个,游客接待量将达到 1 545.78 万人次,市场份额占比达到 37.5%,其中中国中船集团与嘉年华集团合资邮轮运营公司中船嘉年华邮轮公司将拥有 2 艘邮轮,接待游客量将达到 67 万人次,市场份额占比达到 1.7%(表 11.7)。

表 11.7 2027 年嘉年华集团邮轮船队情况

邮轮品牌	船数/艘	床位数/个	游客量/万人次	市场份额/%
嘉年华邮轮	29	84 090	516.05	13
歌诗达邮轮	18	53 247	304.09	7.7
公主邮轮	19	53 380	215.86	5.5
爱达邮轮	15	41 012	181.98	4.6

表 11.7（续）

邮轮品牌	船数/艘	床位数/个	游客量/万人次	市场份额/%
荷美邮轮	16	28 682	106.06	2.7
中船嘉年华	2	10 000	67	1.7
P&O 邮轮	9	27 711	96.22	1.3
P&O 澳大利亚	5	9 044	50.23	0.8
世邦邮轮	5	9 721	8.29	0.2
总计	118	316 887	1 545.78	37.5

2. 皇家加勒比游轮集团

2019 年全球第二大邮轮运营商皇家加勒比游轮集团拥有邮轮 52 艘,预计到 2027 年将拥有 60 艘邮轮,床位总数将达到 16.84 万个,邮轮游客量将达到 843.02 万人次,市场份额占比将达到 21.3%。皇家加勒比国际依然是全球最大的邮轮品牌,拥有邮轮将达到 30 艘,床位数达到 10.43 万个,接待邮轮游客量将达到 571.48 万人次,市场份额占比为 14.4%（表 11.8）。

表 11.8　2027 年皇家加勒比游轮集团邮轮船队情况

邮轮品牌	船数/艘	床位数/个	游客量/万人次	市场份额/%
皇家加勒比国际	30	104 338	571.48	14.4
精致邮轮	15	34 066	133.56	3.4
途易邮轮	8	20 534	91.98	2.3
普尔曼邮轮	4	7 358	38.98	1
精钻邮轮	3	2 122	7	0.2
总计	60	168 418	843	21.3

3. 地中海邮轮集团

2019 年世界排名第四的意大利全资拥有的 MSC 地中海邮轮集团拥有邮轮 15 艘,到 2027 年计划增加 9 艘邮轮,预计到 2027 年邮轮数量将达到 24 艘,床位数将达到 8.96 万个,邮轮游客接待量将达到 456.44 万人次,市场份额占比为 11.5%,将超越诺唯真游轮集团成为全球第三大邮轮运营商(表 11.9)。

表 11.9　2027 年地中海邮轮集团邮轮船队情况

邮轮品牌	船数/艘	床位数/个	游客量/万人次	市场份额/%
地中海邮轮	24	89 636	456.44	11.5

4. 诺唯真游轮集团

2019 年以"承诺、专属和真诚"为品牌理念的诺唯真游轮集团拥有邮轮 26 艘,到 2027

年计划新增 6 艘邮轮,预计到 2027 年拥有 32 艘邮轮,床位总数达到 7.30 万个,邮轮游客量将达到 353.17 万人次,市场份额占比达到 8.9%(表 11.10)。

表 11.10　2027 年诺唯真游轮集团邮轮船队情况

邮轮品牌	船数/艘	床位数/个	游客量/万人次	市场份额/%
诺唯真游轮	21	64 330	328.85	8.3
大洋邮轮	6	5 256	14.48	0.4
丽晶七海邮轮	5	3 410	9.84	0.2
合计	32	72 996	353.17	8.9

5.云顶香港集团

2019 年深耕亚洲邮轮市场的云顶香港集团拥有邮轮 9 艘,预计到 2027 年计划增加 6 艘邮轮,邮轮总数将达到 15 艘,床位总数将达到 2.68 万个,邮轮游客接待量将达到 200.09 万人次,市场份额达到 5%(表 11.11)。

表 11.11　2027 年年云顶邮轮集团拥有邮轮船队情况

邮轮品牌	船数/艘	床位数/个	游客量/万人次	市场份额/%
丽星邮轮	4	6 505	68.57	1.7
星梦邮轮	4	16 800	120.6	3
水晶邮轮	7	3 492	10.92	0.3
合计	15	26 797	200.09	5

11.2.3　著名邮轮制造企业

1.意大利芬坎蒂尼集团(FINCANTIERI)

意大利芬坎蒂尼集团始创于 1780 年,是一家有悠久历史的高度全球化的造船集团公司,至今建造各类船舶超过 7 000 艘,其中邮轮超过 80 艘(图 11.4)。作为全球最大的豪华邮轮建造企业,其拥有 3 个设计中心和 1 个研究中心,研发创新能力强,能够有效满足邮轮市场发展的新需求,同时拥有的 20 家船厂分布在意大利(图 11.5)、美国、澳大利亚、新加坡、挪威、印度、波兰、巴西等国,员工数量达到 2 万人。芬坎蒂尼集团 2019 年第一季度,芬坎蒂尼集团取得大洋邮轮、丽晶七海邮轮、维京游轮、地中海邮轮、公主邮轮等 5 家邮轮公司的 11 艘邮轮新订单,合同价值高达 93.6 亿美元,目前其手持邮轮订单数量达到 52 艘,客位量达到 10.4 万个,占全球邮轮建造市场份额的 40% 以上。

| 2020:"Seven Seas Splendor" | 2019:"Sky Princess" | 2019:"Costavenezia" | 2017:"Msc Seaside" |

图 11.4 意大利芬坎蒂尼集团近年来建造的邮轮

图 11.5 芬坎蒂尼位于意大利热那亚的造船厂

2. 德国迈尔船厂(MEYER WERFT)

成立于 1795 年的 MEYER WERFT,如今拥有三个船厂,分别是位于德国帕彭堡的 MEYER WERFT 船厂,位于德国罗斯托克的 NEPTUN WERFT 船厂和位于芬兰图尔库的 MEYER TURKU 船厂。2019 年持有豪华邮轮订单 11 艘,客位量为 3.89 万个,订单主要来自嘉年华集团、诺唯真游轮集团、皇家加勒比游轮集团等邮轮运营企业(图 11.6)。其中被称为全球最现代化的德国帕彭堡 MEYER WERFT 船厂、拥有在世界上迄今为止最大的室内干船坞(图 11.7)。

3. 法国大西洋造船厂(Chantiers de l'Atlantique)

位于法国圣纳泽尔的大西洋造船厂(图 11.8)是历史悠久的豪华邮轮造船厂,历史上著名的"诺曼底"号、"玛丽王后 2"号邮轮(图 11.9)就诞生于此。经过 2018 年的股份改革后,意大利造船企业芬坎蒂尼集团目前拥有法国大西洋船厂 50% 股份。2019 年,大西洋持有邮轮订单为 10 艘,客位量达到 4.24 万个,订单主要来自皇家加勒比游轮集团和 MSC 地中海邮轮。

2019:"Norwegian Encore"　　　　　　　2019:"Spectrum of The Seas"

2018:"Aid Anova"　　　　　　　　　　2017:"World Dream"

图 11.6　德国迈尔船厂近年来建造的邮轮

图 11.7　德国帕彭堡的迈尔船厂

图 11.8　法国圣纳泽尔的大西洋造船厂

1932:"SS Normandie"　　　2003:"Queen Mary 2"　　　2021:"Wonder Of The Seas"

图 11.9　大西洋造船厂曾经建造和正在建造的经典邮轮

11.2.4　中国邮轮制造现状

2018 年是中国豪华邮轮建造起步的元年。2018 年 11 月,中国船舶工业集团(简称中船集团)与美国嘉年华集团、意大利芬坎蒂尼集团在首届进口博览会上正式签订 2 + 4 艘 13.5 万总吨 Vista 级大型邮轮建造合同。每艘邮轮船价为 7.7 亿美元,2 艘大型邮轮新造船合同总价为 15.40 亿美元,第一艘国产豪华邮轮计划于 2023 年 9 月 30 日交付,第二艘邮轮初步计划于 2024 年 12 月交付,这标志着我国首艘大型邮轮设计建造及相关配套产业集群进入正式实施阶段。

2019 年 3 月 26 日,中船集团大型邮轮项目首个采购合同在外高桥造船正式签订。根据合同,ABB 集团将为外高桥造船承建的首艘国产豪华邮轮提供一体化解决方案,包括 2 套 Azipod 吊舱式全回转推进系统以及全套中压配电系统,内含 5 台主发电机、中压配电板、配电变压器等,该合同的正式签订标志着 H1508 大型邮轮采购工作取得了阶段性进展。

2018 年 10 月,招商局集团与海门市政府签署邮轮制造基地项目协议、邮轮配套产业园项目协议、国际邮轮城合作协议等三个项目落地协议。2019 年 5 月 22 日,招商局邮轮制造有限公司与上海世天邮轮产业有限公司签订了 1 + 1 + 2 艘 37 000 总吨豪华邮轮建造合同,该艘豪华邮轮是由世天邮轮与招商邮轮合作自主设计、自主建造,并将由世天邮轮安排运营的中国首艘豪华邮轮。见表 11.12。

表 11.12　2018—2019 年中国邮轮建造实质性启动情况

序号	订单情况	建造厂商	船东企业
1	2 + 4 艘 13.5 万总吨 Vista 级大型邮轮	上海外高桥造船有限公司	中船嘉年华邮轮有限公司
2	1 + 1 + 2 艘 37 000 总吨 豪华邮轮	招商局邮轮制造有限公司	上海世天邮轮产业有限公司
3	4 + 6 艘极地探险邮轮	招商重工(江苏)有限公司	美国 SunStone 公司

2019 年 3 月 12 日,招商局工业集团极地探险邮轮 1 号船下水仪式(图 11.10)暨 3 号船开工仪式在江苏海门基地举行,下水后将进行设备调试、内装工程、倾斜试验、试航等工作,于 7 月底具备交船条件,9 月正式交付。同时签署了极地探险邮轮 3 号船开工证书,3 号船首张钢板顺利点火切割,第二艘邮轮正式开工建造。极地探险邮轮 1 号船是国内首艘自主

建造的邮轮,也是中国造船史上第一艘极地探险邮轮。极地探险邮轮 1 号船的船舶总长为 104.4 m,型宽 18.4 m,设计航速不小于 15.5 kn,已满足安全返港、USPH、USCG 等相关规范要求,同时符合船舶冰级 1A、POLAR CLASS 6(HULL)冰级符号及 POLAR CAT - B 极地服务区域的要求。

图 11.10　招商局工业集团极地探险邮轮 1 号船下水仪式现场

11.3　邮轮港口概述

11.3.1　邮轮港口概念

1.邮轮港口的类型

根据自然条件、技术要求和服务功能的差异,国际上将邮轮港口划分为三种类型:第一种是邮轮母港,第二种是邮轮挂靠港,第三种是邮轮简易码头。邮轮母港是邮轮的基地,设置邮轮公司的地区总部或公司总部,为邮轮提供全面的服务,包括提供邮轮的维护和修理等。挂靠港码头是邮轮网络的延伸点,邮轮在挂靠港的停靠时间较短,一般停靠 8～12 h,不仅供乘客上岸观光,而且还进行一定的补给和废料处置。简易码头型港口仅供乘客上岸观光,做较短的停靠,停靠时间一般少于 8 h,基本上不增加补给,也很少有乘客辞别邮轮或新增加乘客。发展邮轮经济最重要的是争取能成为大型邮轮公司的邮轮母港,早期研究表明,邮轮母港的经济效益是停靠港的 10 倍以上。

2.邮轮母港系统

目前,世界版图内的邮轮港口已经形成了较为稳定的布局形态。从地理区位分布看,全球邮轮港口主要分布在四大地区:北美、欧洲、亚太和大洋洲地区,其中北美和欧洲是邮轮港口聚集度最高的区域。邮轮母港是游客的集散地,是许多邮轮公司的区域性总部基地,能为邮轮全程巡游提供全方位服务,是相互衔接、相互支持的相关产业和管理系统组成的庞大集合体。整个邮轮母港系统包括港口基础设施、港口邮轮运营和产业支持三大部分组成(表 11.13)。其中邮轮码头和配套服务设施是邮轮港口最重要的物质基础和依托;口岸管理和旅游服务管理是港口运营最重要的软环境;而与邮轮停靠、在港和离岸密切相关的其他支撑产业,是邮轮接待质量的重要保证。

表 11.13　邮轮母港系统构成

邮轮母港	1. 基础设施	1.1 配套设施	1.1.1 交通设施
			1.1.2 商业设施
			1.1.3 旅游设施
		1.2 邮轮码头	
	2. 运营管理	2.1 口岸管理	2.1.1 征收税费
			2.1.2 一关两检
			2.1.3 环境保护
			2.1.4 航行保障
		2.2 旅游管理	2.2.1 船上服务
			2.2.2 岸上服务
	3. 产业支撑	3.1 人才培训	—
		3.2 金融保险	—
		3.3 地产租赁	—
		3.4 信息服务	—
		3.5 港口代理	—

从邮轮母港的功能构成来看,邮轮母港的功能板块包括三大部门,即基础功能、核心功能和延伸功能,其中各功能又有许多子功能支撑,表 11.14。邮轮母港的基础功能、核心功能和延伸功能与上文母港系统的三大板块联系紧密。

表 11.14　邮轮母港的功能组成

功能板块	支撑子功能	具体构成要素
基础功能	游客集疏功能	地面交通、海陆空连接、停车场、人流疏散系统
	游客船员服务功能	住宿、餐饮、娱乐、购物等配套设施
	景观美化治理功能	绿化美化、亲水平台、废物处理
	市政配套	消防、供水、供电、排污等系统
核心功能	邮轮靠泊服务功能	进出港引航、检修维护、清洁服务、供给服务等
	游客通关服务功能	候船/通关大厅、行李、边检、海关和信息服务
	游客旅游组织功能	水上旅游组织、岸上观光旅游组织
	相关企业聚集功能	邮轮总部、航运总部、旅游公司、物流公司、船供企业、修造船企业、金融公司、法律事务所、培训机构等

表 11.14（续）

功能板块	支撑子功能	具体构成要素
延伸功能	配套商务服务功能	相关的金融、保险、中介、会展等
	休闲娱乐功能	海员俱乐部、游艇俱乐部、游船俱乐部、房车俱乐部等
	公共服务功能	邮轮协会、航运协会、旅游协会、海事法院、海事仲裁等
	文化渗透推广功能	博物博览、文化旅游、传统演艺等

国际邮轮产业的发展经验表明,无论哪种类型的港口,要想成为邮轮港口必须具备以下几个基本条件:一是在接近城市商务区具有足够水深条件的港区和航道;二是到泊邮轮数量和邮轮客流量大;三是周边的文化休闲旅游资源丰富;四是配套的陆、空交通网络发达,通常能快速到达市区;五是码头附近拥有可容纳大流量游客的大型、高档的购物、餐饮与宾馆设施;六是配备有符合国际法规和惯例的出入关程序和口岸管理程序;七是建有较好的船舶维护基地。

11.3.2　中国邮轮港口现状

邮轮港口是发展邮轮旅游、保障邮轮服务质量和提升邮轮经济贡献的重要基础设施。2018 年 9 月,中国交通运输部、海关总署等国家十部门出台《关于促进我国邮轮经济发展的若干意见》,提出不断提升我国邮轮港口的服务能力,提升邮轮码头的接待能级,进一步提升邮轮港口的集疏运能力,完善邮轮港口服务功能,形成邮轮母港、始发港及访问港等不同层次的邮轮港口体系(在国际邮轮港口形态中,根据邮轮港口的设施条件、市场规模、邮轮经济规模等要素将港口可分为访问港、始发港、母港等三种形式)。邮轮母港是始发港的高级阶段形式,可形成明显的区域邮轮经济。根据国际邮轮港口发展经验,邮轮母港的经济效应远高于访问港,因而发展邮轮母港成为我国沿海港口城市的重要形式。

在过去的十年里,我国各地沿海城市对邮轮港口的投资力度较大,根据《全国沿海邮轮港口布局规划方案》,2030 年前,全国沿海形成以 2～3 个邮轮母港为引领、以始发港为主体、以访问港为补充的港口布局。我国目前在使用的邮轮港口共 15 家、邮轮专用码头 8 个,其中上海吴淞口国际邮轮港、天津国际邮轮母港、青岛邮轮母港、深圳蛇口邮轮母港等具备接待世界最大 22 万吨级邮轮能力,国内各邮轮港口都在扩大自己的接待能力(表 11.15),未来广州南沙邮轮母港、厦门邮轮母港等也将具备接待世界最大邮轮能力。

表 11.15　2018—2019 年我国邮轮港口扩建及新建情况

邮轮港口	新建类别	新建内容	完工时间
上海吴淞口国际邮轮港（图 11.11）	后续工程	新建 2 个 22 万吨级码头以及平台、引桥、客运大楼及廊道,岸线长度将在目前 774 m 的基础上延伸至 1 600 m,形成 4 个大型邮轮泊位,建造面积由 24 000 m² 增加到 79 000 m²,日接待游客能力从 1.7 万人次增长到 4 万人次	2018 年 7 月

表 11.15（续）

邮轮港口	新建类别	新建内容	完工时间
厦门国际邮轮港（图 11.12）	二期工程	改造岸线总长度达到 1 400 m，改建四个泊位，有 1 个 15 万吨级泊位、2 个 10 万吨级邮轮泊位、1 个客滚船泊位，可以接待 22.5 万吨级超级邮轮停靠	2019 年 4 月
广州南沙邮轮母港	新建港口	南沙邮轮码头综合体总投资 170 亿元，按世界标准建设 1 个 22.5 万总吨和 1 个 10 万总吨的邮轮泊位	2019 年 10 月
北海邮轮母港	港口改造	项目选址于北海石步岭港区，新建 1 个 10 万吨级泊位、1 个 15 万吨级泊位、1 个 25 万吨级邮轮泊位、打造国际化、高品质国际邮轮母港现代服务业聚集区	—
温州国际邮轮港	港口改造	将温州状元岙港区 A 区西端 420 m 岸线由集装箱功能调整为邮轮功能，相应布置 1 个 15 万总吨级邮轮泊位，建造 5 800 多平方米的游客联检大厅	2018 年 7 月

图 11.11　上海吴淞口国际邮轮港

图 11.12　厦门国际邮轮港

11.3.3　世界著名邮轮港口

1.北美邮轮港口

据国际邮轮协会(CLIA)数据统计,2017 年全球三大邮轮母港分别是迈阿密、劳德代尔堡、卡纳维拉尔,客源量分别达到 227.88 万人、159.35 万人、156.86 万人,排名前三的邮轮港口均位于北美洲,邮轮经济的繁荣可见一斑,北美洲邮轮母港也众多(表 11.16)。

表 11.16　北美代表性主要邮轮港口

港口	主要情况
波士顿 Boston	波士顿邮轮码头建于波士顿南部滨水地区,为北美地区最受欢迎的码头之一,在国际上排名第 11 位。码头有通往各大邮轮目的地的航线,且被多数邮轮评为航线上最值得停靠的邮轮码头
布鲁克林 Brooklyn	纽约布鲁克林邮轮码头位于红钩地区,于 2006 年开始接待邮轮旅游,总面积有 17 700 m² 的 2 层接待中心,可接待游客 4 000 人,布鲁克林地区附近旅游景点丰富,如纽约水族馆、布鲁克林植物园、或稍远一点的中央公园(图 11.13)
曼哈顿 Manhattan	20 世纪 30 年代起就作为客运码头的曼哈顿邮轮码头如今是美国第 4 大邮轮码头。曼哈顿邮轮码头是欧洲跨大西洋旅行的主要邮轮母港,嘉年华邮轮、诺唯真邮轮、公主邮轮等著名邮轮公司均在此设立母港。邮轮码头分别设在 88,90,92 号泊位。因毗邻曼哈顿中心街区,港口周围酒店、餐馆、娱乐设施、购物场所丰富
蒙特利尔 Montreal	位于圣劳伦斯河边的蒙特利尔邮轮码头一向以干净和安全著称,以北美游客为主要服务对象。邮轮码头周围辅助设施完善,餐馆、服饰店、购物商场、历史建筑、剧场等等应有尽有,每年接待成千上万的旅游者
魁北克 Quebec	位于圣罗伦斯河旁的魁北克港,有两个专用邮轮泊位,长度共为 530 米,进出魁北克邮轮港的乘客目前接近 10 万人次。游客乘邮轮沿着美丽的河流可领略冰河峡湾的壮丽风景,每年 5 月初到 11 月中旬,是当地观赏鲸鱼的最佳时机
劳德代尔堡 Fort Lauderdale	劳德代尔堡拥有 430 多千米的沿岸线,其邮轮码头的地理位置条件良好,距市中心和机场仅十几分钟车程,为世界上第二大繁忙的邮轮港口,共有 12 个邮轮泊位为各大邮轮服务,每年接待 300 万邮轮游客
迈阿密 Miami	享有"世界邮轮之都"美称的迈阿密拥有邮轮码头 12 个,泊位岸线长度达 2 km,有近 20 艘邮轮以其作为母港,港口的邮轮年靠泊周转量位居世界第一,拥有完备的码头配套设施,邮轮码头离机场仅 15 min 车程,附近有大型购物中心、宾馆、餐饮区,进关边检程序便捷
新奥尔良 New Orleans	以新奥尔良港为挂靠港的邮轮航线,可以使不同的游览风情集于一体。新奥尔良码头周边的景点丰富多彩,如密西西比河、法国风情地、世界一流餐馆。新奥尔良港共有 2 个邮轮码头,3 个邮轮泊位,其计划再建设一个新的邮轮码头
卡纳维拉尔 Port Canaveral	卡纳维拉尔邮轮码头是热带地区的门户,亦是奥兰多旅游风景区的必经之地。码头交通位置便利,无论是距离奥兰多国际机场还是距离主题公园、地区酒店都在 50 min 车程范围内。另外港口的引航条件也是世界一流

表 11.16（续）

港口	主要情况
圣胡安 San Juan	圣胡安位于加勒比海的大安的列斯群岛东部，是波多黎各的首府和最大城市。该港是加勒比海地区最繁忙的邮轮码头之一，如今每年 16 家公司的 700 多艘次邮轮到港，拥有 140 万人次邮轮乘客的接待量
安克雷奇 Anchorage	位于 Kenai 半岛 Resurrection 海峡的安克雷奇港，每年接待至少 90 艘次的邮轮停靠，是阿拉斯加最著名的邮轮港口之一。风景如画的旅游胜地苏厄德半岛距其 200 km，被称作"Kenai 海峡国家公园的大门"
火奴鲁鲁 Honolulu	夏威夷群岛的瓦胡岛上的火奴鲁鲁邮轮码头是夏威夷地区最著名的邮轮码头，邮轮码头旅游胜地聚集，分别有 Waikiki，珍珠港以及 Punchbow 火山。港口内有座塔楼市场，经营夏威夷土特产，如今已是标志性建筑之一（图 11.14）
旧金山 San Francisco	旧金山港是著名旅游目的地城市中的世界级的邮轮港口，邮轮码头附近配套设施齐全，博物馆、剧场、歌剧院、商场、风景区等应有尽有。此外旧金山邮轮城内聚集了约 30 家顶级餐馆以打造的餐饮基地
西雅图 Seattle	北美大陆桥桥头堡之一的西雅图港有两个邮轮码头，贝尔大街邮轮码头、30 号邮轮码头。贝尔大街邮轮码头有 5 200 m² 的双层停靠码头，南北长 488 m，东西长 122 m；30 号邮轮码头长 610 m，有 2 个邮轮泊位。诺唯真邮轮、加勒比邮轮、嘉年华邮轮以贝尔大街邮轮码头为始发码头；荷美邮轮、公主邮轮以 30 号邮轮码头为始发码头
长滩 Long Beach	长滩港曾经是美国太平洋舰队的母港，而今是嘉年华邮轮公司的邮轮母港，码头毗邻"玛丽皇后"号，有一个 335 m 长及 8.5 m 深的停泊位，可容纳长达 305 m 的巨型邮轮。客运码头设有 2 787 m² 的登船/上岸区，占用了前史普鲁斯之鹅（Spruce Goose）飞机库的多面圆体部分地方（图 11.15）
洛杉矶 Los Angeles	洛杉矶邮轮中心坐落于圣佩德罗湾，距市中心约 2 km。邮轮码头有 70 公里的海岸线，3 个泊位分别是 91,92,93A/B 号泊位。洛杉矶港附近供娱乐设施，如水族馆、海洋博物馆；另外还有迪士尼乐园、好莱坞、植物农场等
圣地亚哥 San Diego	圣地亚哥邮轮码头位于市中心，附近景点颇多。每年接待超过 140 艘次的邮轮，荷美邮轮、嘉年华邮轮以此为邮轮母港

图 11.13 纽约布鲁克林邮轮码头

图 11.14 火奴鲁鲁邮轮码头

图 11.15　长滩港邮轮码头 (豪华邮轮 "玛丽皇后" 号作为博物馆永久停泊于此)

2. 欧洲邮轮港口

欧洲邮轮经济有较长历史,形成了著名的邮轮都市和港口(表 11.17),包括西班牙的巴塞罗那、荷兰阿姆斯特丹、土耳其的伊斯坦布尔等。由于欧洲各国的旅游资源丰富、历史悠久,地中海风景迷人,各个邮轮母港的宾馆、餐饮、交通的便利,故欧洲邮轮游客流量长年不衰。

表 11.17　欧洲代表性邮轮港口

港口	主要情况
阿姆斯特丹 Amsterdam	阿姆斯特丹港是荷兰的最大城市和第二大海港,阿姆斯特丹港是最受游客欢迎的邮轮港口之一,平均每季接待 10 万的海洋邮轮游客和 6 万内河游船游客。邮轮码头位于汉德尔斯卡德港区,邮轮码头海域面积 6 900 m²,陆域面积 35 000 m²,岸线长 600 m,深 10.5 m,可以同时进行 3 艘邮轮的进出港服务,可允许 330 m 长邮轮的自由调转,游客接待室提供着完备的餐饮、快速通关等服务
雅典 Athens	雅典西南 8 km,临萨罗尼克湾的希腊东南部港市比雷埃夫斯港是雅典的外港,也是地中海地区重要的邮轮旅游港口。邮轮码头有 1 685 m 长的码头岸线,可 12 个泊位同时接待邮轮,曾经同时停靠过 11 艘邮轮,码头上有外币兑换、修船、行李、免税商店等服务
巴塞罗那 Barcelona	巴塞罗那港是地中海的主要邮轮港,设有 7 个专门邮轮码头,可同时停靠多艘邮轮,距离机场 25 min 车程,其宾馆、餐饮、交通的便利性在地中海各城市中处于领先地位。每年接待近 200 万邮轮游客,巴塞罗那是世界邮轮游客和邮轮公司最为青睐的目的港口之一。其邮轮码头 B 有 6 500 m² 的面积,长为 700 m 的泊位可停泊 14 万吨、载客量为 3 600 人的邮轮
哥本哈根 Copenhagen	哥本哈根港是北欧具有领先地位的邮轮港口,因拥有世界先进的邮轮港口设施和高效的运转水平,而深受各大邮轮公司的欢迎,并在英国伦敦举办的世界旅游市场展览会上,被授予 "世界旅游奖"。其 Langelinie 码头和自由港码头,水深 9 ~ 10 m,宽 150 m,白天、夜晚均适合航行。距机场 15 km,距市中心仅 5 min 的车程,码头的交通亦十分便捷

表 11.17（续）

港口	主要情况
尼斯 Nice	典型地中海港口城市尼斯邮轮访问量逐年增加,尼斯码头交通便利,距机场 10 min 车程,附近多有时装店、博物馆、餐饮名店。港口由 3 个码头组成,可同时接待 5 艘邮轮(图 11.16)
伊斯坦布尔 Istanbul	伊斯坦布尔横跨欧洲和亚洲,历史悠久。伊斯坦布尔邮轮码头是希腊诸岛和土耳其邮轮航线的重要母港,码头靠近文化悠久的老城区,周围遍布大型酒店、餐馆,交通亦非常便利(图 11.17)
罗马 Rome	世界著名旅游胜地罗马,旅游景点丰富,购物场所多,是大量世界顶级的奢侈品牌的诞生地。而罗马的邮轮码头并不在罗马城市中,而是在奇维塔维基亚,距离罗马约 60~90 min 车程
鹿特丹 Rotterdam	荷兰鹿特丹港是世界上最大的港口之一,有"欧洲门户"之称。邮轮码头距市中心 2 km,码头岸线长 698 m,码头周围水深 12 m,拥有顶级的邮轮港口服务,同一时间可接待游客最多 3 000 人,邮轮码头附近的辅助设施有旅游信息中心、外汇兑换、公共电话、餐厅/酒吧、的士服务(图 11.18)
斯德哥尔摩 Stockholm	斯德哥尔摩是欧洲波罗的海最受欢迎的邮轮旅游目的地,每年有约 260 艘邮轮,超过 28 万名国际游客到访此地,港口有专门停靠邮轮的码头,亦有专门为小游艇所设的码头;165~167 号泊位就是专设的邮轮泊位,长 414 m、水深 9 m。另外还有些泊位供小型游船使用,如长 137 m、水深 5 m 的 4~6 号泊位等
威尼斯 Venice	意大利威尼斯被称为欧洲的入口,风光旖旎,充满艺术特色是其特征。威尼斯邮轮中心港共有 3 个专业的邮轮码头,第 3 个邮轮码头 2002 年开始运营,拥有 9 000 m² 的现代建筑特征的客运中心为游客提供全方位的服务。邮轮中心可同时接待 9 艘大小不等的邮轮
南安普顿 Southampton	南安普顿港是英格兰南部港市,是英国最繁忙的邮轮港口,为誉为"英国的邮轮中心",距离伦敦市中心大约 128 km,有伊丽莎白女王 2 号码头、城市邮轮码头和五月花邮轮码头等多座邮轮码头,每年接待邮轮超过 240 艘次

图 11.16　法国尼斯邮轮码头

图 11.17　伊斯坦布尔邮轮港

图 11.18　鹿特丹港邮轮码头

3. 亚太邮轮港口

根据国际邮轮协会数据,2018 年亚洲邮轮市场规模达到 424 万人次。中国大陆地区邮轮客源占亚洲市场的比重达到 55.8%,占据亚洲邮轮客源市场的半壁江山。同时 2018 年新加坡、印度、印度尼西亚、菲律宾、韩国、越南等国邮轮游客都有所增长,亚洲各国邮轮港口(表 11.18)迎来新的发展机遇。

表 11.18　亚太代表性邮轮港口

港口	主要情况
新加坡 Singapore	新加坡港 2001 年被世界邮轮组织誉为"全球最有效率的邮轮码头经营者"。新加坡邮轮中心分为新加坡国际邮轮码头及地方客运码头。国际邮轮码头有 2 个邮轮泊位,达到 12 m 的天然水深,长度分别为 310 m、270 m 的两个泊位
巴生港 Port Kelang	马来西亚最大港口巴生港,距吉隆坡 45 min 的车程,曾在《梦想世界邮轮之旅》杂志中获得"世界最佳港口设备"奖。巴生邮轮码头有 3 个邮轮泊位,总长 660 m,水深 12 m,可接待总长达 300 m 的邮轮
香港 Hong Kong	旧香港邮轮码头位于维多利亚湾侧的海运大厦旁(图 11.19),可同时停靠两艘大型邮轮或四艘小型邮轮。当前香港利用旧启德机场建设新邮轮码头已经投入使用(图 11.20),新码头距离香港国际机场约 42 km,距红勘火车站约 5 km,码头大楼总面积达到 17.7 万平方米,水深 13 m,泊位总长度 850 m,可以停泊 22 万吨邮轮
上海 Shang Hai	上海拥有位于黄浦江边的上海港国际客运中心,其由国际客运码头、客运综合楼、上海国际港务集团办公楼及宾馆、商业、办公建筑等配套设施组成,现已成为亚太地区最为繁忙的国际邮轮母港
迪拜 Dubai	迪拜邮轮码头位于拉希德港,于 2001 年 3 月启用。该码头建有两个泊位,提供 11.1 m 的吃水深度,并有一个 335 m 的船只停泊处,可以容纳不同体积的船只,能够同时处理两艘大型邮轮或 4 艘中型邮轮,码头每日最高处理客量为 5 000 人(图 11.21)
悉尼 Sydney	悉尼是重要的邮轮旅游目的地,其达令港区的 8 号码头和圆形码头属于国际邮轮游客码头,它们都位于悉尼市中心,并接近悉尼主要旅游区。每年 11 月到次年 4 月的邮轮旅游旺季,悉尼邮轮港接待 30 多艘国际邮轮(图 11.22)

图 11.19　中国香港维多利亚湾旧邮轮码头

图 11.20　香港启德邮轮码头

图 11.21　迪拜邮轮码头

图 11.22　悉尼邮轮码头

11.4　豪华邮轮航线

11.4.1　亚洲航线

亚洲是一个快速发展的新兴邮轮市场，许多邮轮公司都十分渴望开拓这片区域，特别是随着中国、东南亚和印度收入水平的提高和人口的增加，极具前景。近年来，越来越多的邮轮公司在开发新航线以迎合那些想乘邮轮在远东游玩的客人。亚洲的豪华邮轮航线主要集中在东北亚区域和东南亚区域。

1. 东北亚航线

该地区在邮轮业界也被称为远东地区，主要由中、日、韩三国构成。以中日之间航线为例，非常适合首次选择邮轮旅行的人，其航程短、价格合适，还能体验全球最硕大邮轮的乐趣，沿途下港均为日本海边旅游城市，又被称为入门级的豪华体验。

东北亚邮轮航线代表性案例。

①邮轮公司:歌诗达邮轮

②邮轮名称:"歌诗达威尼斯"号

③邮轮主要参数:

英文名称:Costa Venezia	邮轮星级:四星级	首航日期:2019 年 3 月
邮轮长度:323.6 m	邮轮宽度:37.2 m	邮轮吨位:135 500 t
客房数量:2116 间	载客人数:5 260 人	最高航速:18 kn

④航线行程:

航线归属 Itinerary Name:中国、日本 China,Japan.

航线编号 Code:SHA05229(6 天 5 夜)

出发日期 Sails:星期二,2020 年 3 月 3 日

回程日期 Returns:星期日,2020 年 3 月 8 日

具体行程:见表 11.19。

表 11.19 "歌诗达威尼斯"号中国出发 6 天 5 夜日本邮轮航线行程

时间	行程/停靠港口	抵达和启航时间
第 1 天	上海,中国	启航 16:30
第 2 天	海上巡游	
第 3 天	福冈,日本	抵港 08:00　启航 18:45
第 4 天	鹿儿岛,日本	抵港 13:00　启航 21:30
第 5 天	海上巡游	
第 6 天	上海,中国	抵港 08:00

⑤邮轮房间和对应价格:见图 11.20。

表 11.20 "歌诗达威尼斯"号房间和对应价格

房间类型	房间图片	参考价格(人民币)/(元·人$^{-1}$)
内舱房		2 798

表 11.20(续)

房间类型	房间图片	参考价格(人民币)/(元·人⁻¹)
海景房		3 298
阳台房		3 598
套房		4 498

2. 东南亚航线

东南亚气候温暖,当地人的饮食习惯与中国人类似,相比于其他欧美路线,东南亚的邮轮港口间距离较短,只需半天就可以到达,东南亚的岛屿只需一次的邮轮航线就基本上可以全部玩到。其中多以泰国、越南和新加坡为主要线路节点,以马来西亚、印度尼西亚、菲律宾的众多热门岛屿为目的地的航线吸引了大批游客。

东南亚邮轮航线代表性案例。

①邮轮公司:公主邮轮

②邮轮名称:"至尊公主"号

③邮轮主要参数:

英文名称:Grand Princess　　中文名称:"至尊公主"号

首航日期:1998 年　　最近翻新:2019 年　　邮轮吨位:107 517 t

载客人数:2 606 名　　船员人数:1 150 名　　员工国籍:国际

官员国籍:英国/意大利　　邮轮注册:百慕大　　邮轮长度:296 m

邮轮宽度:36 m　　　　　最高时速:22 kn　　游客甲板:13 层

④航线行程:

航线归属 Itinerary Name:东南亚 SouthEastAsia

航线编号 Code:74_20201210_7(8 天 7 夜)

出发日期 Sails:星期四,2020 年 12 月 10 日

回程日期 Returns:星期四,2020 年 12 月 17 日

具体行程:表 11.21。

表 11.21　"至尊公主"号新加坡出发 8 天 7 夜东南亚航线行程

时间	行程/停靠港口	抵达和启航时间
第 1 天	新加坡	启航 16:00
第 2 天	海上巡游	
第 3 天	苏梅岛,泰国	抵港 8:00　启航 17:00
第 4 天	喃差邦 – 曼谷,泰国	抵港 7:00　启航 19:00
第 5 天	海上巡游	
第 6 天	胡志明市,越南	抵港 7:00　启航 18:00
第 7 天	海上巡游	
第 8 天	新加坡	抵港 7:00

⑤邮轮房间和对应价格:见表 11.22。

表 11.22　"至尊公主"号房间及对应价格

房间类型	房间图片	参考价格(人民币)/(元·人⁻¹)
内舱房		5 542
海景房		6 015

表 11.22（续）

房间类型	房间图片	参考价格(人民币)/(元·人⁻¹)
阳台房		8 017
套房		10 267

11.4.2　美欧航线

美欧分别是全球第一、二大航线集中地区,两者集中了世界超一半的邮轮航线。其中北美航线主要包括阿拉斯加地区、北美东部地区、密西西比河及其支流地区、墨西哥太平洋海岸地区和加勒比海地区等。欧洲航线主要包括波罗的海地区、黑海地区、地中海地区、大西洋沿岸、北海地区等。

1. 加勒比海航线

加勒比海地区堪称世界首选邮轮旅游胜地,主要包括四条旅游航线:巴哈马群岛、东加勒比海地区、南加勒比海地区以及西加勒比海地区,由于全年气候适宜,大部分旅游线路都是全年运营的。其中邮轮客们最常选择的一条线,也是整个加勒比海邮轮航线中可谓最经典的一条:从美国佛罗里达州的劳德代尔堡起航,经过巴哈马群岛、圣马丁、圣汤马斯等几个大的岛屿目的地。岛上的风光以巴哈马殖民地风貌为主,中世纪时期这里曾经海盗横行,因此留下了许多传奇故事和历史遗迹。而如今在和平的岁月里,这里剩下的就只有碧海蓝天、纯净的海水和洁白的沙滩,成为了潜水爱好者的天堂。

加勒比海邮轮航线代表性案例。

①邮轮公司:皇家加勒比国际游轮

②邮轮名称:"海洋绿洲"号

③邮轮主要参数:

英文名称:Oasis Of The Seas　　　建造耗资:7 亿英镑

总吨位数:225 000 t　　　首航时间:2009 年 12 月

载客人数:5 400 人　　　工作人员:1 800 人　　　邮轮长度:360 m

邮轮宽度:65 m　　　内舱房数:496 间　　　外舱房数:2 210 间

乘客甲板:16 层　　　　　　　　邮轮电压:110/220 V　　　　　平均时速:22 kn

④航线行程:

航线归属 Itinerary Name:加勒比海 Caribbean

航线编号 Code:OA07E210 - 200105(8 天 7 夜)

出发日期 Sails:星期日,2020 年 1 月 5 日

回程日期 Returns:星期日,2020 年 1 月 12 日

具体行程:见表 11.23。

表 11.23　"海洋绿洲"号迈阿密出发 8 天 7 夜加勒比海航线行程

时间	行程/停靠港口	抵达和启航时间
第 1 天	佛罗里达州—迈阿密,美国	启航 16:30
第 2 天	海上巡游	
第 3 天	拉巴地(皇家私属岛屿)	抵港 7:00　启航 16:00
第 4 天	圣胡安,波多黎各	抵港 13:00　启航 21:30
第 5 天	菲利普斯堡,圣马丁岛(荷属)	抵港 8:00　启航 18:00
第 6 天	海上巡游	
第 7 天	海上巡游	
第 8 天	佛罗里达州—迈阿密,美国	抵港 06:00

⑤邮轮房间和对应价格:见表 11.24。

表 11.24　"海洋绿洲"号房间及对应价格

房间类型	房间图片	参考价格(人民币)/(元·人$^{-1}$)
内舱房		4 759
海景房		5 999

表 11.24（续）

房间类型	房间图片	参考价格(人民币)/(元·人⁻¹)
阳台房		6 729
套房		14 789

2. 地中海航线

欧洲是世界上另一个最受欢迎的邮轮旅游目的地,融历史、建筑、美食和高雅生活于一体,其中最主要邮轮航线是地中海区域。地中海作为陆间海,航行地区比较平静,常见航线分为"西地中海区域"和"东地中海区域"。西地中海航线行程涵盖许多欧洲大城市和大港口,佛罗伦萨、罗马、那不勒斯、巴塞罗那、马赛、突尼斯、热那亚、威尼斯等欧洲著名旅游城市都是西地中海航线上串起的精致旅程。东地中海航线则被称为"古文明之旅"航线,经过埃及、希腊、土耳其、意大利等国,使游客尽享亚历山大的辉煌、古埃及的文明与爱琴海上的上百座迷人岛屿。

地中海邮轮航线代表性案例。

①邮轮公司:地中海邮轮

②邮轮名称:"歌剧"号

③邮轮主要参数:

英文名称:MSC Opera　　　　星级标准:4 星　　　　首航日期:2004 年

总吨位数:59 058 t　　　　船只总长:250 m　　　　船只宽度:28 m

内舱房数:359 间　　　　外舱房数:497 间　　　　载客人数:1 712 人

船员人数:880 人　　　　活动层数:8 层　　　　平均航速:21 kn

④航线行程:

航线归属 Itinerary Name:欧洲及地中海 Mediterranean – Europe

航线编号 Code:293_20200103_11(12 天 11 夜)

出发日期 Sails：星期五，2020 年 1 月 3 日

回程日期 Returns：星期日，2020 年 1 月 14 日

具体行程：见表 11.25。

表 11.25　"歌剧"号罗马出发 12 天 11 夜地中海航线行程

时间	行程/停靠港口	抵达和启航时间
第 1 天	奇维塔韦基亚—罗马，意大利	启航 18：00
第 2 天	热那亚，意大利	抵港 8：00　启航 16：00
第 3 天	海上巡游	
第 4 天	马拉加，西班牙	抵港 13：00　启航 18：00
第 5 天	海上巡游	
第 6 天	丰沙尔，葡萄牙	抵港 9：00　启航 16：00
第 7 天	圣克鲁斯—特内里费，西班牙	抵港 8：00　启航 15：00
第 8 天	海上巡游	
第 9 天	丹吉尔，摩洛哥	抵港 8：00　启航 14：00
第 10 天	卡塔赫纳，西班牙	抵港 9：00　启航 17：00
第 11 天	海上巡游	
第 12 天	奇维塔韦基亚—罗马，意大利	抵达 7：00

⑤邮轮房间和对应价格：见表 11.26。

表 11.26　"歌剧"号房间及对应价格

房间类型	房间图片	参考价格（人民币）/（元·人$^{-1}$）
内舱房		5 555
海景房		8 175

表 11. 26（续）

房间类型	房间图片	参考价格（人民币）/（元·人⁻¹）
阳台房		10 875
套房		24 205

11.4.3　其他航线

1. 太平洋航线

太平洋是世界上最大、最深、边缘海和岛屿最多的大洋。它位于亚洲、大洋洲、南极洲和南北美洲之间。南北最长约 15 900 km，东西最宽约 19 000 km，总面积为 18 134. 4 万平方公里，平均深度 3 957 m，最大深度 11 034 m。太平洋航线中夏威夷、大溪地、澳大利亚、新西兰等都是邮轮的热门目的地。

太平洋邮轮航线代表性案例。

①邮轮公司：诺唯真游轮

②邮轮名称："美国之傲"号

③邮轮主要参数：

英文名称：Pride of America　　首航日期：2005 年 06 月 06 日

最近装修：2016 年　　总吨位数：81 000 t　　载客人数：2 138 人

船员人数：935 人　　船只总长：279 m　　船只宽度：32 m

内舱房数：224 间　　海景房数：176 间　　阳台房数：611 间

套房数量：76 间　　乘客甲板：11 楼　　平均航速：21 kn

④航线行程：

航线归属 Itinerary Name：夏威夷 Hawai

航线编号 Code：62_20191228_7（9 天 8 夜）

出发日期 Sails：星期六，2019 年 12 月 28 日

回程日期 Returns：星期六，2020 年 1 月 4 日

具体行程：见表 11. 27。

表 11.27　"美国之傲"号檀香山出发 9 天 8 夜夏威夷航线行程

时间	行程/停靠港口	抵达和启航时间
第 1 天	檀香山,夏威夷	启航 19:00
第 2 天	毛伊岛,夏威夷	抵港 8:00
第 3 天	毛伊岛,夏威夷	启航 18:00
第 4 天	希洛,夏威夷	抵港 8:00　启航 18:00
第 5 天	科纳,夏威夷	抵港 7:00　启航 17:00
第 6 天	考艾岛,夏威夷	抵港 8:00
第 7 天	海上巡游	
第 8 天	考艾岛,夏威夷	启航 14:00
第 9 天	檀香山,夏威夷	抵港 16:00

⑤邮轮房间和对应价格:见表 11.28。

表 11.28　"美国之傲"号房间及对应价格

房间类型	房间图片	参考价格(人民币)/(元·人$^{-1}$)
工作间 (单人)		18 266
内舱房		15 066
海景房		18 766
阳台房		19 666

表 11.28（续）

房间类型	房间图片	参考价格（人民币）/（元·人⁻¹）
套房		31 166

2. 极地航线

在所有的邮轮航线中，最特殊的当属极地航线，包括北极航线和南极航线。

北极的范围概念很广阔，既能指北极圈附近，也可以指北纬 90°北极点；如果是看北极熊，体验北极徒步、巡游，可以乘坐邮轮抵达斯瓦尔巴群岛或格陵兰岛；如果你想征服地球之巅，抵达北极点，那么核动力破冰船"五十年胜利"号是唯一的选择，它是世界上唯一一艘允许载客游览的核动力破冰船。

南极航线的目的地则是南极洲，但实际上极地邮轮航线通常并不会真正抵达南极大陆，大部分邮轮的极地航线从南美洲出发抵达南极洲的南极半岛（南纬 63°）或南设得兰群岛（南纬 62°），少数极地邮轮从新西兰出发抵达罗斯海，并登上南极洲库尔曼岛（南纬 73°）。

南极邮轮航线代表性案例。

①邮轮公司：精钻邮轮

②邮轮名称："精钻追求"号

③邮轮主要参数：

英文名称：Azamara Pursuit　　　　首航日期：2018 年

邮轮吨位：30 277 t　　　　　　　载客人数：686 名乘客

船员数量：408 名　　　　　　　　邮轮性质：高级游轮

④航线行程：

航线归属 Itinerary Name：南极 Antarctica

航线编号 Code：328_20200105_15（16 天 15 夜）

出发日期 Sails：星期日，2020 年 1 月 5 日

回程日期 Returns：星期一，2020 年 1 月 20 日

具体行程：见表 11.29。

表 11.29 "精钻追求"号布宜诺斯艾利斯出发 16 天 15 夜南极航线行程

时间	行程/停靠港口	抵达和启航时间
第 1 天	布宜诺斯艾利斯，阿根廷	启航 17：00
第 2 天	蒙得维的亚，乌拉圭	抵港 8：00　启航 22：00
第 3 天	海上巡游	

表 11.29（续）

时间	行程/停靠港口	抵达和启航时间
第 4 天	海上巡游	
第 5 天	海上巡游	
第 6 天	乌斯怀亚,阿根廷	抵港 14:00　启航 22:00
第 7 天	海上巡游	
第 8 天	南极海峡—半岛,南极洲	
第 9 天	南极海峡—半岛,南极洲	
第 10 天	象岛,南极洲	抵港 8:00　启航 12:00
第 11 天	海上巡游	
第 12 天	斯坦利,马尔维纳斯群岛	抵港 7:00　启航 16:00
第 13 天	海上巡游	
第 14 天	海上巡游	
第 15 天	埃斯特角城,乌拉圭	抵港 9:00　启航 18:00
第 16 天	布宜诺斯艾利斯,阿根廷	抵港 7:00

⑤邮轮房间和对应价格:见表 11.30。

表 11.30　"精钻追求"号房间及对应价格

房间类型	房间图片	参考价格(人民币)/(元·人$^{-1}$)
内舱房		28 000
海景房		29 999

表 11.30（续）

房间类型	房间图片	参考价格（人民币）/（元·人$^{-1}$）
阳台房		34 999
套房		68 999

参 考 文 献

[1] 孙晓东. 邮轮产业与邮轮经济[M]. 上海:上海交通大学出版社,2014.

[2] 闫国东. 邮轮安全与救生[M]. 北京:清华大学出版社,2017.

[3] 顾一中. 游艇邮轮学[M]. 武汉:华中科技大学出版社,2012.

[4] 李华. 邮轮旅游地理[M]. 北京:旅游教育出版社,2016.

[5] 汪泓. 邮轮绿皮书:中国邮轮产业发展报告(2019)[M]. 北京:社会科学文献出版社,2019.

[6] 薄林. 现代游艇设计和应用[M]. 哈尔滨:哈尔滨工程大学出版社,2016.

[7] 于建中. 船艇美学与内装设计[M]. 上海:上海交通大学出版社,2011.

[8] 李庆宁. 船舶内装工程[M]. 哈尔滨:哈尔滨工程大学出版社,2007.

[9] 杨杰. 邮轮运营实务[M]. 北京:对外经济贸易大学出版社,2012.

[11] 中国船舶工业工程建设:2010 编委会. 中国船舶工业工程建设:2010[M]. 北京:中国建筑工业出版社,2010.

[12] 托尼·吉本斯. 走进博物馆:船舰[M]. 郭威,译. 上海:上海科学技术文献出版社,2007.

[13] 王冠倬,王嘉. 中国古船扬帆四海[M]. 北京:人民教育出版社,1996.

[14] 汪泓. 邮轮绿皮书:中国邮轮产业发展报告(2018)[M]. 北京:社会科学文献出版社,2018.